COLECCIÓN RESERVADA DEL MUSEO DEL FIN DEL MUNDO

Directo

Alejandro W
Rafael Win

GW00689649

VIAGE
AL ESTRECHO
DE MAGALLANES
Por el Capitan
Pedro Sarmiento de Gambóa
En los años de 1579. y 1580.

Y NOTICIA
DE LA EXPEDICION
Que despues hizo para poblarle.

EN MADRID:

En la Imprenta Real de la Gazeta,
Año de 1768.

Portada de la edición de 1768.

Pedro Sarmiento de Gamboa

Viaje al estrecho de Magallanes

y noticia de la expedición
que después hizo para poblarlo

ESTUDIO PRELIMINAR: JOSÉ LUIS LANATA
ARTÍCULOS ANEXOS Y NOTAS: RUBÉN A. ARRIBAS

Sarmiento de Gamboa, Pedro
    Viaje al estrecho de Magallanes : y noticia de la expedición que
después hizo para poblarlo - 1a ed. - Buenos Aires : Eudeba, 2005.
    352 p. ; 21x14 cm. (Museo del fin del mundo)

    ISBN 950-23-1421-2

    1. Relatos de Viajes I. Título
    CDD 910.4

Eudeba
Universidad de Buenos Aires

1ª edición: septiembre de 2005

© 2005
Editorial Universitaria de Buenos Aires
Sociedad de Economía Mixta
Av. Rivadavia 1571/73 (1033) Ciudad de Buenos Aires
Tel: 4383-8025 / Fax: 4383-2202
www.eudeba.com.ar

Diseño de tapa: *Silvina Simondet*
Composición general: *Félix C. Lucas*

ISBN 950–23–1421–2
Impreso en Argentina.
Hecho el depósito que establece la ley 11.723

Colección Reservada del Museo del Fin del Mundo

*L*a Colección Reservada del Museo del Fin del Mundo nació en el año 2003, como fruto de un convenio firmado por el Museo del Fin del Mundo y la Editorial Universitaria de Buenos Aires. Cada una de las ediciones presentadas durante estos dos años fue preparada con el cuidado y con la paciencia propios de las labores artesanales. Y nos satisface comprobar que ese rigor, tanto en el contenido como en la presentación de nuestros libros, ha merecido una bienvenida calurosa por parte del público lector. Sin embargo, y pese a su brevedad, la historia de la Colección tiene una serie de antecedentes. O, si se prefiere, una prehistoria que, sea por su valor documental, sea por su encanto literario, vale la pena relatar.

En 1982, Ushuaia, capital de Tierra del Fuego, apenas contaba unos pocos miles de habitantes, verdaderos emprendedores que encontraron su lugar de vida en el extremo sur de Sudamérica. Por aquel entonces, el Museo del Fin del Mundo, depositario de la memoria y referencia cultural de aquella comunidad, recibió una carta que contenía un catálogo de ediciones clásicas de las obras en que se narran los hechos más salientes de la exploración de la Patagonia y Tierra del Fuego. Y, acompañando al catálogo, una oferta de venta.

Se trataba, según supimos después, de parte de la biblioteca de un coleccionista que, antes de morir, había expresado el deseo de que su colección fuera adquirida por un museo argentino. Sin embargo, para nuestra decepción, el valor de los libros excedía largamente las posibilidades del Museo. Y el entusiasmo inicial dio paso a la resignación.

Ya estábamos a punto de renunciar a la posibilidad de adquirir aquel verdadero tesoro cuando se produjo lo inesperado. Un grupo de amigos del Museo organizó una suscripción pública para reunir el dinero y permitir que la colección se convirtiera en parte del patrimonio común de los habitantes de Tierra del Fuego. Poco después los libros llegaron a Ushuaia y, completadas las formalidades burocráticas del caso, pasaron a constituir el origen y núcleo de la Colección Reservada del Museo del Fin del Mundo.

Está compuesta, en su mayoría, por primeras ediciones de crónicas escritas a lo largo de los últimos cinco siglos; esto es, objetos frágiles y, en algunos casos, varias veces centenarios. Por lo tanto, y para garantizar su preservación, los libros originales fueron depositados en la caja fuerte del Museo (la misma que había servido como tesoro del antiguo Banco de la Nación), bajo condiciones de temperatura y humedad rigurosamente controladas.

No es difícil imaginar el entusiasmo que despertaron esos libros. Allí estaban, en cuarto o en octavo, protegidos por cubiertas o sobrecubiertas de cuero, las obras que siempre habíamos anhelado poseer. La crónica del viaje de Magallanes escrita por Antonio Pigafetta y el primer contacto entre los europeos y los aborígenes de la Patagonia; el relato de Sebald de Weert en la versión latina editada por Theodore de Bry; la aventura malvinense y el viaje alrededor del mundo de Bougainville; las relaciones de Pedro Sarmiento de Gamboa; los descubrimientos de Schouten; las desventuras de Shelvocke; las ambiciones de Julio Popper; los sueños del alférez Sobral, y muchas cosas más.

Entre los libros que forman la colección hay textos brillantes y otros de menor vuelo literario; tratados eruditos, descripciones meticulosas, recuerdos, sueños y aventuras. Hay victorias y hay derrotas; hay autores que se han convertido en verdaderas celebridades y otros que esperan ser rescatados del olvido. Pero por sobre todas las cosas hay un compromiso inalterable por contar cómo son y qué contienen las tierras y las aguas menos conocidas de este mundo.

Un libro, aún uno tan especial como aquellos que componen nuestra Colección Reservada, no deja de ser un objeto; un manojo de hojas de papel y un poco de tinta. Sin embargo, a cada momento y en cualquier parte del mundo, esos manojos de papel se transforman y se convierten en algo vivo y trascendente que puede acercar y poner en contacto a personas que, sin ellos, nunca hubieran podido conocerse. Para que ello ocurra, todo lo que se requiere es un lector o, mejor aún, varios; curiosos, serenos, escépticos, ávidos, críticos y, por encima de todo, dispuestos a enterarse de aquello que alguien, alguna vez, quiso contar.

Desde que llegaron al Museo, los libros sólo salieron de la caja fuerte para satisfacer nuestra curiosidad o, eventualmente, la de un puñado de especialistas que conocía y apreciaba su existencia. Con el correr del tiempo, fue creciendo la convicción de que con eso no alcanzaba; que el acceso a la colección debía dejar de ser un privilegio y convertirse en un derecho que pudieran ejercitar todos aquéllos que se sienten atraídos por este rincón del mundo y por la literatura que da cuenta de él.

Así se gestó la Colección Reservada del Museo del Fin del Mundo. Una serie de libros, sí. Pero, además, la expresión material de un compromiso y la rendición de un homenaje a los sueños y los anhelos de aquellos viajeros que se lanzaron a lo desconocido.

Hemos intentado mantener intacto el espíritu y la forma de esos relatos. Y agregar, tan sólo, aquellos elementos que contribuyan a estrechar la brecha que separa a los autores del lector de nuestros días. Esperamos que disfruten de la lectura de estos textos tanto como la hemos disfrutado nosotros. Y que, cuando lleguen a la última página, tengan la misma sensación que deben haber tenido sus autores: valió la pena.

Santiago Reyes
Director del Museo del Fin del Mundo
Ushuaia, 2005

Índice

Estudio preliminar

Pedro Sarmiento de Gamboa, guardaespaldas del Estrecho

José Luis Lanata

*L*a necesidad que tenemos de clasificar, ordenar y organizar los diferentes hechos en el devenir humano muchas veces nos lleva a asociar grandes nombres a determinados momentos o acontecimientos de la Historia. Eso nos hace pasar por alto que muchos sucesos son el resultado de los ideales y de la acción de cientos o miles de personas y no la consecuencia de las decisiones de unos pocos. En medio de esa multitud, silenciosa y apenas conocida, hay hombres y mujeres que se adelantaron a su época, ya sea por sus obras o sus actos, por sus ideas o sus convicciones. Pedro Sarmiento de Gamboa es, ciertamente, uno de ellos.

Los primeros años de la vida de Sarmiento de Gamboa son prácticamente desconocidos. Nació, presumiblemente, en Pontevedra, en algún momento entre los años 1530 y 1539. No se sabe mucho de su educación –pudo haber cursado estudios universitarios en Sevilla o Alcalá de Henares, pero no quedaron registros de ello– ni de su posible participación en las guerras de Flandes. Sin embargo, a lo largo de sus escritos se comprueba que adquirió conocimientos sistemáticos de navegación, letras, geografía, astronomía y matemáticas. Y se puede suponer que el entorno de las intrincadas y majestuosas rías bajas de Galicia lo deben haber moldeado desde temprana edad en las artes de la navegación, lo que lo llevaría a ser uno de los más importantes marinos de su tiempo. Sarmiento no escapó al espíritu aventurero y emprendedor propio de la época. El Nuevo Mundo no hacía más que incentivar e impulsar los briosos ánimos de los jóvenes de una España que se expandía económica y territorialmente y desde la que se seguía, como a la distancia, el proceso de consolidación de la burguesía que se producía en el resto de Europa. En ese entorno, entre 1550 y 1555, Sarmiento abandonó su Galicia natal para entrar en las milicias reales de Carlos V. No se conoce la lista completa de los eventos en que participó, pero es seguro que estuvo en el sitio de la plaza de Metz, donde el ejército español fue diezmado.

Esos años no bastaron para satisfacer su apetencia de aventuras y comenzó a pensar que el Nuevo Mundo era la tierra donde podría encontrar los desafíos que buscaba. Para ese entonces, a la Corona Española le quedaban en América algunas asignaturas pendientes. Entre ellas, una región que parecía estar esperando a alguien como él: los canales del Pacífico Sur y, más precisamente, el Estrecho que descubriera Magallanes algunas décadas antes. Sin embargo, Sarmiento todavía debía recorrer un largo camino antes de pensar, siquiera, en llegar allí. Hacia fines de 1555, viajó a la Nueva España y se radicó en Puebla de Los Ángeles. Allí entabló amistad con fray Martín de Hojacastro, quien fuera obispo de la diócesis de Puebla y que tal vez tuviese con Sarmiento algún tipo de parentesco lejano. Ese vínculo, promisorio como era, no alcanzó para evitar el comienzo de la larga serie de conflictos que caracterizarían la relación de Sarmiento con las autoridades, y que ilustran su carácter indómito y avasallador. Al poco tiempo de su llegada a América, la Inquisición lo hizo azotar en una plaza de Puebla por razones no del todo claras, motivo que lo llevó a emprender un viaje –o más bien, una huida– a Chiapas, Guatemala y Panamá en 1557, para recalar finalmente en Perú.

Sarmiento arribó a Lima en un buen momento político del Virreinato del Perú. Los enfrentamientos internos se habían aplacado y la autoridad comenzaba a asentarse. Con la ayuda del Marqués de Cañete, Sarmiento comenzó a impartir clases de gramática y obtuvo la oportunidad de participar en diferentes expediciones a las montañas del interior. Es entonces cuando nace su interés por los grupos indígenas. Sarmiento se relacionó con los círculos más influyentes de Lima y accedió al entorno de la corte de la mano de su íntimo amigo, Diego López de Zúñiga y Velazco, Conde de Nieva.

En 1561, López de Zúñiga fue nombrado virrey y designó a Sarmiento como consejero para temas de navegación, estrategia e historia. Pero esa etapa sería breve. En 1564, López de Zúñiga murió en circunstancias más bien confusas y Jerónimo de Loayza, arzobispo de Lima e inquisidor ordinario, presentó cargos contra Sarmiento: lo acusaba de poseer elementos mágicos y de realizar conjuros e invocaciones prohibidas. La permanencia de Sarmiento en Los Andes y sus estudios de las costumbres indígenas lo habían hecho poseedor no sólo de artefactos nativos, sino también de una cosmovisión muy diferente a las de los españoles y que podía considerarse como una amenaza al orden establecido. Por otra parte, y en términos más prosaicos, el fallecido virrey y Sarmiento se habían hecho célebres por sus aventuras románticas y sexuales, lo que los habría convertido en el blanco de habladurías y veladas (o no tan veladas) censuras. Esta vez, Sarmiento fue condenado a escuchar misa en la Iglesia Mayor de Lima y, al poco tiempo, al destierro de las colonias de América. Sin embargo, esta pena no se hizo efectiva y Sarmiento se trasladó a Cuzco en dónde, en 1567, recibió la orden de sumarse a la expedición marítima que comandaría Álvaro de Mendaña.

Con la asunción de López García de Castro como virrey y bajo los auspicios de su segundo, Lizarraga, se había iniciado una nueva etapa de viajes de exploración en el virreinato; en particular hacia aquellas islas del Pacífico mencionadas por los indígenas como fuentes de oro y plata. Este cambio de clima y las aventuras que prometía entusiasmó a Sarmiento, que, bajo las órdenes de Mendaña, participó del descubrimiento del archipiélago Nombre de Jesús (actualmente, islas Salomón). El viaje no satisfizo las expectativas de Mendaña, que contaba con encontrar nuevos yacimientos de metales preciosos. Para Sarmiento, en cambio, el archipiélago recién descubierto debía ser considerado desde una perspectiva mucho más amplia. Su intención (en la que se prefigura, de algún modo, el plan que llevaría a cabo en el Estrecho) era la de establecer una serie de colonias que afirmara la presencia española en el Pacífico. Mendaña, en cambio, no veía la utilidad de permanecer en un sitio que consideraba completamente desprovisto de valor. Y, justificando su decisión en la falta de hombres a los que pudiera dejarse allí, resolvió partir.

El viaje de regreso estuvo signado por el escorbuto que aquejaba a buena parte de la tripulación y por la tensión que había entre Sarmiento y su superior, quien desestimó sus advertencias acerca del rumbo elegido. Finalmente, y confirmando lo anticipado por Sarmiento, la expedición no recaló en Lima sino en la región de Colima, en México, en dónde recrudeció la discordia entre Mendaña y Sarmiento. Éste había confeccionado un informe del viaje que pensaba hacer llegar al Rey. Allí constaban, junto con sus observaciones, esquemas y detalles que podían haber sido de utilidad. Pero el conflicto con su superior concluyó con la prisión de Sarmiento y la quema de todos sus escritos, mapas, reconocimientos geográficos y observaciones astronómicas. Poco después, cuando recuperó su libertad, se dirigió a Realejo, en la actual Nicaragua. Allí recibió la noticia de que Francisco de Toledo había sido nombrado nuevo virrey del Perú.

Corría el año de 1569 cuando regresó a Lima. En esos momentos, el flamante virrey estaba empeñado en la obtención de un conocimiento preciso de los recursos económicos y humanos del virreinato y en la fundación de una serie de poblados y ciudades. Sarmiento fue convocado para integrarse al grupo de asesores del virrey en virtud de sus aptitudes militares, de sus conocimientos históricos y de sus conocimientos sobre las costumbres de los pueblos aborígenes. Toledo, enterado de la capacidad de Sarmiento, lo nombró cosmógrafo mayor e historiador del Perú. El virrey promulgó una serie de ordenanzas entre las que se destacan la realización de cuestionarios a ancianos indígenas sobre su historia, con el objeto de sumar argumentos sólidos para consolidar el derecho de la Corona Española sobre las tierras americanas. Entonces, Sarmiento redactó su *Historia de los Incas*, que formaba parte de una obra mayor, *Historia General del Perú*, donde demostró su don de descripción de la costumbres de los pueblos originarios de las región. Gracias a ello y a sus dotes militares, fue nombrado alférez real y secretario de las tropas militares enviadas a Cuzco para reprimir la sublevación de Tupac Amaru.

El incansable trabajo de Sarmiento para el virrey Toledo tampoco impidió que la Inquisición volviera a arrojar sobre él sus dardos, atribuyéndole la práctica de conjuros mágicos. Fue acusado de renegar de la Iglesia y condenado al escarnio público y al destierro, sentencia que, por segunda vez, quedó incumplida, en esta ocasión gracias a la intervención del propio virrey.

La tenaz curiosidad e incansable búsqueda científica, motivos a menudo escandalosos para la época y blancos frecuentes de la pesquisa eclesiástica, son palpables en los escritos de Sarmiento, llenos de detalladas descripciones, observaciones, registros y hasta arriesgadas hipótesis, en las que no faltan los consejos al virrey ni las recomendaciones al todopoderoso rey de España, Felipe II.

En la segunda mitad del siglo XVI, los reinos expansionistas europeos comenzaban su lucha por los dominios de ultramar. Y en el escenario mundial de estos enfrentamientos, el de Inglaterra y España era uno de los más importantes. El corsario inglés Francis Drake, comandante de la segunda flota europea que dio la vuelta al mundo (la primera había sido la que comandaba Hernando de Magallanes), asoló entre 1577 y 1580 las costas de casi todos los dominios españoles, tanto en el Atlántico como en el Pacífico. A mediados de febrero de 1579, Drake, que ya había acechado el puerto de Valparaíso, atacó el de El Callao, en Lima, logrando saquear las naves allí amarradas. Con el fin de detener sus tropelías y defender los territorios del virreinato, Toledo decidió enviar dos barcos al estrecho de Magallanes para resguardar el paso y, si fuera posible, capturar las naves británicas. Para ello nombró a Pedro Sarmiento de Gamboa capitán superior de la expedición y le asignó dos embarcaciones, *Nuestra Señora de La Esperanza*, bajo su mando directo, y *San Francisco*, al mando de Juan Villalobos. Las órdenes e instrucciones impartidas por el virrey Toledo especificaban diversos fines: descubrir y medir las dimensiones de los estrechos y pasos hacia el Atlántico, nombrarlos y escoger los mejores lugares para fortificar y defender su navegación estableciendo colonos, idea que Sarmiento había tratado de imponer en la comentada expedición a las Islas Salomón. Un requisito para ello era entablar relación con los nativos de esas regiones, lo que implicaba conocer sus costumbres y ritos y tener la capacidad de establecer vínculos pacíficos a través del intercambio de regalos. Esto permitiría obtener de los indígenas información sobre recursos económicos de los lugares que se eligieran para emplazar los asentamientos y fuertes, así como también sobre la existencia de metales preciosos. Gamboa entendió que una de las formas más efectivas de controlar a las naves enemigas era tener poblados y fortificaciones debidamente instalados sobre las costas del Estrecho, único paso interoceánico conocido a la fecha.

Sarmiento emprendió la misión con órdenes precisas: si se topaban con los ingleses al mando de Drake, debían enfrentarlos, arrestarlos o matarlos, además de requisar los tesoros que llevaran. Tenía que realizar un minucioso detalle de los diferentes accidentes geográficos de la región, describir la fauna, la flora y los indígenas que en ella moraban.

Impartió órdenes acerca de los procedimientos de navegación que seguirían ambas naves –distanciamiento, rumbos, plazos y tiempos de espera, etc.– y partieron de El Callao el 11 de octubre de 1579 con algo más de 100 soldados. A pesar de lo conciso del plan de navegación, la *San Francisco* no se atenía a las disposiciones del capitán superior. Se generaron discrepancias en las rutas y eso movió a Sarmiento a amenazar con castigos a Villalobos si la desobediencia continuaba. A mediados de noviembre avistaron el golfo de la Santísima Trinidad, tomaron posesión de las tierras adyacentes y reconocieron la complejidad de los canales e islas de la región. En la nochebuena de ese año las dos naves y una tercera que Sarmiento había hecho construir arribaron a Puerto Bermejo. Allí, mientras se llevaba a cabo la exploración de los canales, se agravaron los problemas con Villalobos y con algunos de sus subordinados que pretendían emprender el retorno a Lima.

A fines de enero de 1580, presa de un vendaval, la *San Francisco* quedó destruida, y tras numerosos días de acusaciones cruzadas, recalaron en el puerto de La Candelaria. No había acuerdo sobre la ubicación precisa de la entrada del Estrecho, pero Sarmiento se mantuvo firme en sus convicciones y logró imponer su decisión, que fue la acertada: entraron finalmente al estrecho de Magallanes y tomaron posesión el 13 de febrero, denominándolo estrecho de la Madre de Dios. El día 16 arribaron a una bahía donde se toparon con nativos de gran altura, razón por la cual fue bautizada Bahía de la Gente Grande. En sus escritos, Sarmiento comenta que estos indios eran temidos por los que se encontraban más al sur. Esto revela el acercamiento que tuvo con los indígenas y el tipo de información que buscaba, pues destaca que esa belicosidad entre grupos se debía a la calidad de los recursos que tenían las tierras. Pocos días después llegaron a lo que actualmente se conoce como la Segunda Angostura del Estrecho –allí donde el continente americano se acerca más a la isla de Tierra del Fuego–, reconocieron los cabos San Vicente y Nuestra Señora de Gracias y Sarmiento consideró que se trataba de un buen lugar para ser fortalecido con una construcción militar. Cerca de allí, en la ensenada de las Once Mil Vírgenes, sostuvieron un enfrentamiento con los indígenas, donde recibió una herida leve. Una tormenta los llevó el 23 de febrero a lo que hoy se conoce como la Primera Angostura, que denominaron Nuestra Señora de la Esperanza, y al día siguiente lograron hacer aguas en el océano Atlántico.

Sarmiento puso proa a España vía las islas portuguesas de Cabo Verde. Llevó consigo sus escritos, mapas del derrotero y tres indígenas como prueba para presentar a la Corte. Visitó al rey Felipe II y procuró convencerlo de la necesidad de fortificar y poblar el Estrecho, empresa que él se prestaba a realizar en un próximo viaje. Sostenía que dos ciudades podrían autoabastecerse y detener cualquier intento de paso o avance de los enemigos de la Corona, así como de barcos piratas. Felipe II derivó el asunto al Consejo de Indias, que apoyó la propuesta de Sarmiento –no sin encendido debate–, pero nombró capitán general de la Armada a Diego Flores de Valdés. Sarmiento protestó ante Felipe II por lo que consideraba una injusticia, y pidió al rey que lo dejase regresar a Lima y Cuzco, tierras que él consideraba como su hogar, así como que se le abonasen los gastos de las cuentas que había contraído con sus soldados y marineros. El espíritu aventurero y la lealtad de Sarmiento no pasaron desapercibidos a Felipe II, que le asignó un permiso para formar parte de la expedición y lo nombró gobernador y capitán general adjunto de las poblaciones que se fundasen en esa empresa desde el momento que se llegara al lugar, con total independencia del capitán general.

La resolución no llevó sino a mayores conflictos, ya que la presencia de dos jefes con similar autoridad trajo problemas desde el inicio de los preparativos de la flota. La Corona mostró un interés particular en la construcción de las fortificaciones, por lo que puso a Sarmiento en contacto con Juan Bautista Antonelli, ingeniero con una vasta práctica en construcciones semejantes en el Nuevo Mundo. Esto revelaba en el gobierno español un claro objetivo de comenzar la colonización de esas lejanas tierras e implicaba un aval a las ideas de Sarmiento de Gamboa.

Finalmente, zarparon de Sevilla en 1581 y de inmediato emergieron las diferencias entre ambos capitanes. Al reunirse en San Lúcar de Barrameda, las discusiones precipitaron la mediación del duque de Medina Sidonia, en su calidad de superintendente. El duque, en nombre de la Corona, presionó para que las disputas se dejaran de lado y se cumplieran las órdenes impartidas por el Consejo de Indias. El estado de la marina real española no era el ideal; a fin de poder armar la expedición hubo que alquilar 16 naves privadas y reutilizar otras que no estaban en buen estado. Así se formó una flota de 23 embarcaciones con 3.000 individuos, de los cuales poco más del diez por ciento conformaba el plantel de futuros pobladores de los fuertes a fundar en el Estrecho. Viajaban, además, 400 soldados que se radicarían en ellos para ocuparse de las tareas de defensa y otros 600 que debían ser trasladados junto con el nuevo gobernador de Chile, Alonso de Sotomayor, a Buenos Aires, escala de su viaje a Chile. Tal era la suerte de la expedición que a los pocos días de navegación una tormenta destruyó cinco barcos y causó la muerte de 800 hombres. La flota debió volver al puerto y enfrentar la deserción de algunos frailes, soldados y pobladores, e incluso el intento de renuncia del mismo Flores de Valdés. Hubo que pasar nuevamente por el trabajo de reclutar hombres, abastecer las naves y solicitar nuevos aportes de la Corona. Volvieron a partir en diciembre, esta vez con 16 naves y 2.500 hombres, y tomaron la ruta de Cabo Verde. Llegaron a Río de Janeiro con más de 200 enfermos de disentería y con cien bajas por decesos durante el viaje. Para Sarmiento esto se debía a la falta de conocimientos marítimos de Valdés y a su poca sensibilidad con los subordinados. Pasaron el invierno de 1582 en la actual ciudad de Río de Janeiro. Esos meses en tierra no ayudaron a recuperar a los enfermos; por el contrario, muchos más enfermaron. Además, los barcos anclados fueron atacados por el teredo, un molusco que perfora la madera y que constituía una seria amenaza para la flota. La idea del enriquecimiento rápido, que había sido el anzuelo para captar soldados y colonos, disparó la codicia, el individualismo, la corrupción y, consecuentemente, los conflictos internos.

Reanudaron el viaje el 2 de noviembre de 1582. Al partir, más naves naufragaron, algunas cerca de Río, otras en Santa Catalina. Al pasar cerca del Río de la Plata se cruzaron con embarcaciones españolas que iban rumbo a Buenos Aires, las cuales les informaron que los ingleses conocían sus planes. Ante esto, un poco por el temor a los corsarios y al fracaso, Valdés expuso su deseo de retornar a España y abandonar el proyecto de poblamiento, e intentó dejar en tierra a los colonos que viajaban en las naves. Sarmiento se opuso con firmeza y logró convencer a su superior de que debían seguir adelante. Llegaron a Buenos Aires y desembarcaron las tropas que tenían como destino final la Gobernación de Chile. Flores de Valdés decidió regresar a Río, en Brasil, y allí dejó su lugar a Diego Ribera, que prosiguió el viaje, junto a Sarmiento, con 5 naves y 500 hombres. El número de los colonos se había reducido a 64, de los cuales 14 eran mujeres y diez, niños. En diciembre de 1583 emprendieron la ruta del Estrecho, pero al detenerse en San Vicente, un grupo de personas abandonó la expedición, entre las que se encontraban el ingeniero Antonelli y algunos frailes.

Llegaron finalmente al Estrecho en febrero de 1584, en medio de fuertes vientos y tormentas que pusieron a prueba una vez más la pericia de Sarmiento como navegante. La potencia de la corriente los obligó a tocar tierra en el extremo norte del Estrecho, justo en la entrada. Sarmiento tomó posesión de las tierras en su carácter de gobernador y capitán general adjunto y comenzó a estudiar el sitio donde emplazar el primer poblado-fortaleza. En esa zona se produjeron encuentros con nativos que hablaban algunas palabras en español. Al parecer de Sarmiento, eran pacíficos, y esto lo determinó a elegir el lugar para la construcción de un primer emplazamiento. Tras idas y vueltas, en las que se consideraron las ventajas y defectos de distintas localizaciones posibles, decidió fundar, sobre el Cabo Vírgenes, el poblado Nombre de Jesús. El gobernador pensó en todo los detalles: el poblado, con el debido trazado urbano, contaba con una plaza principal sobre la cual se ubicaban la casa de gobierno, la iglesia y el árbol de la justicia. Se designó a los diferentes integrantes del Cabildo y se planificó un reparto de tierras para los pobladores.

La situación general en Nombre de Jesús no era buena; los alimentos comenzaron a escasear y el gobernador envió reiteradas partidas de hombres en busca de víveres a las tierras del interior y a las costas vecinas. Los proyectos de cultivo fracasaron, la presencia de los indígenas comenzaba a amedrentar a los pobladores y las tensiones internas eran cada vez mayores. Bajo estas condiciones, Diego Ribera dio por concluida su misión y emprendió el regreso a España. Sarmiento no abandonó el proyecto. Armó una expedición terrestre para verificar que el poblado estuviera ubicado en la entrada del Estrecho, situación estratégica para la defensa. Una vez confirmado esto, se dirigió al oeste para definir el mejor emplazamiento del segundo fuerte-poblado. Allí, en lo que llamó punta de Santa Ana, encontró un excelente puerto natural para las naves. Los alrededores contaban con importante cantidad de árboles de donde extraer madera para las diferentes construcciones que la empresa requería. Y, no menos importante, la densidad de guanacos y aves, así como la abundancia de peces y moluscos, parecía alejar las situaciones de hambre y la tensión que de ellas resultaba. Así, el 25 de marzo de 1584 tomó posesión de esas tierras y fundó el poblado Rey Don Felipe, muy cerca de la actual Punta Arenas. Tal como había hecho en Nombre de Jesús, diagramó el trazado urbano con su plaza mayor, iglesia, casa real, un alojamiento para los frailes franciscanos y una vivienda especial que funcionaría como hospital. Repartió tierras y solares para los pobladores. Sin embargo, la situación no fue muy diferente que en Nombre de Jesús: conflicto con los indígenas, un invierno crudo y tentativas de sublevación fueron algunos de los problemas que tuvo que enfrentar. Cuando las condiciones mejoraron se dirigió a Nombre de Jesús, pero una tormenta lo llevó hacia mar abierto sin poder siquiera tomar contacto con los pobladores ni aprovisionar sus naves. Carente de alimentos, con una tripulación opuesta a sus objetivos, Sarmiento no logró imponer su deseo de volver al Estrecho. Recaló en Río de Janeiro a principios de 1585 y dispuso el envío de una nave con provisiones para los colonos que había dejado en los dos fuertes, pero la nave naufragó. Él mismo se embarcó en otra nave, pero ésta corrió idéntico destino que la anterior y faltó poco para que muriera ahogado. Envió una tercera, que luchó durante casi dos meses contra los temporales, sin lograr su cometido. Devastado, escribió al rey relatando todas sus penurias, desdichas y contrariedades, pero no recibió contestación alguna.

Tomó por fin la decisión de viajar a España y exponer el caso personalmente. En junio de 1586 emprendió el viaje, con tanta desgracia que en agosto su nave fue apresada por la flota del corsario inglés Walter Raleigh. Fue trasladado a Inglaterra con todos sus documentos y escritos.

En el puerto de Plymouth fue llevado en calidad de prisionero al castillo de Windsor, donde, a pesar de las desgracias sufridas, parece haber conservado su fuerza de ánimo y consiguió entrevistarse con la reina Isabel. Mantuvo con ella un largo parlamento en latín y logró un salvoconducto que le franqueaba el camino a España vía Francia, en una especie de misión diplomática ante el rey Felipe II. El 30 de octubre de 1586 partió de Londres, cruzó el Canal de la Mancha rumbo a Calais y llegó a París, donde se reunió con el embajador de la Corona Española. En el sur francés se desarrollaba a la sazón la llamada Guerra de los Tres Enriques, que tornaba muy peligroso el viaje a través de esas regiones. Sarmiento recibió el consejo de regresar a España por mar pero desoyó el aviso y, en su viaje terrestre, fue apresado por los hugonotes en Mont-de-Marsan, donde, una vez más, perdió todas las cartas y salvoconductos que llevaba y las pocas pertenencias que aún conservaba. Permaneció cautivo durante casi 4 años y fue prenda de una intensa negociación de intercambio de prisioneros y recompensas. Durante ese tiempo aprovechó para escribir las memorias de sus viajes y derroteros, al tiempo que solicitaba de Felipe II el pago del rescate a cuenta del dinero que la Corona le adeudaba. Finalmente, fue liberado cuando el rey pagó el rescate, 6.800 ducados y cuatro caballos.

En el verano de 1590, mientras Sarmiento aguardaba audiencia real en El Escorial, retumbaba en su mente el recuerdo de aquellos pobladores que había dejado en las fortalezas del Estrecho. Las noticias de Sarmiento en esos años son erráticas y contradictorias, pero se sabe que incansablemente rogaba a distintos miembros de la corte española por la fortuna de los poblados fundados en el lejano sur, de los cuales no se tenía noticia alguna. El empeño y tesón de Sarmiento por defender el Estrecho contra el corsario Francis Drake tuvo un final irónico: el corsario inglés nunca más pasó por esas tierras.

Las opiniones sobre los últimos años y la muerte de Sarmiento están divididas. Según algunos, en el mes de julio de 1592 murió como un leal marino, cumpliendo servicios para la Corona que tanto había defendido. Para otros, la muerte de Sarmiento es un misterio.

Uno de los aspectos más interesantes de Sarmiento de Gamboa es su defensa de un proyecto de colonización planificado, orgánico y a largo plazo, en contradicción con la idea imperante en la metrópoli que simplemente se figuraba a las colonias de ultramar como una mera fuente de riquezas. La defensa de un territorio no alcanza con la instalación de un fuerte; es necesario, además, el establecimiento de colonias autosuficientes que perpetúen y den contenido a la soberanía de la Corona en esos lejanos territorios. Esta visión no era compartida por los expertos militares de la Corona. Ellos apoyaron y estimularon la instalación de una fuerza defensiva, pero el verdadero núcleo del proyecto no fue tenido en cuenta. Ignorantes de la realidad magallánica, sólo compartían con Sarmiento de Gamboa su temor por la expansión inglesa. Tal era el desconocimiento de la región que se llegó a proponer la construcción de una valla de madera y hierro que debía cruzar el Estrecho en su parte más angosta. Es cierto que los ingenieros castrenses pusieron todo de sí para lograr el éxito militar del proyecto, pero carecían del suficiente genio para entender el factor humano y colonizador, que era la base del plan de Sarmiento. Ignoraban las características del terreno, el tipo de fauna y flora, la naturaleza de sus habitantes. Toda esa información, comprendida cabalmente por Sarmiento, no fue considerada. Esto no es de extrañar, pues aún imperaba en la Corte Española la noción de *finis terrae*, según la cual los nativos no eran más que otro elemento del paisaje. Sarmiento sabía que esto no era así. Su experiencia en las islas del Pacífico, en Mesoamérica y especialmente su actividad en Perú lo habían preparado para comprender que el conocimiento de esas poblaciones era de suma importancia para poder llevar a cabo su plan de colonización.

Esa modalidad dicotómica de comprender y llevar a cabo el proceso colonizador queda perfectamente ejemplificada con la designación de dos cabezas diferentes para el segundo viaje al Estrecho. Diego Flores de Valdés y Pedro Sarmiento de Gamboa representan dos ideas opuestas, dos proyectos antagónicos. Antagonismo que se aprecia en el espíritu emprendedor, aventurero y visionario de Sarmiento y en el oportunismo, especulación y hasta cobardía de Flores y sus segundos. En la preparación de los distintos detalles militares y económicos de la expedición —acaso una de las principales y más complejas llevadas a cabo por la Corona Española hasta ese momento—, llama la atención de Sarmiento una enmarañada red de intereses que lo hace sospechar de la existencia de negociados.

A medida que los preparativos avanzaban, la desazón de Sarmiento aumenta. No se estaba realizando el reclutamiento y leva de los que serían los habitantes de las poblaciones a fundar, responsabilidad que cabía a Diego Flores y sus subalternos. A ojos de Sarmiento de Gamboa, parecía que esto no era relevante para la facción castrense del proyecto; pero para él era fundamental. Debería haber en los poblados hombres y mujeres que más allá de sus oficios tuviesen las condiciones y el temple necesarios para vivir, aislados, en una región tan distante del mundo que conocían. Sarmiento decidió llevar a cabo personalmente el reclutamiento de los que serían los primeros pobladores del Estrecho. Conoció a cada uno; sus problemas, sus intenciones y los motivos que los llevaban a sumarse a la empresa. Éstos, por su parte, recibieron de su futuro gobernador la seguridad y la confianza que necesitaban y, tal vez, la sensación de que sus ambiciones y sus sueños habían encontrado, por fin, un camino que les permitiría convertirse en realidad.

El cruce del océano Atlántico y el paso por Río de Janeiro y Buenos Aires no fueron más que una serie continua de peleas, naufragios, muertes, enfermedad y más peleas que terminaron por envolver a todos los integrantes de la expedición en un clima de gran desasosiego. Al fin, la disimulada deserción de Diego Flores no hizo más que remarcar las diferencias con Sarmiento, y mostrar que América tenía significados antagónicos para ambos, como los tuvo para diferentes sectores de la sociedad española. La llegada de lo que quedaba de la expedición a Río de Janeiro enfatizó estos contrastes. Para Diego Flores de Valdés la empresa era casi imposible y había fracasado. Por el contrario, Sarmiento sostenía que debían seguir adelante y cumplir las órdenes de la Corona. Esa obstinación muestra claramente dos aspectos muy importantes de la personalidad de Sarmiento. Por un lado, la lealtad y fidelidad con su superior y con la misión que le había sido encomendada; por otro, su tenaz interés por las metas que él mismo se había impuesto. Más allá de las órdenes reales, esta expedición era su proyecto personal, el que de alguna manera le había sido arrebatado cuando se nombró a Diego Flores como general. Era él quién había estado en el Estrecho y quién había reconocido, casi metro a metro, su intrincada geografía. Y era él, también, quien conocía a los nativos, y quien sabía con qué tipo de alimentos podían contar y cuáles otros habrían de producirse en las nuevas colonias. Su convivencia con los cuzqueños le había enseñado que no era imposible establecer vínculos pacíficos con las poblaciones aborígenes. Todas éstas eran evidencias o, más aun, bases sobre las cuales se asentaba la certeza de que la empresa no era imposible. El Estrecho o, cuando menos, el Estrecho tal y como lo veía Sarmiento era un sitio apto para recibir una población civil y no solamente un punto estratégico desde las perspectivas militar y económica. Se había logrado en Lima, en Río de Janeiro, en Veracruz y en tantos otros puntos de América. ¿Cómo no podría lograrse, entonces, en el vértice a los lados del cual triangulaban los puertos más importantes de uno y otro océano?

Las idas y vueltas de la expedición no hacían más que reforzar su idea de que era factible establecer y mantener un contacto regular entre los poblados del Estrecho y los puertos del Pacífico y del Atlántico.

Finalmente, en febrero de 1584, 16 meses después de la partida, tras muchas muertes y pérdida de naves, llegaron al Estrecho. Fiel a sus ideas, Sarmiento de Gamboa, ya gobernador, emprendió las tareas organizativas en el novel poblado de Nombre de Jesús. Pero su relación con el almirante Diego Ribera no era mucho mejor que con Flores. Intempestivamente, y sin ningún tipo de aviso previo, Ribera, quien casi no había pisado tierra, emprendió el regreso a España, dejando a los pobladores con una sola nave –la *María*–, casi sin víveres ni pertrechos. Si esto fue previamente convenido con Diego Flores a fin de dar por cumplida la misión encomendada por la Corona Española, y dejar a su suerte a Sarmiento y sus colonos, no lo sabemos. Pero sí podemos tener una idea de la sensación de desamparo de esos colonos ante tan sorpresiva conducta de Ribera. El temple de Sarmiento se mostró entonces en toda su expresión. Arengó a los pobladores y los convenció de que empezaran a trabajar la tierra y se prepararan para sembrar los diferentes cereales, hortalizas y vegetales que habían traído. Diagramó las instalaciones del poblado y organizó las tareas para una eventual defensa. Con cordura y comprensión trató de hacerles ver a hombres y mujeres que los nativos no eran necesariamente hostiles, pero, aún así y para aventar la sensación de inseguridad, hizo colocar algunos cañones apuntando tierra adentro.

Nombre de Jesús, con poco más de 200 soldados –entre infantes y marinos–, cerca de 80 pobladores civiles (veinte de ellos mujeres o niños), distaba mucho de ser un puesto autosuficiente y un fuerte inexpugnable. Pero la ayuda externa, esencial como era, debía provenir de sitios tan lejanos como Río de Janeiro, Buenos Aires o Santiago. Y si, aún en las condiciones en que la expedición había sido planeada, no hubiera sido fácil establecer un servicio más o menos regular entre alguna de esas ciudades y las colonias, la partida de Diego Ribera había convertido esa opción en algo imposible.

En síntesis, hacia mediados de 1584, los pobladores del Estrecho no tenían ningún apoyo y ninguna importancia para la Corona ni para las autoridades de las gobernaciones de la América española. Pedro Sarmiento de Gamboa y todos los que estaban con él habían sido abandonados a su suerte.

Sin embargo, aún en medio de ese panorama desalentador, Sarmiento hizo todo lo posible para demostrar que todavía podían cumplir con el objetivo por el cual estaban allí.

Durante los trabajos de construcción del poblado, 250 nativos –"agigantados", como los llama Tomé Hernández– se aproximaron a los colonos. El primer encuentro fue pacífico pero, al cabo de unos días, se produjo una refriega que dejó un saldo de varios heridos. A continuación, una patrulla, al mando del capitán Iñiguez, partió en busca de los nativos y, en el enfrentamiento que se produjo, muchos de ellos murieron.

Sarmiento, convencido de que la actividad era el único medio de soportar una situación cada vez más difícil, resolvió que había llegado el momento de fundar un segundo poblado. Se trataba, quizás, de una decisión imprudente. Hacía poco más de un mes que habían llegado a la boca atlántica del Estrecho. Y Nombre de Jesús apenas empezaba a tomar forma. Sin embargo, Sarmiento tenía en mente un sitio al que asignaba un gran potencial. Allí había un puerto seguro, condiciones climáticas relativamente favorables y una gran abundancia de madera (material casi inexistente en Nombre de Jesús y de cuya posesión dependería, en buena medida, en buena medida, la supervivencia a lo largo del invierno que se aproximaba).

Un puñado de 90 hombres marchó por tierra unos 200 kilómetros hasta encontrar la pequeña bahía. Allí los esperaba la *María*, que se había adelantado al contingente. Durante el recorrido tuvieron un nuevo contacto con los aborígenes. Tomé Hernández relata que el encuentro entre Sarmiento de Gamboa y el que parecía ser el jefe del grupo no llegó a ser violento, pero estuvo dominado por la animosidad y el resentimiento. Al término del mismo y cuando los españoles reanudaron la marcha, los aborígenes los siguieron y, poco después, se produjo un enfrentamiento en el que hubo bajas en ambos lados.

Es razonable suponer que todos los que llegaron al nuevo emplazamiento apreciaron las ventajas que tenía en comparación con Nombre de Jesús: más agua, más madera, muchos moluscos y peces, y una mejor protección de los vientos.

El nuevo emplazamiento fue bautizado con el nombre de Ciudad del Rey Don Felipe. Pero, pese a los buenos augurios, las insurrecciones no cesaron. Se descubrió un complot que tenía, como objetivos, el asesinato de Sarmiento y el robo de la *María*. Los responsables fueron ajusticiados y sus cabezas expuestas en la incipiente plaza central.

A fines de mayo, la situación en Rey Don Felipe estaba medianamente controlada. Sarmiento emprendió el regreso a Nombre de Jesús (esta vez a bordo de la *María*) a fin de cerciorarse personalmente del estado de los pobladores que había dejado pocos meses atrás. Había resuelto desmantelar aquella primera fundación y concentrar a todos sus hombres en el nuevo enclave. Una vez hecho esto, partiría a Chile en busca de pertrechos y provisiones.

Sin embargo, tampoco pudo llevar adelante este nuevo plan. Las tormentas, el mal estado de la nave y el humor cambiante de la tripulación lo llevaron, en un viaje sin escalas, a Río de Janeiro. Allí y con el poco dinero que le quedaba, logró aprovisionar un par de naves y reunir un pequeño grupo de voluntarios que se sumaría a los que esperaban en el Estrecho. Pero la desventura que había signado a la expedición desde un principio no se aplacaba. A poco de zarpar, las naves naufragaron y la expedición de socorro quedó en la nada. Ahora sí, lo único que quedaba por hacer era pedir ayuda, personalmente, a la corte de España. Sin embargo, tampoco esto fue posible. La nave en que viajaba Sarmiento fue apresada por los corsarios y, con este hecho, se selló la suerte de las colonias que habían quedado en el Estrecho y de los hombres que vivían en ellas.

En Nombre de Jesús habían quedado unos 200 hombres, al mando de Andrés de Biedma y, en Rey Don Felipe, algo menos de 100, dirigidos por Juan Suárez de Quiroga (lugarteniente y sobrino de Sarmiento). Hacia el fin del invierno, Biedma y los suyos se trasladaron a la "ciudad" del Rey Don Felipe en busca de un auxilio que, allí, nadie les podía prestar.

Se inicia, entonces, el último capítulo de esta historia. Suárez de Quiroga y Biedma, convencidos de que ya nada podían hacer, resolvieron abandonar el poblado y regresar juntos a Nombre de Jesús. Allí, al menos, podían alentar la esperanza de ser rescatados por algún navío.

El día de Reyes de 1587, una flota inglesa al mando de Thomas Cavendish encontró, en Nombre de Jesús, a un pequeño grupo de sobrevivientes. Eran, apenas, una veintena. Y habían resistido a lo largo de casi tres años. Su desconcierto era tal que, al advertir la nacionalidad de sus eventuales rescatadores, se negaron a embarcar.

Sólo tres accedieron a subir a bordo y a entrevistarse con el capitán, que ofreció socorro y transporte para todos los que habían quedado en tierra. Convencidos, por fin, de que la salvación era posible, dos de los que habían embarcado volvieron a tierra. Entonces, mientras les explicaban la situación a sus compañeros, el viento empezó a soplar con más fuerza. Cavendish y los suyos, sin mayor protocolo, se dieron a la vela y, en poco tiempo, las naves inglesas desaparecieron. A bordo iba Tomé Hernández, el único de los tres negociadores que no había desembarcado.

Tres días más tarde, la flota recaló en lo que había sido la Ciudad del Rey Don Felipe. Las calles, la plaza y los pocos edificios que la circundaban ya empezaban a desaparecer. Pero el clima austral había sido propicio para la conservación de los cuerpos y el sitio aparecía regado de cadáveres. Frente a ese espectáculo, Cavendish acuñó el término con el que la

colonia y la expedición en su conjunto pasaría a la historia:
Port Famine o, en la forma en que se ha traducido al español,
Puerto del Hambre.

Y fue Tomé Hernández, que logró escapar de los ingleses en Chile, poco después de haber sido rescatado, único sobreviviente de ambos poblados, quien narró los detalles de lo sucedido. En su discurso ante el virrey del Perú Francisco de Borja, de 1620, aún sobrevive la lealtad por Pedro Sarmiento de Gamboa, aquél capitán que supo transmitirle la confianza y el valor de sus propios ideales, de sus propias obsesiones y del deber para cumplir con los mandatos de la Corona Española.

Instrucción para el viaje
(Claves de lectura)

*E*stimado lector, estimada lectora:
     A día de hoy, sumergirse en el texto de Gamboa resulta
casi equiparable a emprender su viaje al estrecho de Magallanes:
si aquella travesía se caracterizó por las penalidades, esta lectura presenta también ciertos obstáculos a los ojos modernos,
que conviene señalar antes de que usted embarque. Esas dificultades son las inherentes a cualquier descubrimiento relevante, es decir, el viaje es azarosamente largo y el destino, un
imprevisible tahúr que juega con las cartas marcadas. Si usted
sigue leyendo, asumo que desestima los cantos de sirena de
enciclopedias, biografías y libros afines, para enrolarse con
Gamboa y acompañarlo hacia lo desconocido, sean cuales
sean los peligros. Sepa entonces quien inicie esta aventura
literaria que, a lo largo y ancho de las siguientes páginas,
deberá rendir los mismos tributos que el capitán y sus marineros: tesón, valentía y ganas de llegar hasta el final.
     Comentan los hombres de la mar que el problema no es
tanto el peligro como no saber reconocerlo. Esta carta sólo
busca prevenir a los más despistados y auxiliar, llegado el
momento, a quienes tras el azote de las turbonadas, la perse-
verancia del hambre o los primeros síntomas del escorbuto
caigan en la desesperanza. El trayecto asusta, sí, pero estu-
diando con antelación los principales inconvenientes, éstos se
acometerán con mejor espíritu y aumentará la garantía de
superarlos con éxito.

Para los nautas del papel, la mayor dificultad quizá sea de orden lingüístico: el capitán habla y escribe tal como le enseñaron a mediados del siglo XVI. A pesar del intento de Bernardo de Iriarte por actualizarlo en 1768, en ocasiones resulta difícil seguir la serpenteante y culta labia del capitán, plena de lo que él es: un hombre educado en astronomía y astrología, guerrero por mar y tierra, católicamente religioso y a la vez seducido por el ocultismo, digno contertulio en latín cuando le es menester, fervoroso lector de Platón y más clásicos, y escritor infatigable que estudió a los incas para aprender de ellos. En definitiva, un renacentista de tomo y lomo.

El texto resulta tan inhóspito y difícil como lo fue atravesar y habitar el Estrecho para cientos de marinos y colonos. Ni más ni menos. Se lo advierto ya: la prosa del capitán tiende al arcaísmo —esbelto— y a la fórmula retórica —hermosa—, su fraseo respira sintácticamente ajeno a nuestra lógica contemporánea y su verbosidad, no pocas veces, se recrea con generosa largueza en los párrafos. Ya nadie escribe como él, desde luego; sin embargo, he aquí una oportunidad inmejorable para leer noticias veraces de lo que otros han contado sin haberlo vivido.

En cualquier caso, sé que habrá deserciones, es decir, que si usted es sedicioso y malhablado encontrará a quienes alentarán su cobardía. Eso sí, antes de que se equivoque de bando, le advierto que este *Derrotero* vale por cien tesoros antiguos y que no se trata de un cosmético literario fabricado para encabezar listas de venta. Si yo fuera un corsario, lo saquearía sin piedad (de hecho, estas notas del capitán no sólo despertaron la gula pirata, sino también la admiración de reconocidos marinos que navegaron más tarde por aguas tan australes).

Lamentablemente el desánimo es una enfermedad contagiosa que se propala tan rápido como la bellaquería de los amotinadores. Reconozco que hay momentos en que la parquedad en explicaciones del capitán no ayuda; por este motivo adjunto a la carta unos glosarios y artículos, así como notas a pie de página allí donde lo creí necesario.

También incluyo a continuación algunas indicaciones generales con que orientar la lectura y serenar los ánimos destemplados, si los hubiere durante el viaje:

I. Este *Derrotero* tiene un objetivo militar, no literario: el capitán necesita datos para estudiar si resulta viable la fortificación y colonización del estrecho de Magallanes. Asimismo, en caso de encontrar a Francis Drake, el corsario que nos ha robado el oro de Chile y Perú, se ha recibido la orden de combatirlo. Apenas habrá tiempo, por tanto, para más lirismo o metáfora que el de la anotación precisa sobre la geografía, el clima, los indígenas, el rumbo o las trazas de alguna historia sobre hombres barbudos con aspecto de ingleses.

II. El *Derrotero* debe llegar a manos de Felipe II, de quien es devoto el capitán. Entonces, entiéndase que toda prudencia y recato son pocos a la hora de guiar la pluma sobre el papel.

III. A bordo viaja un escribano real, don Juan Desquibel, quien debe certificar que cuanto se relata en esta bitácora es verdad verdadera, y no fantasioso testimonio.

IV. Esta expedición libró al capitán de cumplir la pena impuesta por la Inquisición de Lima. A pesar de su impetuoso cristianismo, ésta fue la segunda vez que lo castigaban –la primera fue en México–. Por eso, no es baladí cuando él clama "cuidado con mezclar astrologías e itinerarios". Quizá eso aclare, en parte, el porqué de tantas exclamaciones fervorosas, los muchos topónimos de acuerdo al santoral católico y las escuetas precisiones sobre los astros.

V. Viajamos en una nao y acá se habla con marinera propiedad: cuando el capitán dice "halar las bolinas y cazar escotas largas", quiere decir justamente eso: "halar las bolinas y cazar escotas largas". Si modernamente muchos escribanos y lectores se entregaron a palabras como *default, marketing* o *delivery,* que sonarían melodiosas a enemigos como Drake, ¿por qué no aprender al menos algunos vocablos marineros? Para que el esfuerzo sea menos titánico, ofrezco a modo de bastimento un glosario náutico y otro hidrográfico.

VI.   En 1579 nadie sabe que la Tierra del Fuego es una isla, el cabo de Hornos o el estrecho de Le Maire no figuran en los mapas y la *Terra Australis Incognita*, que Juan de la Cosa dibujó pegada al sur del continente americano, con terribles monstruos en sus inmediaciones, es eso: una incógnita.

VII.   No se atenderán reclamaciones sobre el frío y la humedad, los mareos debidos a la mar gruesa, la escasísima variedad en la dieta alimenticia, la ausencia de camas para dormir, la dureza o la nocturnidad de los trabajos en cubierta o la aparente descortesía y falta de higiene de la tripulación. Esto es una expedición medieval, no un crucero. (Por cierto, la madera del barco también combate contra un corsario temible: la broma de mar (*Teredo navalis*), un bivalvo nada gracioso que se alimenta de esta clase de celulosa en los puertos donde fondeemos.)

Antaño la deserción, el amotinamiento o el pillaje se penaban con la vida. Actualmente si, después de las ventajas y comodidades ofrecidas, algún marinero se embarca en la nao *Nuestra Señora de la Esperanza* con ánimo de mancillar esta misión debería ser tratado a la vieja usanza. Aquél cuyas piernas flaqueen ahora todavía puede acudir a la otra nave, la *San Francisco* del almirante Villalobos, quien lo recibirá con los brazos abiertos y lo convertirá rápidamente a su causa. Él sabrá explicarle sus razones. Por el contrario, quien llegue al cabo de San Vicente, en España, obtendrá una generosa recompensa al esfuerzo diario. Prometido.

Entretanto reciba mi sincera gratitud por haber llegado hasta aquí.

Atentamente,
Rubén A. Arribas.

El estrecho de Magallanes: viajes y secretos

Rubén A. Arribas

Muchos de los nombres que figuran en los mapas invocan un sentido de misterio. India Orientalis, Maris Pacifici, Totius Africae, Americae,... *¡Qué lista de territorios! Cada nombre evoca un lugar poblado por orientales con turbante, sirenas y hombres con pezuñas. He contemplado figuras con muchos brazos y mujeres velludas dibujadas en el margen de estos mapas, y me he preguntado por qué el mundo es como es. Hasta ahora no he hallado respuestas. El mundo continúa siendo tan enigmático como el primer día en que intenté apropiarme de su diversidad.*

Fray Mauro, cartógrafo del monasterio
de San Michele de Murano, Venecia, siglo XVI.

De la importancia de los mapas y derroteros en tiempos de Gamboa

Hubo un tiempo en que los marinos, cartógrafos y astrónomos ejercían como oráculos ineludibles para los reyes y sus nobles; ellos leían en el cielo el camino que los ejércitos y las riquezas de las naciones debían surcar por los mares. Sarmiento de Gamboa vivió en esa época quimérica y efervescente; de horizontes geográficos, científicos, comerciales y espirituales tan cambiantes. En 1579, cuando la expedición de Gamboa zarpa desde Callao de Lima rumbo al estrecho de Magallanes, América ya no resultaba tan desconocida; sin embargo, aún no se sabía todo de ella, tampoco del mundo. No pocas tierras seguían sin encontrar lugar en los mapas.

Si algo seduce de los esforzados portugueses y españoles de los siglos XV y XVI es su perseverante voluntad para, a golpe de astrolabio y a bordo de una cáscara de nuez, lanzarse a la aventura y descubrir lo inexplorado. Ellos cruzaron el tenebroso Atlántico, dejaron atrás las tormentas del cabo de Buena Esperanza o se aventuraron en el angosto y sinuoso dédalo al sur de América, cuyo umbral guardaba el secreto para circunnavegar el mundo. Sus gestas resultan ahora casi más conmovedoras que asombrosas.

Como los astronautas contemporáneos, los nautas medievales ayudaron a dibujar con mayor propiedad el contorno de un planeta que se iba conociendo mejor día a día. Los mapas de los cartógrafos renacentistas exhibían gran parte de su conocimiento; sobre esos pergaminos éstos archivaban el saber para que otros se beneficiasen de él. En un mundo donde los límites variaban de una expedición a la siguiente, la certeza sobre una ruta equivalía a una conquista sin trabas, al comercio relativamente seguro o al hundimiento de menos barcos que los acostumbrados. De ahí que se tratara de controlar la difusión y distribución de los mapas.

Algo similar sucedía con los derroteros, fuente cuya información inspiraba la mano –y la imaginación– de los cartógrafos (incluso para los dibujos sobre los márgenes o la ornamentación). Un derrotero minucioso en sus anotaciones suponía una ventaja competitiva determinante; por tanto alcanzaba el rango de secreto militar, y se convertía en un botín más que apetecible para los espías que acechaban en las cortes o para los corsarios que aguardaban en el mar. Mantener en secreto mapas y derroteros se convirtió en un arma estratégica; de ellos dependía el dominio de las naciones más poderosas y las reglas de juego para la política internacional.

De cómo se supo que había una puerta secreta al sur de América que no a todos venía bien y de cómo esa puerta tuvo madera española pero bisagras portuguesas

Carlos I –y quién no– envidiaba la riqueza lusa procedente del monopolio comercial del país vecino con las islas asiáticas. Para el monarca español, la anexión de tierras nuevas a la corona no estaba ofreciendo, precisamente, un refrendo económico. Hasta 1519, Hernán Cortés no halló el ansiado oro azteca. El descubrimiento de las minas de Potosí o Porco sucedió aún más tarde. Por tanto, el balance de las relaciones con América y Asia arrojaba réditos muy diferentes para las dos potencias del momento: mientras unos desbrozaban la espesura amazónica y buscaban El Dorado a golpes de acero, los otros comerciaban con especias que luego vendían a precios muy elevados en los mercados europeos. Entre conquistadores, la envidia resultaba lógica.

Dadas estas circunstancias, cuando Magallanes esbozó su proyecto de encontrar un paso al sur de América y llegar por esa vía aún ignota hasta Asia, sus palabras fueron recibidas de manera bien distinta en la corte portuguesa y en la española: en su país encontró el rechazo taxativo de Manuel I; en España, tiempo después, la adhesión entusiasta del futuro Carlos V. Ambas actitudes resultaban, en cierto modo, previsibles.

A Portugal, por el bien de su monopolio vía el cabo de Buena Esperanza –entonces cabo de Las Tormentas–, no le interesaba descubrir una ruta alternativa para llegar hasta las islas Molucas; con un único paso y que éste permaneciera bajo su control, le bastaba. Por otro lado, los conocimientos geográficos y marítimos auguraban escasísimas probabilidades de éxito a la expedición: en el hipotético caso de que Magallanes encontrara ese paso del que tanto hablaba pero que nadie conocía, sus barcos, después de haber vencido las adversidades del océano Atlántico, debían adentrarse en los misterios del Pacífico, casi un perfecto desconocido... Cuestiones básicas como el abastecimiento de agua potable o la resistencia de las naves y la tripulación justificaban todavía más las reservas de Portugal.

Entre la interesada prudencia lusa y la no menos interesada actitud emprendedora española se deslizaba, silente, la famosa *raya* trazada en 1493 por Alejandro VI en su bula *Inter Caetera*. El papa valenciano expidió la bula por su cuenta y riesgo –de *motu proprio*–, pero atendiendo a los intereses de los reyes Isabel y Fernando. Aquel documento otorgaba a España todas las tierras al occidente de Cabo Verde y las Azores; y a Portugal, lo que faltaba del mundo. Gráficamente, Alejandro VI zanjó el reparto trazando una línea de norte a sur en un mapamundi. Las quejas de los portugueses –tan católicos como los españoles– provocaron que la línea debiera dibujarse de nuevo un año más tarde, en Tordesillas. Allí los monarcas de ambos países, aconsejados por sus astrónomos, cartógrafos, marinos y políticos acordaron unos límites nuevos y desplazaron la línea papal hacia el occidente. Ésta seguía bajando vertiginosamente perpendicular desde el Ártico hasta el Antártico; sin embargo, ahora dejaba a España las tierras más allá de las 370 millas al oeste de Cabo Verde. Portugal se quedaba así en propiedad de África, gran parte de Brasil y las Indias Orientales. En Tordesillas, lo que se hizo, básicamente, es dividir el globo terráqueo en dos, es decir, 180" de longitud para cada rey católico. Con todo, la repartición llevaba asociado un problema técnico importantísimo: ¿dónde se encontraba físicamente aquella *raya* trazada sobre un mapamundi incompleto? Nadie lo sabía y, lo que es más, nadie podía asegurarlo con precisión, dado que se desconocía cómo medir la longitud y la geografía mundial resultaba más bien confusa. Paradojas de la historia, aquel reparto alentaba la especulación sobre si las codiciadas Molucas caían en la parte española o en la portuguesa.

Magallanes –Hernão Magalhães, en verdad–, quien había participado en 1505 en la conquista de Malasia, y el también luso Ruy Faleiro –cosmógrafo, geógrafo, matemático y alquimista– hicieron cálculos y dedujeron que las islas Molucas pertenecían a España. Para ello se basaron en los datos sobre la conquista portuguesa suministrados por Francisco Serrão, amigo de Magallanes y piloto de aquella expedición de 1505. Serrão se había quedado allá y trabajaba como agente comercial y consejero del soberano isleño. Ahora bien, no sólo de aritmética geográfica vive el hombre... En su carta, Serrão también había escrito: "Ven al Maluco, Magallanes, amigo mío si quieres hacerte rico en poco tiempo". Geografía, dinero, poder y ansias de gloria se daban la mano.

La intuición de Magallanes y Ruy Faleiro sobre una *puerta secreta* al sur de América se inspiraba en un sorprendente y confidencial mapa que podría haber dibujado Martin Behaim, un cartógrafo de Nüremberg que estaba al servicio de la corona portuguesa. Cómo el bueno de Behaim o el verdadero autor de aquel mapa adelantado a su época alumbró la idea, es otro asunto; lo importante reside en que éste hacía posible un anhelo casi divino: circunnavegar la Tierra. El viaje suponía, de completarse, una revolución mundial en toda regla, además de una hazaña. Por añadidura, la circunnavegación permitiría verificar a Magallanes dónde quedaba la famosa *raya*.

Los argumentos científicos de Faleiro y Magallanes encontraron respaldo en Cristóbal Haro, influyente banquero y representante de la casa Fugger en Lisboa, quien logró que el rey Manuel I les concediese una audiencia. Cuando Faleiro y Magallanes mostraron su proyecto al rey, más que gloria, dinero o nuevos territorios, le estaban ofreciendo la llave para guardar un secreto vital: la prueba jurídica con que España podría arrebatar a Portugal el monopolio de las especias. Pese a todo, Manuel I rechazó la propuesta, hiriendo así aún más el orgullo de Magallanes. Éste ya opinaba entonces que la Corona no había reconocido –económica y moralmente– sus méritos, primero en Malasia y luego en Marruecos, campaña esta última de donde volvió con una leve cojera que lo obligó a licenciarse. Dolido por el trato, Magallanes se marchó con los otros dos a la corte vecina.

Para Carlos I, apropiarse de aquel hipotético paso al sur, además de una mayor proximidad a las especias asiáticas, suponía también un nuevo acceso hasta Chile o Perú; de ahí que el rey español recibiera más efusivamente las ilusiones del cortejo luso. Tanto es así que en 1517 Magallanes renunció a su nacionalidad y se convirtió en súbdito español. Poco después se casaba con Beatriz, la hija de Diego Barbosa, también portugués pero reconvertido a sevillano. Pero no todo fueron buenas noticias para Magallanes: Ruy Faleiro predijo que la expedición sería un desastre y al final decidió no embarcar.

En cualquier caso, Magallanes ya había encontrado la financiación del burgalés Juan de Aranda y otros comerciantes notables, así que el 10 de agosto de 1519 capitaneó cinco naves y casi trescientos hombres rumbo a las Molucas. En 1520, la expedición descubría el Estrecho, al que su cronista más famoso, Antonio Pigaffeta, se refirió como "el estrecho de la Patagonia". Esta noticia se conocería en España recién en septiembre de 1522 con el retorno de Juan Sebastián Elcano, y dieciocho supervivientes. Por desgracia, Magallanes no recibió la recompensa y el honor que le correspondían; murió en Asia, asesinado en la playa de Matan. En 1525, el Estrecho comenzó a conocerse por su apellido. Entonces España ya tenía su *cabo de buena esperanza*. La intuición de Martin Behaim, Magallanes, Faleiro y algún otro loco había resultado cierta.

Del uso que se le dio a la puerta y de los malos vientos que la abrían y la cerraban a los infortunados españoles

La corona española aprovechó la euforia del descubrimiento para financiar varias expediciones desde la península, primero para llegar hasta las islas de las especias por la nueva vía, y más tarde para explorar el estrecho de Magallanes y colonizarlo. No obstante, aquel pasaje austral nunca se alió con los españoles, y el intento de dominarlo deparó resultados desalentadores.

Los primeros en intentarlo de nuevo fueron Jofré de Loaysa y Elcano –piloto de Magallanes–, quienes en 1525 zarparon con siete naves y 450 hombres. Doce años después,

Urdaneta, uno de los pocos supervivientes, narró el trágico final: cuatro naves llegaron al Pacífico, y allí éste terminó con ellas.

Años más tarde fue Sebastián Caboto, piloto veneciano al servicio de la corona española, quien a la altura del Río de la Plata se arrepintió y dio la vuelta antes de llegar al Estrecho. En 1534, Simón de Alcazaba, portugués pero súbdito de Carlos I, salió hacia el sur con la ilusión de convertirse en gobernador de Nueva León, territorio que incluía la Patagonia atlántica y pacífica. La climatología del Estrecho lo obligó a retroceder con sus naves hasta la bahía de Santo Domingo, un paraje inhóspito situado a 45" Sur. A los pocos días se amotinó parte de la tripulación: Alcazaba y varios integrantes de ambos bandos murieron durante el enfrentamiento, otros marineros fueron abandonados en tierra y los amotinados reanudaron el viaje, pero hacia el cálido y rico Brasil. Al poco de zarpar, una de las dos naves se fue a pique.

En 1540, Francisco Camargo comandaba la expedición financiada por Gutiérrez Vargas de Carbajal, obispo de Plasencia. Sólo una de las tres naves cumplió con el objetivo. De las otras, una regresó a la península y la otra naufragó en la primera Angostura. Se desconoce cuánto tiempo tardaron en morir aquellos 150 náufragos.

Visto que los hados no favorecían los viajes desde la península, los españoles lo intentaron también desde Chile y Perú. Los mejores pilotos, Juan Fernández –al servicio de Almagro–, Juan Bautista Pastene y Francisco de Ulloa –ambos a las órdenes de Pedro de Valdivia– o Ladrillero –al servicio de Hurtado de Mendoza–, aproaron hacia los 52" Sur y asumieron el desafío. Los tres primeros llegaron, respectivamente, hasta bahía de la Concepción, Corral y la embocadura del Estrecho, pero ninguno lo navegó. Sólo Ladrillero en 1557 llegó hasta el Atlántico. Y no sólo eso, sino que desde allí *desnavegó* lo navegado y regresó. Sin embargo, este fenomenal marino pagó la osadía: murió al poco de llegar a puerto, en 1559, después de haber perdido a casi toda la tripulación del *San Luis*. La otra nave de la expedición, capitaneada por Cortés Ojea, naufragó antes de llegar al Estrecho. Los supervivientes resistieron los ataques indígenas y construyeron una embarcación con los restos del naufragio.

Durante casi cuarenta años, las aguas del Estrecho se mostraron hostiles con los españoles, y éstos sufrieron duros reveses humanos y económicos. Tanto es así que hacia 1560 los gobernantes habían llegado a una conclusión inapelable: reconocían la importancia estratégica del estrecho de Magallanes, pero también que éste carecía de la riqueza de Perú, Bolivia, Chile o México.

De cómo mandaron los españoles al limbo del olvido a puerta tan demoníaca y de lo que les pasó por esta razón

La Corona decidió enterrar el asunto y optó por mantener en secreto la existencia de aquel paso. No hubo más expediciones y los derroteros se guardaron bajo llave, a salvo de la mirada indiscreta de los enemigos. El cuaderno de Ladrillero, con el cual podría navegarse incluso hoy, se escondió con gran celo. A partir de entonces, se comenzó a vivir como si aquella puerta infernal no existiese o estuviera permanentemente *cerrada*. España se consideraba soberana de unas tierras de las que apenas había logrado conocer los gigantes patagones de Magallanes, la existencia de cumbres nevadas, las fuertes corrientes marinas, los imprevisibles y huracanados vientos y las brutales tempestades que habían hundido las esperanzas, las ganas de gloria y los barcos.

Diez años duró el secreto. En 1578, Francis Drake se convirtió en el primer marino que sin ser súbdito español lograba cruzar el estrecho de Magallanes. La llegada en 1580 de esta expedición a Plymouth significó, además, la segunda circunnavegación de la Tierra. En ese mismo viaje, Drake, tras superar el Estrecho, navegó en corso y saqueó los barcos fondeados en Valdivia y Callao de Lima; y comenzó a ganarse su fama de azote de las posesiones españolas de ultramar.

Aquel inesperado ataque marcaba un antes y un después para la política americana: el ignoto Estrecho se había convertido de repente en un secreto a voces y, por si fuera poco, Inglaterra no reconocía la soberanía española. Por otro lado, la afrenta militar y económica adquiría un tinte religioso: los protestantes se burlaban del reparto mundial acordado por las dos superpotencias católicas. Y una última cosa: la navegación en altura dejaba de ser patrimonio exclusivo de españoles y portugueses. Casi nada.

El botín de Francis Drake fue tan espectacular que renombró su galeón de *Pelican* –Pelícano– a *Golden Hind* –Cierva de oro–. Tras el éxito del corso, todo indicaba que los ingleses regresarían por más. La expedición que envió el virrey Toledo para perseguir a Drake resultó un fracaso. Los nervios en Valparaíso y Callao de Lima estaban a flor de piel.

Para Sarmiento de Gamboa estaba claro el asunto: el oro y la plata americanos, la proximidad a las especias o continuar con el descubrimiento del Nuevo Mundo dependían de controlar el estrecho de Magallanes, corredor por donde se había colado el enemigo. ¿Solución? Fortificarlo y colonizarlo inmediatamente. Había llegado el momento de las armas; era mucho lo que estaba en juego.

Pese al convencimiento del virrey Toledo, Drake nunca regresó al Estrecho. Por si fuera poco, el intento español de dominar aquel paraje estratégico resultó, una vez más, un desastre en toda regla. Gamboa, Thomas Cavendish o Tomé Hernández relataron con pelos y señales el drama vivido en aquellas tierras. Ni cuando era secreto ni cuando dejó de serlo este intrincado laberinto a 52" sur se alió con los españoles.

Paradójicamente, la política del secreto afectó al propio Sarmiento de Gamboa por partida doble. Después de que Felipe II recibiera de manos de éste el derrotero del viaje al Estrecho, la bitácora permaneció en paradero desconocido durante dos siglos, hasta que Bernardo de Iriarte la desempolvó y la publicó íntegra en 1768. A pesar de ello, los coetáneos de Gamboa supieron de su odisea gracias a las reseñas que le dedicaron historiadores como Leonardo de Argensola, Herrera o Alonso de Ovalle. Asimismo, las dos veces que Gamboa fue apresado y encarcelado, la primera vez por los corsarios de sir Walter Raleigh

(1585) y la segunda por los hugonotes franceses (1588), probablemente, sus captores divulgaron la documentación requisada.

El segundo efecto resulta apreciable en el derrotero de este primer viaje al Estrecho. Algunas páginas refieren las quejas de Gamboa sobre las cartas y relaciones con que viajaba. Con toda probabilidad, el cuaderno de Ladrillero debía de estar luchando contra los ácaros en algún recóndito archivo, a salvo de la codicia ajena, pero también lejos de Gamboa, a quien las exactas notas de éste le hubieran ahorrado mucho sufrimiento.

Navegar en siglo XVI

Rubén A. Arribas

1. El porqué de una navegación tan atribulada

*P*arte del heroísmo y del mérito de las navegaciones transoceánicas de los siglos XV y XVI reside en la escasa tecnología con que contaban los marinos para afrontarlas. Que Vasco da Gama alcanzara Asia, sólo fue posible tras cien años de navegación lusa por el litoral africano.

La adaptación de las embarcaciones a cruzar un océano como el Atlántico precisaba de un salto cualitativo en la ingeniería naval, esto es, necesitaba de tiempo y de ciencia para la investigación náutica. Dada la precariedad tecnológica, los instrumentos más fiables de que disponía un marino como Gamboa eran su experiencia, el exacto reloj de los astros y la intuición para orientarse. El astrolabio, las ampolletas, las agujas y las cartas de marear, a la espera de la ansiada revolución tecnológica, ocupaban un segundo plano.

Con instrumental poco sofisticado –ganchos de latitud, kamal, astrolabio, etc.–, polinesios, egipcios o griegos supieron ya guiarse en el mar y mantener un paralelo determinado. Ellos observaron que a mediodía el sol ocupaba siempre su cenit; de ahí que, si la mañana no se nublaba, éste fuera un dato fiable con que medir la distancia norte o sur respecto del ecuador, y saber en qué latitud se hallaba el barco. Este conocimiento tan antiguo lo heredó el hombre medieval.

En cambio, ni aquellos primeros navegantes ni casi ninguno de los siguientes hasta el siglo XVIII supieron medir de una manera sencilla, práctica y precisa la longitud mientras navegaban. Esta magnitud, en palabras de Gamboa, servía para medir el "camino del este-oeste". Para calcularla se necesita conocer simultáneamente la hora a bordo y en un puerto conocido; y a partir del desfase horario se calculan los grados de longitud. Hasta que Harrison desarrolló a mediados del siglo XVIII el cronómetro de precisión, la única medida relativamente fiable se obtenía mediante un complejo cálculo a partir de un almanaque astronómico que se actualizaba anualmente. Esto podía resultar fascinante para los científicos en sus noches de serena observación; sin embargo, era engorroso y poco práctico para los atribulados marinos en alta mar, con tantas olas, corrientes, tempestades y demás inquietos agentes de la naturaleza azotando sus barcos.

Por esta razón, a fin de aminorar los riesgos, los expedicionarios no se aventuraban a surcar los océanos y mares por cualquier ruta, sino que trataban de seguir alguna ya establecida. Aun así, no había dos travesías iguales. Al no conocer los marinos ni siquiera con una mínima exactitud la posición este-oeste, un viaje que debía ser un calco del anterior terminaba convirtiéndose en inexplicablemente largo, incluso en varios meses de diferencia. Como la mayoría de aquellas tripulaciones, tarde o temprano, enfermaban de escorbuto, las consecuencias mortales de un retraso en llegar a puerto resultaban devastadoras. Por otro lado, no sólo de escorbuto morían los navegantes: desconocer la longitud solía deparar encalladuras y naufragios igualmente trágicos. Asimismo, cuando los corsarios aprendieron a navegar en altura, la pólvora y el acero de éstos dictaron muchos finales sangrientos. Por último, los amotinamientos a bordo y sus correspondientes ajusticiamientos, fueren del bando que fueren, sellaban también el fin de no pocos desventurados.

En los siglos venideros, el desarrollo tecnológico del casco, la arboladura y el velamen de los barcos, así como la aparición del cronómetro de precisión, el sextante y la mejora de los almanaques astronómicos, permitió un avance espectacular en el arte de navegar. También cambiaron los hábitos alimenticios, y la vitamina C permitió que los estragos provocados por el escorbuto disminuyeran. Motines y piratas siempre hubo, claro; sin embargo, cruzar en barco el océano fue convirtiéndose en algo relativamente más cómodo y seguro. Al menos mucho más que para los pioneros españoles y portugueses de los siglos XV y XVI.

2. La nao: una embarcación característica

Aclaración: entre comillas figuran algunos tecnicismos marinos. Al usarlos en su contexto, pero con un lenguaje sencillo, esperamos que la lectura posterior de la relación de Gamboa resulte más fácil. Asimismo, las definiciones de esos términos pueden hallarse en el Glosario náutico (ver página 65).

Sarmiento de Gamboa navegaba en la nao *Nuestra Señora de la Esperanza*. Este tipo de embarcación, usual en la época, era esencialmente igual a una carraca y había sido desarrollada por los portugueses a partir de los barcos cántabros que se dedicaban a la pesca del atún. Para imaginar un barco similar al que capitaneaba Gamboa, basta pensar en otras naos famosas: la *Santa María*, de la flota de Colón, o la *Victoria* con la que Magallanes navegó el Estrecho que lleva su nombre.

La nao representaba el estado más avanzado de la tecnología naval del momento, y se convirtió en el emblema de las primeras navegaciones transoceánicas. Antes de llegar a ésta, el desarrollo naval europeo había vivido un momento de esplendor gracias a la Escuela de Sagres, un centro de estudios creado por Enrique el Navegante. Esta escuela portuguesa introdujo en los barcos previos a las carracas algunos cambios fundamentales, copiados en su mayoría de los barcos vikingos. Con el tiempo, esas modificaciones resultaron definitivas en la construcción de embarcaciones solventes con que adentrarse en el Atlántico.

Una de esas innovaciones afectó al casco, que pasó de construirse por tablas a pique –una tabla clavada junto a la siguiente– al llamado sistema de tingladillo –una tabla parcialmente superpuesta sobre la otra–. Con esa técnica, los cascos se volvían más resistentes y se podían construir naves más grandes y con mayor capacidad de carga. El otro cambio estuvo relacionado con las velas: se abandonaron las triangulares –aparejos latinos, típicas de los pescadores– por las rectangulares –aparejo redondo o de velas cuadras o cuadradas–. Estos cambios afectaban a dos variables fundamentales para avanzar por el mar: estabilidad y propulsión.

Los marinos usaban las embarcaciones como animales de carga, por ejemplo, para las toneladas de especias asiáticas que almacenaban en los "pañoles". Las naos se dedicaban al comercio y, por tanto, debían diseñarse para recorrer muy largas distancias y transportar una gran cantidad de mercancía. Para propulsar un tonelaje tan elevado durante tantísimas millas a una velocidad respetable, obviamente, se necesitaba una gran superficie desplegada. Por este motivo, aumentaron las dimensiones de los "paños" –velas– y, en algunos palos, incluso se "amuraban" –aseguraban– velas auxiliares.

La nao *Nuestra Señora de la Esperanza* contaba con tres mástiles, palos o árboles: mesana –a popa–, trinquete –a proa– y mayor –en mitad de la cubierta–. Cada mástil amuraba una vela bajo su "verga" horizontal, de donde ésta pendía y cuyos ángulos inferiores se fijaban mediante las "escotas". A la vela del palo mayor se la llamaba "mayor". Por encima de ésta, en el mastelero, se "envergaba" otra, la "gavia", a la cual Gamboa también se refería como "maestra". Las velas del trinquete y el palo mayor propulsaban la nave; a las velas de estos dos palos Gamboa las llamaba "papahigos".

Debido al diseño del casco, el timón no servía por sí solo para modificar la dirección rápidamente. Por esta razón, se necesitaba una vela a popa que ayudara a gobernar el barco. Las naos, y en general las naves del siglo XVI, se diseñaban para navegar con vientos francos, es decir, de popa o laterales; pero no con vientos que soplaran desde los lados hacia delante. En una nao, la primera vela que el viento, teóricamente, debía encontrar era la de mesana, que se amuraba bajo una verga inclinada llamada "entena". Aunque menos veloz que una vela cuadra, el aparejo latino –triangular– proporcionaba una mejor maniobrabilidad al barco.

Las naos contaban con un cuarto palo, pero no en la cubierta como los anteriores. El bauprés sobresalía de la proa del barco y amuraba la "cebadera", vela auxiliar que ayudaba a los papahígos a mover la nave. Otro paño suplementario era la "boneta", que se amuraba sobre el palo mayor. Las bonetas o la cebadera, aunque de tamaño pequeño en comparación con los papahígos, aumentaban la superficie desplegada en condiciones de vientos leves. En caso de mal tiempo, este tipo de velas se "cazaban" –replegaban– enseguida.

Por otro lado, gobernar una nao no resultaba precisamente sencillo. El considerable tamaño de la nave y la reducida posibilidad de orientar las velas a través de las escotas dificultaban lo suyo la maniobrabilidad. Si a estas limitaciones técnicas le sumamos las fuertes corrientes marinas, la variedad de la rosa de los vientos, los temporales y la imprecisión de los instrumentos de medida se comprenderá que era temerario cruzar cualquier océano.

De todos modos, conviene mirar la nao con ojos del siglo XVI. Para aquellos marinos, estos imponentes barcos representaban el estadio más avanzado de su tecnología; así que confiaban plenamente en ellos. Una nao cuyos "corbatones", timón y mástiles estuvieran fabricados con roble, encina o pino, que usara cáñamos de calidad para las jarcias y brea con saín de ballena para el calafateado, o cuyo casco hubiera sido labrado por un reputado carpintero se consideraba una nave segura para afrontar cualquier desafío. En 1575, según el capitán Juan Escalante de Mendoza, los marinos opinaban que las naos estaban bien proporcionadas, resultaban maniobrables, disponían de un buen velamen, aguantaban con entereza los golpes del mar por la proa y ganaban con relativa facilidad el barlovento. En definitiva, que toda nao de *buenas mañas y costumbres* podía aventurarse con éxito en los misterios del océano.

3. Instrumentos de navegación

Dos hechos relativos a la orientación sorprendieron a los europeos que se adentraban en el hemisferio sur por primera vez: además de que la estrella Polaris –ineludible referencia boreal– no relucía allá, las brújulas se desviaban hacia el noroeste o noreste. Descubrir esto en mitad del océano tuvo que resultar desolador.

Los instrumentos de navegación europeos estaban preparados para afrontar los mares y cielos conocidos, pero no aquel torrente austral de novedades celestes, hidrográficas, magnéticas y meteorológicas. A pesar de la existencia de la imprenta desde hacía unos ciento treinta años, todavía no circulaban muchos libros, y éstos resultaban caros. Asimismo, podían pasar muchos años antes de que algún Arte Náutica se distribuyese ampliamente con información actualizada sobre el uso y construcción de instrumentos de navegación, cómo hallar la Polaris o la Cruz del Sur, qué traza era la óptima o cómo debía manejarse una nao, etc.

En 1579 ya circulaban los primeros libros de navegación. Los tratados más importantes y famosos de la época fueron *Breve Compendio de la Sphera y de la Arte de Navegar*, de Martín Cortés (Cádiz, 1551); *Arte de navegar*, de Pedro de Medina (Valladolid, 1551) o *Instrucción náutica*, de Diego García de Palacio (México, 1587).

Los capitanes de barco eran gente instruida y, a sus habilidades para gobernar embarcaciones, unían conocimientos sobre astronomía, historia y otras ciencias afines. Con todo, pese a la destreza intelectual de estos marinos, y dadas las condiciones tecnológicas de la época, sucedían fácilmente los desastres. Por ejemplo, tras varios días de mal tiempo, y después de realizar los cálculos de rigor para saber dónde se encontraba el barco, el capitán quizá creía hallarse a una prudente distancia de un archipiélago;

y minutos después se ahogaba junto a los suyos en un acantilado que suponía cien millas al oeste.

El *Derrotero* de Gamboa recogió uno de esos momentos clásicos de "Capitán: ¿dónde estamos?"; aunque exento del dramatismo del naufragio, y con un significado especial para la historia de la navegación. A la salida del estrecho de Magallanes, la nao *Nuestra Señora de la Esperanza* navegaba hacia Pernambuco (Brasil). Debido a las corrientes y los vientos, la nao se desvió progresivamente de esa dirección sin que nadie lo notara. Cuando la carta de marear y los cálculos de Gamboa indicaban que Pernambuco debería hallarse muy cerca, el horizonte sólo mostraba la monotonía de siempre. Entonces Gamboa se fabricó una ballestilla –o báculo de Jacob– y midió la longitud de acuerdo a un método basado en la distancia angular entre la Luna y el Sol. Tras los cálculos pertinentes, Gamboa le dio una noticia pasmosa a los suyos: en unos días llegarían a la isla Ascensión, en el litoral africano. Los marineros –muchos de ellos ya enfermos de escorbuto– conscientes de que el rumbo inicial marcaba Brasil, pensaron que su capitán andaba errado... Muy errado. Llevaban un mes sin fondear en puerto alguno desde que habían salido del Estrecho, y aquella posible desorientación resultaba para ellos más que inquietante.

En mitad del océano, ante una nueva adversidad, Pedro Sarmiento de Gamboa demostró su valía como capitán, marino y cosmógrafo. La admiración que le profesaron Bougainville, Parker King y otros navegantes posteriores nació, precisamente, de ese tipo de observaciones náuticas que pueblan este *Derrotero*; siempre inteligentes, llenas de una apasionada sobriedad y dignas de un hombre con gran arrojo. También el marino español se convirtió en el favorito de algunos historiadores; por ejemplo, el inglés Clements Markham, quien sostiene que Gamboa fue el primero que construyó y usó una ballestilla en el mar para medir la longitud. ¡Ah!, en cuanto a la pregunta de si Pernambuco o Ascensión, huelga explicar que días después la *Nuestra Señora de la Esperanza* se abastecía en las costas africanas. El cálculo de Gamboa había resultado exacto, pese a las complicaciones inherentes a la medida de la longitud.

Esta famosa ballestilla sólo aparece en ese momento del viaje. Las referencias cotidianas a los instrumentos de navegación serán otras: la ampolleta, el astrolabio y las agujas y cartas de marear. A continuación se explican brevemente algunos conceptos relativos a ellos, a fin de que el lector pueda disfrutar con mayor conocimiento de las referencias del texto.

3.1. Ampolleta

"Este día a las ocho de la mañana nos dio el primer aguacerito del sur sudeste, que nos dejó viento fresco en la vela y con él fuimos al sudoeste; y pasado el aguacerillo volvió el viento al sudeste bonancible que nos dejaba ir al sur sudoeste". *Relación y derrotero del viaje al estrecho Madre de Dios, antes llamado de Magallanes*, página 154.

¿Ocho de la mañana? Sí, entonces los marinos tenían sus mañas para saber la hora; aunque sólo fuera de manera aproximada. A bordo se medía el tiempo con un reloj de arena o ampolleta. En general, estos relojes cronometraban media hora; pero también los había para contar un minuto y un cuarto de minuto. Un grumete se encargaba de darles la vuelta y de cantar la hora. A mediodía, cuando el sol alcanzaba su cenit y se medía la altura de éste con el astrolabio, se *ponía en hora* el reloj. Este sencillo ingenio servía para reglamentar la vida a bordo –las guardias, las comidas, etc.– y para estimar la velocidad del barco. El método o la hipotética precisión de los granos de arena hablan por sí mismos de la escasa fiabilidad y exactitud de las ampolletas.

3.2. Astrolabio

"No se fíen los navegantes en este paraje de los relojes hechos en España y Francia y Flandes y partes de más altura para fijar el sol con el astrolabio ordinario; ni tampoco por la aguja de marear, porque cuando lo marcares al norte pensarás que es mediodía y habrá ya pasado más de una cuarta. Por tanto, téngase aviso que cuando se tomare el sol se espere con el astrolabio en mano hasta que le vean subir por la pínula baja, que es bajar por la parte de arriba: y éste es el más perfecto y preciso reloj para todas partes para el meridiano de la altura." *Relación y derrotero...*, páginas 155-156.

Este instrumento ya había sido empleado por los egipcios y griegos para medir ángulos en el cielo y determinar así la altura de los astros respecto del horizonte. Los hubo de diferentes tipos. Para la navegación se usó una versión simplificada de los astrolabios esféricos y de los astronómicos planos. En sus astrolabios náuticos, los marinos usaban un disco de cobre o latón, sobre una de cuyas caras se habían trazado dos diámetros perpendiculares, que dividían el círculo en cuatro partes. Al diámetro vertical se lo llamaba "línea del cenit" y al otro "línea del horizonte". Cada cuadrante superior se dividía de 0 a 90" a partir de la línea horizontal. Una regla –la alidada–, móvil alrededor del centro del astrolabio, servía para dirigir la visual hacia el astro. La altura se hallaba por la línea de sombra, si se trataba del Sol, y por lectura directa, si se trataba de las estrellas. En cada extremo de esta regla iba una pínula o anteojo, fijado perpendicularmente. En la parte superior, llevaba una anilla por la cual se sostenía éste durante la medición. En el reverso del astrolabio solía figurar una tabla con las declinaciones del sol.

Los tratados aconsejaban tomar la medida cerca del palo mayor, donde la nave se balanceaba menos y el pulso podía ser más firme. El astrolabio debía tomarse por la argolla con el dedo anular, luego alzarlo y mover la alidada hasta que el sol entrase por los agujeros de ambas pínulas. A continuación, el marino anotaba el ángulo entre la línea del cenit y la alidada. Como el astrolabio proporcionaba el ángulo complementario, debía restarse esta medida a 90"; y así se obtenía la altura del sol.

3.3. La aguja de marear

"En este puerto, Pedro Sarmiento hizo una línea meridiana en tierra, y marcó las agujas de marear; y se cebaron y adobaron y aderezaron, cebándolas y reparándolas; porque con las tormentas y humedades habían recibido mucho daño. Y sea aviso a todos, que las que estaban bien cebadas nada nordesteaban, ni noroesteaban, sino sólo aquella media cuarta que los aceros están trocados de la punta de la flor de lis: y es opinión de poco experimentados afirmar que hay nordestear, o noroestear si la aguja está bien cebada y afinada; y cuando se halla algún defecto que parece tirar a esto en la aguja, es otro el secreto, que tiene remedio; y no es de aquí, por ser experiencia manual." *Relación y derrotero...*, página 211.

La aguja de marear era una suerte de alfiler o barrita de material ferromagnético que actuaba como brújula; indicaba, por tanto, el norte magnético y se usaba para establecer el rumbo de la navegación. Se anclaba por su punto medio a una rosa de los vientos, respecto de cuyo centro giraba. El conjunto rosa y aguja iba sumergido en agua y alojado en una pequeña caja de madera o marfil, cerrada por un vidrio trasparente. La caja se atornillaba normalmente a un sistema cardano, que le confería estabilidad y amortiguaba las vibraciones.

La Tierra se comporta como un inmenso imán; de ahí que esté rodeada por un campo magnético cuyas líneas van desde el polo norte al sur, de manera similar a los meridianos geográficos. Como la Tierra es achatada por los polos, es decir, no se trata de una esfera perfecta, los meridianos magnéticos y los geográficos describen líneas de campo parecidas, pero que no coinciden en todos los puntos del planeta.

Dependiendo del lugar del globo donde se encuentre el observador, el polo norte magnético queda al oeste o al este del geográfico; por tanto, puede medirse el ángulo entre ambos a partir de los respectivos meridianos. A este fenómeno se lo conoce como declinación. Por otro lado, los polos magnéticos se desplazan lenta pero continuamente, razón por la cual el ángulo de separación entre los meridianos magnéticos y geográficos varía con el tiempo. Este fenómeno recibe el nombre de desviación. Ambos fenómenos, declinación y desviación, introducen un error en la medida, que debe compensarse para obtener el rumbo verdadero.

Asimismo, la composición de la tierra no es uniforme. La presencia de minerales ferrosos provoca alteraciones de intensidad y de dirección en el campo magnético; y si bien a escala global las líneas magnéticas corren de uno a otro polo, a menor escala pueden tener una dirección sensiblemente distinta de ésa. Actualmente esto no supone ningún problema. En tiempos de Gamboa, el magnetismo aún pertenece más a la hechicería que a la ciencia.

El problema al que alude Sarmiento de Gamboa cuando habla de noresteo y nordesteo está relacionado, precisamente –aunque él no lo sepa–, con la desviación y la declinación magnética. Corresponde a los hidrógrafos del siglo XIX en adelante el estudio pormenorizado de esa magnitud durante los siglos XV y XVI y su influencia en los viajes y en la cartografía de aquellos viajeros, para quienes el norte magnético y el geográfico sí coincidían.

En cuanto al resto de conceptos que aparecen en la cita de Gamboa: el cebado de las agujas consistía en imantarlas de nuevo con magnetita, y la flor de lis servía como punto de referencia y coincidía con el norte.

En el siglo XVI, no se usaba el sistema sexagesimal para establecer un rumbo. Éste se daba de acuerdo a las direcciones que marcaba la rosa de los vientos. Para referirse a los rumbos intermedios, es decir, para hablar de los segundos y minutos modernos, se hablaba de cuartas, puntos medios y puntos. Esas marcas salían de prolongar los vértices de la rosa de los vientos sobre la circunferencia que la contenía.

3.4. Ballestilla

"...aunque sabíamos donde estábamos según latitud, que es de norte-sur, ignorábamos la longitud, que es el camino del este-oeste; y para averiguarlo, aunque Sarmiento lo sabía tomar, no tenía instrumento para ello: y la necesidad inventora de las artes hizo que Sarmiento hiciese un género de báculo o ballestilla con que lo tomase, y con este instrumento con el ayuda de Dios a 31 de marzo al amanecer tomó el general los grados de longitud por la llena de la luna y nacimiento del sol, y halló que estábamos dieciocho grados más al occidente que el meridiano de Sevilla." *Relación y derrotero...*, páginas 282-283.

Este instrumento se trataba de una vara de madera, a lo largo de la cual corría perpendicularmente otra de menor longitud, formando una cruz. La vara mayor solía recibir el nombre de "vara", "virote", "radio" o "flecha", y llevaba una escala graduada. A la menor se la llamaba "martillo", "correderera", "sualla", "franja", "sonaja" o "transversario". La extremidad inferior se denominaba "coz de la ballestilla".

Este instrumento servía para medir la altura de los astros. Se medía de cara a las estrellas, dirigiendo dos visuales desde la "coz": una al extremo superior de la cruz y otra al extremo inferior. La cruz se deslizaba sobre la vara hasta que el punto superior coincidía con el astro y el inferior con el horizonte. Entonces se anotaba la medición de la vara, que era la distancia cenital o la altura, de acuerdo a la graduación de la vara. Parte de la inexactitud de este método procedía de tener que mirar a dos sitios a la vez, cuando el ojo sólo puede enfocar uno con precisión.

Al parecer, Gamboa siguió el método que, en 1514, propuso Johann Werner para medir la longitud a partir del ángulo formado por líneas rectas trazadas al Sol y la Luna. Según Ángel Rosenblat, el báculo fue construido siguiendo el arte náutica de Pedro de Medina citado más arriba.

4. Las leguas de arbitrio y fantasía

"Este día tomé la altura en 26 grados y un tercio largo, y sumando lo que anduvimos desde 28 de octubre, estando en 21 grados, hasta este punto, son ciento catorce leguas y dos tercios de legua. Va de diferencia de este camino, que es el vero al del arbitrio, cinco leguas y un tercio que había hurtado la fantasía a la altura." *Relación y derrotero...*, página 155.

Antes de comenzar a leer, conviene familiarizarse con dos términos náuticos que aparecen frecuentemente en el derrotero, y que se refieren a la distancia recorrida por la nao *Nuestra Señora de la Esperanza*: las leguas de arbitrio y las de fantasía.

A diario, cuando el sol alcanza su cota máxima, Gamboa mide la altura de éste con el astrolabio; así obtiene los grados de latitud. Con esa información, y por diferencia respecto de la medida del día anterior, Gamboa computa las leguas singladas, esto es, la distancia recorrida en las últimas veinticuatro horas.

Sin embargo, no siempre brilla el sol y a veces los marinos olvidan sus tareas. Entonces las leguas recorridas deben estimarse a partir de la velocidad del barco y del rumbo seguido. A este método se lo llamaba "echar el punto"; después de ese cálculo había que marcar el resultado en la carta de marear. La singladura computada así se medía en "leguas de fantasía", también llamadas "de arbitrio". Esta nomenclatura no podía ser más a propósito: los métodos para medir la velocidad del barco –bien a ojo, bien con una corredera y una ampolleta de 30 segundos– resultaban más que precarios y la desviación magnética que registraban las agujas era un asunto científico aún por resolver. Por otro lado, los vientos, las corrientes, los errores en los mapas y otras circunstancias marinas se encargaban de que estos cálculos aún fuesen más fantasiosos si cabe; de ahí que el camino verdadero –calculado con el sol y el astrolabio– y el del arbitrio se hurtaran leguas el uno al otro.

5. Algunas latitudes, a modo de referencia

Dado que el itinerario viene salpimentado por un sinfín de alturas, resulta conveniente recordar algunos valores aproximados. Asimismo, quienes no estén familiarizados con este tipo de coordenadas, aquí disponen de un punto de referencia.

Lugares (de acuerdo al recorrido de Gamboa)	Valor
Callao de Lima	12° Sur
Golfo de la Santísima Trinidad	50° Sur
Cabo del Espíritu Santo (Cabo Deseado), entrada al estrecho de Magallanes por el Pacífico	53° Sur
Cabo de la Virgen María, entrada atlántica al estrecho	52° Sur
Cabo de Hornos	56° Sur
Río de la Plata	35° Sur
Trópico de Capricornio	27.3° Sur
Ecuador	0°
Trópico de Cáncer	27.3° Norte
Cabo de San Vicente (Sevilla), fin del viaje	32° Norte

Nota: el Polo Norte y Polo Sur se hallan en latitud 90° norte y sur respectivamente.

Glosario hidrográfico

Cuando Sarmiento de Gamboa se refiere al estrecho de Magallanes como una tierra "quebrada" o "despedazada", alude literalmente a la enorme cantidad de accidentes geográficos que ve en la costa pacífica mientras navega. Los mapas certifican la exactitud de su observación: abras, canales, archipiélagos, golfos, puntas, bahías, ensenadas, caletas o ancones, en su mayoría con el correspondiente topónimo de santo o virgen, configuran un enmarañado laberinto donde el extravío está prácticamente asegurado, especialmente el del lego en navegación. Ojalá que este pequeño glosario ayude a descifrarlo, aunque sólo sea en parte.

ABRA: cualquier abertura entre dos tierras que no se cierra. Por ejemplo: el espacio entre dos islas, que forma un canal. Es aplicable a puertos, bahías, estrechos, etc.

ABREOJOS: abrojos. Peñascos en forma de agujas, ubicados casi a flor de agua y muy peligrosos, por tanto, para la navegación.

ALFAQUE: banco de arena que aparece generalmente en la desembocadura de los ríos.

ANCÓN: ensenada pequeña donde se puede fondear.

ANCONADA: ancón grande.

ANCONADILLA: ancón pequeño, ensenadilla, que dice Gamboa.

BAJA, BAJO, BAJÍO: elevación del fondo marino, de superficie generalmente plana, que constituye un peligro para la navegación a causa de su escasa profundidad.

BARRIAL: barrizal, tierra arcillosa.

BREÑA: tierra quebrada entre peñas y poblada de maleza.

BOQUERÓN: boca de canal entre bajos y peñascos.

CABO: punta de tierra o promontorio litoral que se adentra en el mar.

CALA: ensenada pequeña que hace el mar internándose bastante en la tierra.

CALETA: cala pequeña, especie de hendidura o ensenada muy pequeña de la costa.

CALLAO: guijarro, canto rodado mayor que el cascajo.

CASCAJAL: terreno formado por cascajos, piedras pequeñas y menudas similares a los cantos rodados.

COSTA ASIDA: costa unida, sin abras ni canales.

DESCARNAR: cuando baja la marea y deja la playa al descubierto.

DESPLAYAR: cuando se retira el mar de la playa.

ENSENADA: bahía de pequeño tamaño, seno que forma el mar sobre la tierra.

ESCOTAR LA COSTA: cambiar de dirección la costa ("desde donde escota la costa").

ESTERO: parte del litoral delimitada por la diferencia entre pleamar y bajamar.

FARALLÓN: roca alta, de paredes casi verticales, que sobresale en el mar o en tierra firme.

FONDO SUCIO: fondo rocoso.

GOLFO: brazo de mar de grandes proporciones, más profundo que una bahía y generalmente más cerrado.

ISLEO, ISLOTE, ISLETA: pequeñas islas rocosas y despobladas, con peñascos alrededor, de difícil acceso y que suelen estar adyacentes a otra mayor.

LAJA: bajío de piedra lisa semejante a una meseta, con capas como la pizarra.

LAMA: cieno blando, pegajoso y oscuro que hay en el fondo de algunos mares, ríos y otros lugares con agua estancada.

MOGOTE: montículo cónico de punta roma.

MORRO: monte o peñasco redondo y escarpado que está sobre la costa y sirve de marca a los navegantes.

PAN DE AZÚCAR: monte en la costa con forma de pilón de azúcar, es decir, cónica.

PELADERO: lugar donde no hay vegetación, que está pelado.

PLACEL: banco o bajío del fondo marino, llano, de gran extensión y donde la profundidad es pequeña. Suele ser de arena, fango o piedra.

PUNTA: lengua de tierra, baja y de poca extensión, que penetra en el mar.

PUNTAL: prominencia del terreno en forma de punta.

PLAYAL: playa grande.

RATÓN: piedra cortante del fondo del mar, capaz de rozar los cables y cortarlos.

REPARO: abrigo provisional.

RESTINGA: punta de tierra, rocosa o arenosa, que se interna en el mar a poca profundidad.

SEMENTERA: tierra sembrada

SOPEÑA: espacio o cavidad que forma una peña en su parte inferior.

VERNAL: pico afilado que se eleva sobre la tierra.

Glosario náutico

*E*l lenguaje marinero suele parecer hermético a los profanos de la mar y, por desgracia, inefable cuando se les pregunta a quienes lo dominan. La presencia de esta jerga tan particular representa un serio obstáculo para muchos lectores. A éstos los seduce la mar, pero temen aquellos pasajes donde abunda esta compleja terminología. Y esto tratándose de novelas de aventuras marítimas, escritas para entretener.

El *Derrotero* de Gamboa es un cuaderno de bitácora, y no una novela. Por tanto, la dificultad aumenta. Asimismo, los cuatro siglos de antigüedad de éste convierten algunos pasajes en auténticos malos tragos para los nautas primerizos. En cualquier caso, no conviene arredrarse por este motivo: siempre existe la posibilidad de navegar someramente por los parajes más intrincados. Quienes se animen a una lectura más detallada cuentan con el apoyo del glosario.

Excede del propósito de este apartado aclarar detalladamente cada giro náutico usado por Gamboa; sin embargo, sí pretende ser un salvavidas para los no iniciados en las artes de la mar, y quiere ayudarlos a discernir si el capitán les habla de una vela, un palo, la ejecución de una maniobra, la calidad del viento o el estado de la marea.

Para disfrutar del libro sin sentirse demasiado extraviado –un poco nunca viene mal; ahí está la aventura–, basta familiarizarse con la terminología más frecuente y acudir a este glosario y notas preliminares en caso de urgencia.

Aquellos para quienes "bolinas", "papahigos", "entalingar", "bitas" o "pajaril" resulten ya de entrada términos indescifrables y enigmáticos, no se preocupen en comprenderlos palabra por palabra; alcanza con el sentido de las definiciones.

Como son muchos conceptos nuevos, se han agrupado en bloques fácilmente identificables para favorecer su comprensión. Eso sí, un glosario tiene sus limitaciones; en realidad, estas expresiones se entienden sólo abordo de un barco, cuanto más antiguo mejor, y guiados por alguien experimentado en navegación. También ayuda consultar libros con buenas ilustraciones, visitar los museos navales y echarle un vistazo a las fotografías de naos disponibles en Internet.

Algunas obras que pueden auxiliar a iniciados y no iniciados cuya curiosidad quede insatisfecha:

- Instrucción náutica para navegar, *Diego García de Palacio, México, 1587.*
- *Enciclopedia general del mar*, Ediciones Garriga, Barcelona, 1957.
- *Diccionario marítimo español de Timoteo O'Scanlan*, Madrid, 1831.
- *Viajes al Estrecho de Magallanes*, edición de Ángel Rosenblat y Armando Braun Menéndez, Emecé, Buenos Aires, 1950. Tomo II, "Glosario de voces marítimas y antiguas".

En Internet se pueden encontrar varios léxicos o vademecums marineros, aunque la mayoría referidos a terminología marinera moderna.

Conceptos básicos para antes de comenzar la lectura

ALTURA: distancia angular del sol al horizonte. Si se mide a mediodía, la altura permite establecer, mediante una serie de cálculos relativamente sencillos, la latitud del punto de observación. Gamboa la mide con el astrolabio, pero también se puede obtener con otros instrumentos: kamal, ballestilla, cuadrante, octante, sextante, etcétera.

ARBITRIO: lo contrario de navegar calculando la altura de los astros. Consiste en estimar la posición de la nao a partir del rumbo seguido y la velocidad. El rumbo es el que indica la aguja de marear y la velocidad se establece a ojo o con una corredera.

ARRUMBAR: determinar la dirección que sigue la costa, para luego dejar constancia sobre siguientes cartas de marear que se dibujen.

AYUSTE: costura de dos cabos. Se usa como unidad de medida equivalente a la distancia entre dos cabos. Gamboa la usa metafóricamente para explicar que algo está muy cerca.

BABOR: costado izquierdo del barco, si se mira desde popa a proa.

BARLOVENTEAR: navegar de un lado a otro contra la dirección del viento esperando que el viento sea favorable.

BARLOVENTO: banda o costado de la nave que recibe el viento.

BRAZA: 1,6718 m. Se usa para medir la profundidad.

CABLE: unidad de medida equivalente a 185,19 m. Equivale a 120 brazas, o a un décimo de una milla marina. También es una maroma gruesa.

CARGAR: arreciar el viento.

CARTA Y AGUJAS DE MAREAR: mapa y brújula de navegación.

DEMORAR: estar en una determinada dirección con respecto de la nao, o un punto respecto de otro. Por ejemplo, escribe Gamboa: "vimos tierra alta que nos demoraba el este sudeste como diez leguas, y fuimos derechos a ella para reconocerla y marcarla."

DERROTA: ruta que sigue la nao.

DERROTARSE: apartarse del rumbo, impelido por el viento.

DERROTERO: libro que contiene la situación geográfica de los puntos más notables de la costa y las advertencias sobre la navegación. Cuaderno de bitácora.

ECHAR o MAREAR EL PUNTO: ubicar en la carta de marear dónde está la nave, bien con los resultados obtenidos con el astrolabio, bien mediante los cálculos de estima.

ESTRIBOR: costado derecho del barco, si se mira desde popa a proa.

FANTASÍA: sinónimo de arbitrio. Las leguas de fantasía y las leguas de arbitrio son las mismas, las calculadas a partir del rumbo de la nave y su velocidad.

LEGUA MARINA: poco más de cinco kilómetros y medio, 5.555,55 m. Se usa para medir la distancia recorrida por el barco, por ejemplo.

MAR DEL NORTE: océano Atlántico.

MAR DEL SUR: océano Pacífico.

POPA: parte trasera del barco.

PROA: parte delantera del barco.

SINGLADURA: distancia navegada por un barco en 24 horas, contadas a partir del mediodía, que es cuando se toma la altura del sol.

SONDAR: medir la profundidad de agua.

SOTAVENTO: el costado por donde sale el viento.

SURGIR: fondear.

Climatología: tormentas y vientos

AGUACERO: lluvia repentina, abundante, impetuosa y de poca duración.

ALARGAR EL VIENTO: cambiar la dirección del viento hacia popa.

CERRAZÓN: oscuridad.

ESCASEAR EL VIENTO: cambiar la dirección del viento hacia proa.

ESCASO: viento que sopla en la dirección que debe seguir la nao o de algún rumbo próximo, de modo que no se puede tomar exactamente la derrota deseada ("Íbamos al este noreste y al noreste cuarta al este por veces algo más escaso y más largo").

FORTUNA: temporal, borrasca.

REFRIEGA: racha de viento.

RUCÍO: voz antigua para rocío.

SERENO: humedad de que está impregnada la atmósfera durante la noche.

TIEMPO FORZOSO: vientos muy fuertes.

TRAVESÍA: viento cuya dirección es perpendicular a la dirección de la costa y que impide la salida desde ésta. Según en qué pasajes, les impide salir a mar abierto o los arroja contra la costa.

TURBIÓN: aguacero con viento fuerte, repentino y que dura poco.

TURBONADA o TORBONADA: fuerte chubasco acompañado de viento, truenos y relámpagos.

VAHAJE: viento suave, pero continuado.

VAHAJUELO: viento aún más leve en su fuerza que el vahaje.

VIENTOS LARGOS: vientos que soplan desde alguna dirección comprendida entre el lado y la popa de la nave. Se los llama también vientos francos.

VIRAZÓN: viento que sopla del mar hacia la costa durante el día, alternando con el terral, que sopla de noche desde la costa.

La mar

AGUAJES: crecientes de mar. Corrientes.

ESCARCEO E HILEROS: zona de pequeñas ondulaciones y remolinos en la superficie del mar, donde se forma un leve oleaje debido al encuentro de las corrientes. Los hileros son corrientes derivadas de otra principal.

ESTOA: estado estacionario de una marea o corriente. Este término designa al momento en que se anula la velocidad de la marea y comienza la inversión de la dirección de ésta. También se suele aplicar a todo el período de baja velocidad de la marea que antecede a la inversión de la corriente.

MAR DE LEVA: mar tendido, con olas largas pero no altas.

MAREA DE JUSENTE: reflujo o bajamar
MAREA DE MONTANTE: flujo o pleamar.
MAR EN FUERA: mar abierta, alta mar.
REBALAJE: remolino que hace el agua al chocar con un obstáculo. Reflujo del agua en las playas.
REVENTAZÓN: efecto de chocar el mar contra la costa, los placeles o cualquier otro accidente, deshaciéndose en espuma.
TIRANA: resaca.

Velamen y aparejo básico del barco

BONETA: según Antonio Pigaffeta, compañero de expedición de Magallanes, ésta es una "vela pequeña que se coloca en la vela mayor para navegar con mayor rapidez cuando hace buen tiempo, pero cuando se acerca la tempestad se ha de amainar enseguida para que no estorbe a los que deben cargar la vela mayor". Se trata de dos vela auxiliares que se colocan en los laterales de la vela mayor. Gamboa también usa este termino referido al trinquete.
CEBADERA: vela envergada en una percha cruzada por debajo del bauprés.
CAÍDA: altura de las velas.
ENTENA: palo encorvado y muy largo al cual va asegurada la vela latina –la triangular– en las embarcaciones.
ESPOLÓN: punta que remata la proa de una embarcación.
GAVIA: segundo tramo –primer mastelero– del palo mayor. Sirve de sostén a la verga de gavia, sobre la cual se tiende la vela de gavia.
JARCIA: conjunto de aparejos y cabos de la nao.
MAESTRA: vela del palo mayor.
MASTELERO: segundo tramo de cada uno de los mástiles. Se llaman, de proa hacia popa: mastelero de trinquete, mastelero de gavia y mastelero de mesana.
PAÑOL: compartimento del barco situado bajo cubierta, generalmente en los extremos de proa y popa, y destinado

a guardar municiones, víveres, paños, obsequios para comerciar, etc.

PAPAHÍGOS: Cualquiera de las velas mayores, gavia o trinquete, cuando se navega con ellas solas (excluye a la mesana.)

PAPO: seno o bolso de aire formado por la acción del viento sobre una vela que está floja.

PERCHA: madero largo y delgado que suele atravesarse en otros para sostener, por ejemplo, una vela.

PERNERÍA: conjunto de pernos del barco. Los *pernos* son piezas mecánicas –varas o clavos– que sirven para realizar uniones fijas pero desmontables, por ejemplo entre dos tablones de madera. Solían ser de bronce, hierro o madera.

TOAS: maromas, cuerdas muy gruesas de esparto o cáñamo. Andariveles.

TRINQUETE: verga mayor cruzada sobre el palo de proa. Vela que se larga en dicha verga. En las embarcaciones que disponen de más de un palo, el que se arbola inmediato a la proa.

Terminología más específica

ABATIMIENTO: desvío de la nao hacia sotavento del rumbo que debe seguir. Darle media cuarta de abatimiento, por ejemplo, sería estimar un desvío de media cuarta según las agujas de marear –los rumbos se miden por cuartas.

ABITAR: amarrar a las bitas el cable del ancla fondeada. Las *bitas* son los postes de madera sobre los que se arrollan los cables del ancla cuando se fondea la nave. Éstas van fuertemente aseguradas sobre la cubierta en las proximidades de la proa.

AMURA: tercio delantero de la nave.

AMURAR: fijar las velas sobre la banda de barlovento –de donde sopla el viento– para llevar la nave hacia la dirección contraria –sotavento–. En sentido amplio, orzar, orientar la proa hacia la dirección del viento.

ÁNCORA: ancla.

ARFAR: movimiento alternativo de subida y bajada de la proa y de la popa de la nave. Técnicamente: cabeceo.

ARRIBAR: entrar en un puerto para evitar un peligro.

BOLINAS: cabos con que se hala hacia proa la relinga de una vela para que ésta reciba mejor el viento. Pueden ser cortas o largas, dependiendo de la longitud de la relinga.

BORDEAR: navegar alternativamente de uno y otro bordo, en dirección contraria al viento.

BORDO: costado exterior de un barco.

CABRESTANTE: torno de eje vertical, empleado para mover grandes pesos mediante un cable, una maroma o una cadena que se va arrollando en él. Se utiliza sobre todo en las operaciones de carga.

CALABROTE: cabo más delgado que el cable, que sirve, entalingado a un anclote, para amarrar el buque cuando hay poco viento.

CAZAR: atirantar las escotas.

CINTURA: atadura de las jarcias o cabos del barco a sus respectivos palos.

CORBATONES: nombre común de toda curva que abraza maderas de ambas bandas por la parte interior del navío, como son las buzardas, llamadas asimismo curvas y curvatones o corbatones de embestir.

CUADRA: anchura de la nao en el primer cuarto de su longitud, desde la popa o desde la proa.

DAR: colocar, izar una vela ("dar el trinquete", por ejemplo).

DELGADOS: rasel, cada una de las partes de los extremos de popa y de proa en las cuales se estrecha el pantoque, formando sus lados un ángulo más o menos agudo desde la quilla, que es donde está el vértice. Según que el ángulo sea más o menos agudo se dice que el buque es de muchos o de pocos delgados.

DESCAER: separarse de la nave hacia sotavento del rumbo hacia el que ésta se dirigía.

DESPALMAR: limpiar y dar sebo al fondo de las embarcaciones.

ESCOTAS: cabos con que se varía la orientación de una vela, de manera que éstas se puedan templar y tesar, y recibir bien el viento. Van hasta la punta o penol de una percha horizontal. Cuando hay poco viento se navega con las escotas largas.

ENTALINGAR: asegurar el chicote –punta– del cable al arganeo del ancla. El *arganeo* es la argolla situada en el extremo de la caña de un ancla. Esta argolla permite sujetar el ancla a la cadena o al cable del que pende.

GANAR: ganar el barlovento.

GARRAR: garrear. Movimiento de retroceso de un barco arrastrando el ancla por no haber quedado ésta bien sujeta.

GRIVAR: derivar.

GUIÑADA: desvío brusco de la proa del barco a un lado o a otro de la dirección de marcha.

GUINDALEZA: cabo de 100 o más brazas de largo y de 12 a 25 cm de mena (grosor de la cuerda medida por su contorno).

HALAR: tirar de un cabo, una lona o un remo hacia sí.

JARETA: cabo que se amarra y tensa de obenque a obenque para sujetarlos.

LÓ: orza.

ORZAR: aproar hacia donde viene el viento, gobernar el timón para que el barco gire su proa desde sotavento a barlovento.

PAJARIL: cabo con el que se amarra el puño de amura de una vela y se carga hacia abajo.

PENEJAR: balancear, dar balances la embarcación.

PENOL: extremo o punta de una percha horizontal, como, por ejemplo, una verga o un botalón.

REATAS: vueltas, contiguas y en forma de espiral, que se dan con un cabo alrededor de un palo u otro objeto.

TIESTA: relinga de caída, es decir, cualquiera de los dos cabos que bajan desde las amarraduras a los puños bajos de las velas.

TRASORCEAR: abatir mucho la nao de popa para sotavento, por llevar demasiada vela en esta parte y, por tanto, es lo mismo que partir el puño.

VARÓN: los dos cabos o cadenas que se sujetan por un extremo a los costados del buque y por el otro a la pala del timón. Gobiernan el timón en casos de avería.

VELACHO: gavia de trinquete.

ZABORDAR: varar el barco en tierra.

Algunas expresiones

AMURAR LA VUELTA DE TIERRA: orzar en dirección a la tierra.

ARRIBAR A POPA: navegar en la dirección del viento.

ATOARNOS PARA REPARARNOS: amarrar una nave a otra y remolcarla hasta la costa a algún abrigo o reparo. En el caso que refiere Sarmiento de Gamboa, el batel remolca a la nao.

BOLINAS LARGAS: posición de navegación de la nao, situada contra el viento, donde las velas reciben el viento libremente.

CARGAR VELAS: cerrar o recoger una o varias velas tirando de las cuerdas dispuestas para este uso, para disminuir así la superficie expuesta al viento.

CON MEDIAS TIESTAS, HACIENDO FUERZA DE VELAS BOLINAS JALADAS: con las velas medio relingadas, para no forzar el viento, y las bolinas tensas, para evitar el flamear de las velas.

CORRER TORMENTA: navegar con muy poca vela en popa o a palo seco debido a que el mar y el viento impiden cualquier otro rumbo que no sea el de huir de las olas, para evitar que éstas inunden la cubierta.

DANDO GUINDAS DE UNA PARTE A OTRA: la guinda es la altura total de la arboladura de un buque. Esta expresión significaría balancearse mucho, como si tocase el agua con la arboladura.

ESCOTAS LARGAS: modismo marinero que implica apresuramiento por alcanzar algo o a alguien.

IR AL PAJARIL: navegar llevando amarrado el puño de la vela con un cabo y cargado hacia abajo, para que la vela esté fija y tiesa cuando el viento es largo. Navegar con las velas bien hinchadas.

IR CELOSA (la nao): la nave tumba o se va de banda debido a que aguanta poca vela por falta de estabilidad.

IR DE LÓ: orzar.

IR LA VUELTA DE LA MAR: alejarse de tierra.

LARGAR Y CAZAR ESCOTA: aflojar y atirantar las escotas, para recibir mejor el viento.

NAVÍO A LA PLANCHA: quedar a flote la nao para que se la pueda carenar.

PONERSE MAR AL TRAVÉS: colocar el barco perpendicular a la dirección del oleaje.

TOMAR VELAS: arriar, aferrar las velas.

Acerca de esta edición

*L*a relación escrita por Pedro Sarmiento de Gamboa sobre su primer viaje al estrecho de Magallanes no fue publicada por el autor. Casi dos siglos después de los sucesos narrados, el editor español Bernardo de Iriarte desempolvó una copia del manuscrito que reposaba en el Archivo Real de Sevilla[1] y la publicó, no sin antes realizar un notable trabajo documental y editorial. Precedió el relato original con un prólogo suyo y con una serie de documentos de otros autores que describen el contexto histórico y la personalidad y los hechos más salientes de Gamboa. Asimismo, añadió notas a pie de página, los dibujos de accidentes geográficos trazados por el autor y, al final del libro, la declaración de Tomé Hernández, único sobreviviente de las poblaciones fundadas por Gamboa durante su segundo viaje al Estrecho.

El Museo del Fin del Mundo cuenta con una primera edición de ese libro, impreso en Madrid en la Imprenta Real de la Gazeta, en 1768. Este quinto volumen de la colección publicada por Eudeba respeta el orden y la totalidad de

1. A mediados de la década de 1760, bajo el reinado de Carlos III, se inició el proceso de reunión de los documentos relacionados con la conquista y colonización de las Indias, guardados, hasta entonces, en distintos archivos en Simanca, Cádiz y Sevilla. Este proceso culminó en 1785, con la creación del Archivo General de Indias que hoy sigue funcionando en la Casa Lonja, Sevilla.

los documentos presentes en aquella edición, e introduce un estudio preliminar con la semblanza biográfica del navegante gallego, nuevas notas a pie de página y una serie de anexos destinados a la comprensión más cabal del conjunto: una instrucción de lectura, un artículo sobre la navegación en el siglo XVI, otro sobre el estrecho de Magallanes, un glosario náutico y un glosario hidrográfico.

La ortografía de la edición original fue modernizada conforme al criterio actual, así como el uso de mayúsculas, preposiciones y puntuación.

Las notas a pie de página de la presente edición van numeradas y las de Iriarte, señaladas con asteriscos. Las notas de Iriarte sobre erratas en el texto de Gamboa fueron suprimidas, y los errores, enmendados.

Viaje al estrecho de Magallanes

Prólogo del Editor

*E*ntre los manuscritos de la Real Biblioteca existe un ejemplar original de la Relación y Derrotero del Viaje y Descubrimiento del estrecho de Magallanes por el Mar del Sur al del Norte, que hizo y escribió el capitán Pedro Sarmiento de Gamboa, caballero de Galicia, dirigiéndola al Señor Felipe II. Legalizada por Juan de Esquíbel, escribano Real del navío que mandaba, llamado *Nuestra Señora de la Esperanza*, y firmada de mano propia de Sarmiento, y del capellán, pilotos y marineros en la forma más auténtica.*

* Sarmiento debía haber hecho sacar cuatro copias o ejemplares de su Relación, pues así se le mandaba en la Instrucción que le dio el virrey, como se lee en ella misma, página 21, con estas palabras: "En cada navío se han de ir por el camino escribiendo cuatro Relaciones y Despachos por la forma susodicha: Uno que ha de quedar en cada navío; otro que ha de quedar a la Justicia del Río de la Plata para enviar a S.M.; otro a la dicha Justicia para enviarme a mí por la vía de Tucumán; otro que ha de traer el soldado que acordáredes que venga con él". De estos cuatro ejemplares (según se lee en el segundo Testimonio de Seixas, que se copiará entre otros a continuación de este Prólogo) existía uno en la Casa de la Contratación de Sevilla: y es factible se conserve también alguno en el Archivo del Convento de S. Francisco de Cádiz, adonde están depositados, o por mejor decir sepultados, los Derroteros, las Noticias, y aun las Cartas originales de los Viajes y Descubrimientos de los más famosos navegantes españoles.

Ya se halla el público noticioso del aprecio que esta obra merece, por el Extracto o Compendio que de ella sacó la diligencia del célebre cronista y famoso poeta aragonés Bartolomé Leonardo de Argensola, en su Historia de las Islas Molucas, tan felizmente escrita: y si por una parte testimonio tan autorizado acreditaba sobradamente la identidad de este escrito; por otra la suma exactitud con que Argensola nos dio la sustancia de él, parecía suficiente para formar idea justa de su contenido. Pero la suerte de haber conseguido una copia exactísima de aquel original, me ha determinado a sacar a luz este oculto tesoro, ya sea por lo recomendable que es en sí, ya por la utilidad y lustre que de su publicación resulta a la nación española, ya por el realce de la gloria que se debe a nuestros navegantes y descubridores, ya por la que tan justamente corresponde al mismo Pedro Sarmiento de Gamboa; o ya, en fin, por todas estas causas juntas.

Persuadido de que no podría darse idea más completa de semejante escrito que la que leemos en la citada Historia de las Molucas, copiaré puntualmente a continuación de este Prólogo el Resumen de Argensola, que se encuentra al fin del Libro III y principio del IV desde la página 109 hasta la página 136, considerando que algunos curiosos gustarán de renovar su lectura. Pero cuando éstos se dediquen al examen de la obra original que se publica, admirarán con mayor fundamento el valor, conducta, juicio e inteligencia con que procedió Sarmiento, penetrando por el archipiélago de Chónos, que está entre la isla de Chiloé y el estrecho de Magallanes; el infinito número de islas que allí descubrió, los tiempos y corrientes furiosas que sufrió a cada paso, y el tesón y constancia con que resistió y superó tanto cúmulo de obstáculos y riesgos, a pesar del contrario dictamen de sus pilotos, y del abandono en que le dejó el almirante Juan de Villalobos, su compañero.

Aquel descubrimiento de islas es singular, en sentir de los peritos, porque no se sabe haya dado otro noticia de él antes que Sarmiento; y la descripción que hace del estrecho de Magallanes se contempla muy instructiva y útil a los navegantes, porque no sólo da la configuración de los montes, sino que señala muy prolijamente las corrientes, sondas, ríos, ensenadas y puertos que en él se hallan, informando de los parajes que vio poblados, como de sus moradores.

Entre éstos habla de los indios que a veces llama "Grandes" y a veces "Gigantes", que son los mismos "Patagones", cuya noticia nos repite y confirma recientemente el libro intitulado:* *Viaje alrededor del mundo hecho en el navío de S. M. Británica el Delfín, mandado por el comandante Byron; en el cual se da noticia fidedigna de varios lugares, pueblos, plantas, animales, etc. observados en el discurso del Viaje; y entre otras particularidades una individual y exacta descripción del estrecho de Magallanes, y de un pueblo de gigantes llamados Patagones; juntamente con una puntual noticia de siete islas últimamente descubiertas* (así lo suponen los ingleses) *en el Mar del Sur. Escrito por un oficial del mismo navío.*

Este *Viaje,* que se publicó primero en inglés, ha salido posteriormente traducido en francés por M. R. con un prólogo en que hace una enumeración de los viajeros que desde Fernando Magallanes han asegurado haber visto en la costa de los Patagones hombres de estatura extraordinaria: y entre aquellos cita, aunque de paso, a Sarmiento en estos términos: "Sarmiento,** que atravesó el estrecho de Magallanes, refirió que había visto en un paraje de la costa un pequeño Pueblo de Gigantes, y que aun había embarcado uno de ellos en su navío; pero ni el testimonio de Sarmiento, ni el de su historiador Argensola, son de gran peso".

* *A voyage round the World, in His Majesty's Ship the Dolphin, comanded by the honourable Commodore Byron. In which is contained a faithful account of the several places, people, plants, animals, etc. seen on the Voyage: And, among other particulars, a minute and exact Description of the Streights of Magellan, and of the Gigantic People colled Patagonians. Together with an accurate account of seven Islands lately discovered in the South Seas. By an Offecer on Board the said Ship.* London: Printed for J. Newbery, in St. Paul's Church-Yard; and F. Newberi, in Paternoster Row MDCCLXVII.

** "Sarmiento, qui traversa le Détroit de Magéllan, raconta qu'il avoit vu sur une partie de la Côte un petit Peuple de Géans, & qu'il en avoit même pris un sur son bord; mais le témoignage de Sarmiento, ainsi que celui de son Historien Argensola, n'est pas d'un grand poids."

No es fácil comprender en qué se fundó el autor del prólogo para desconfiar así de la verdad de estos dos españoles tan fidedignos y condecorados, principalmente de la de Sarmiento, que había hecho en persona aquel famoso viaje, y dirigido al rey su amo una relación tan individual y autorizada de cuanto observó en él, y escrita con formalidades de que carece la del mismo viaje inglés del comandante Byron; pues entre otras se admira en el diario español la circunstancia de que a la gente de la tripulación, que le firmó atestiguando la realidad de su contenido, se repitió varias veces su lectura, por si acaso advertían en el discurso de él alguna especie equivocada, o en que todos no concordasen; sin que ninguno notase particularidad que desdijese de lo cierto. De suerte que, en vista de esta escrupulosa exactitud de Sarmiento, se puede asegurar con razón que apenas se habrá escrito relación alguna de viaje a que se deba dar más crédito que a ésta.

Pero no es extraño se le merezca tan limitado al autor del mencionado prólogo, cuando, citando a Argensola, se contenta con llamarle "historiador de Sarmiento", desentendiéndose de la noticia tan extensa que da el mismo Argensola de la existencia y suma prolijidad de este diario, y de que la narración que hace es un resumen de la propia obra de Sarmiento, según aquel insigne escritor lo expresa en estas palabras: "De que resultó (de las observaciones del viaje de Sarmiento) una larga relación que él envió al rey Felipe II, la cual nos dio esta suma" etc.

El autor del prólogo, que mancomuna en su desconfianza al viajero y al compendiador, vulnera particularmente la veracidad de este último; pues en una nota que se lee al pie de las páginas IX y X dice lo siguiente: "Argensola,* que dio en su *Historia de las Molucas* la relacion

* "Argensola qui a donné dans son *Histoire des Moluques la Rélation du Voyage de Magéllan*, parle aussi de ces Patagons, auxquels il sonne douze pieds, ou quinze empans de haut; mais son récit est plein d'exagérations et de circonstances fabuleuses qui Lui otent tout crédit."

del viaje de Magallanes, habla también de estos Patagones, considerándoles doce pies, o quince palmos de alto: pero su narración abunda en exageraciones y circunstancias fabulosas que le destituyen enteramente de crédito".

El lector podrá juzgar por sí de la injusticia de esta absoluta, en vista de las palabras idénticas de Argensola en el lugar que aquí se cita, y se lee en la página 17 de su *Historia de las Molucas* de este modo: "Magallanes, venciendo dificultades no creíbles, halló el estrecho y canal por donde se comunican los dos mares, el cual guarda hasta hoy el nombre de Magallanes. Habiendo prendido ciertos gigantes de más de quince palmos de alto, que, faltándoles carne cruda, de que se solían sustentar, murieron luego, le pasó felizmente".

En estas cláusulas, que son las únicas que allí se encuentran sobre este particular, creo no habrá quien advierta las exageraciones y circunstancias fabulosas que supone dicha nota; antes bien en la que el autor francés llama *Relación del Viaje de Magallanes*, y apenas merece nombre de noticia por mayor de aquella empresa, acredita Argensola la solidez de su juicio y cuanto distaba de dar crédito a fábulas, con las siguientes expresiones que ofrecen las páginas 16 y 17: "Dicen que confirmaba (Magallanes) su opinión con escritos y autoridades de Ruí Faleiro, portugués, astrólogo-judiciario... El astrólogo Faleiro, perdido el juicio, quedó en la Casa de los Locos de Sevilla: venía en su lugar Andrés de San Martín, a quien Magallanes escuchaba en lo que decía de los temporales; no en otras materias, como algunos le acumulan, sino con la moderación y entereza que ordena la piedad cristiana. Y no es creíble que Magallanes consultase tan arduos sucesos con una facultad tan falaz como la judiciaria; y en medio de tan horribles peligros, prefiriese la astrología a la astronomía".

Pero así como M. R. tomó del apéndice que se halla a continuación de la obra inglesa que tradujo, varias especies de su prólogo (sin duda para colocar al principio del libro lo que el autor inglés puso al fin) así también se valió, sin más examen, para desacreditar a Argensola, de la censura con que el inglés critica al caballero Antonio Pigafeta, que escribió una relación formal del viaje de Magallanes,* cuando copia el mismo lugar de ella, que (no sin alguna alteración) leemos traducido desde la página V hasta la XXII del prólogo francés. El apéndice citado muestra en la página 182 la desconfianza que le merecen aquellas noticias con estas correspondientes palabras: "Pero** el escritor de este viaje (Pigafeta) ha mezclado en la descripción que hace de él, circunstancias no menos fabulosas que absurdas".

El autor inglés manifiesta así el juicio que hace de la verdad del mencionado lugar de Pigafeta; y al contrario M. R. le gradúa de "Testimonio tan circunstanciado y apoyado de autoridades tan graves",*** reservando toda su desconfianza para Argensola a quien se le aplica.

Pero si por una parte M. R. desprecia las noticias fundadas y positivas que dieron de los gigantes autores españoles; por otra las supone en quien no las escribió; pues en las páginas XXXV y XXXVI asegura que**** "en una relación del viaje de Don García de Nodal (en el año de 1618) se lee, que Juan de Moore, comerciando con los habitantes de la Costa de los Patagones, que en estatura llevan a nuestros europeos toda la cabeza, había recibido de ellos una barra de oro en cambio de algunas herramientas".

Y aunque he reconocido con todo cuidado la relación del viaje que los capitanes Bartolomé García de Nodal y Gonzalo de Nodal, hermanos, hicieron en descubrimiento del Estrecho nuevo de San Vicente y reconocimiento del de Magallanes en el año de 1618, impresa en Madrid en el de 21; no he encontrado en el discurso de ella la especie citada, ni otra que se le parezca.

---

* Ésta se puede leer en la Colección de *Ramusio*.
** "But the Writer of that Voyage has mingled with his description of them, circonstances that are equally fabulous and absurd."
*** "Un Témoignage aussi circonstancié et appuyé d'autorités aussi graves."
**** "Ou lit dans une Rélation du Voyage de Don Garcie de Nodal (en 1618) que Jean de Moore, comerçant avec les habitans de la Côte des Patagons *qui sont plus hauts de toute la tête que nos Européens*, avoit reçû d'eux un lingot d'or en échange de quelque outils de fer".

Únicamente se lee en el folio 32 lo siguiente: "Bajaron ocho indios... Eran muy apersonados,* sin barbas ningunas, y pintados todos las caras de almagre y blanco: parecían muy ligeros en correr y saltar etc." Y en el folio 50: "Y hallaron veinte indios que venían de paz, desnudos en carnes, sin recatarse en nada, y tan apersonados como los del estrecho nuevo".

También hace mención el escritor del prólogo de otro autor español, bien que moderno, que es el P. Joseph Torrubia: y no bien le nombra, cuando temiendo, tal vez, se le note de omiso en acumular algo a este religioso español, le supone jesuita; sin embargo de que por sus mismas obras consta fue de la Orden de San Francisco.

Como no faltará algún curioso que guste de leer lo que el autor francés dice del P. Torrubia, daré aquí la traducción.

"El padre Torrubia, jesuita español, compuso un libro intitulado *De la Gigantología*, juntando en él gran número de pruebas físicas y morales, para establecer la existencia de las generaciones de gigantes. De todas las tradiciones que recogió en apoyo de su opinión, solo citaremos la relación siguiente, que nos ha parecido curiosa.

"*Madalena de Viqueza, habiendo nacido de humilde linaje en la provincia de Estremadura en España, pasó su mocedad en la labor del campo; pero, disgustada de esta ocupación, resolvió ir a buscar mejor fortuna a las Indias Occidentales. Su hermosura era bastante para que pudiese fundar en ella la esperanza de encontrar marido antes de mucho en un país en que son poco comunes y muy deseadas las mujeres europeas: y así se embarcó el año de 1701 en un navío que llevaba a la América española una porción de colonos.*

"*Llegó Madalena a Cartagena; pero no la favoreció más allí la fortuna que en España; antes la encontró más adversa; pues el clima alteró su hermosura, y se halló abandonada y expuesta a perecer de hambre en un país cuyos habitantes no tienen fama*

* El adjetivo *apersonado* nunca ha significado otra cosa que lo bien dispuesto de la persona.

*de caritativos. Después que toleró algunos meses estas penalida-
des, un pastor de la provincia de Guayaquil, que dista algunos
centenares de millas al sur, la recibió por criada. Los pastores
españoles no tienen morada fija en aquella parte; pues andan
siempre vagando de una comarca en otra en busca de mejores
pastos, y sólo hacen mansión en los parajes donde los hallan
buenos. Siguió Madalena en sus varias peregrinaciones a su
amo, que se adelantó mucho con ella hacia la parte del sur, sin
destino determinado, caminando de prado en prado: y de esta
manera anduvieron juntos cerca de cinco años. Mudóse al
cabo de este tiempo su fortuna, pues una cuadrilla de Araucanos,
enemigos mortales de los españoles, la prendieron, juntamente
con su amo y toda su familia. Quedó Madalena esclava con sus
compañeros, a quienes no volvió a ver más; y el caudillo, a
quien tocó por suerte, la recibió por esposa con las ceremonias
acostumbradas entre los salvajes. Vivió con él dos años, y le
dejó por una casualidad igual a la que la había traído a su
poder. Su marido y ella fueron aprisionados por una cuadrilla
de indios del sur. Al marido dieron con tormentos la muerte; y
a ella la hicieron las mismas proposiciones que la había hecho
su primitivo dueño. Pero no habiéndolas aceptado, la abandonaron como a persona inútil que solo podía servirles de estorbo
en su viaje. Quedó por espacio de un mes sola, desamparada,
atravesando playas sin esperanza y sin guía, y sustentándose de
algunas raíces que la naturaleza producía y le ofrecía, a veces,
en el mismo camino: hasta que encontró una tropa de Patagones
a caballo que la socorrieron. Diéronla pruebas de mucha hu-
manidad y cariño, vistiéndola y manteniéndola con la mayor
generosidad. Madalena aseguró al P. Torrubia que tendrían
diez, o doce pies de alto. La Nación entera, o a lo menos la
parte que de ella vio, apenas pasaba de setecientas personas.
Andan regularmente a caballo; pero cuando quieren ejercitar
su fuerza, corren con mayor velocidad que el más fogoso caballo sin jinete. No sólo se sirven de los caballos para montar,
sino también suelen comer la carne de ellos, cuando no tienen
o no pueden lograr otras provisiones. Pero esto sucede rara
vez, porque casi nada está seguro de su ligereza y fuerza.
Alcanzan y cogen corriendo los ciervos, gamos, y otros animales semejantes. Todo es común entre ellos, y parece que no*

conocen la posesión de las cosas en propiedad. Toman y dejan las mujeres a su antojo: y miraban a Madalena únicamente como objeto de curiosidad, y no como individuo, cuyo sexo pudiese servirles de utilidad. Son sinceros, humanos y mutuamente cariñosos, de suerte que en todo el tiempo que permaneció Madalena entre ellos no advirtió que tuviesen la más leve pendencia. No usan otra bebida que agua; siendo esto tanto más de extrañar, cuanto los indios de aquellas provincias confinantes se embriagan todos los días con un licor que llaman chicha. *Sus vestidos son en invierno los mismos que en verano. Durante aquella estación traen las pieles de que se visten, con el pelo hacia dentro, y en el verano al contrario. Si alguna vez los incitan a la guerra sus vecinos, los tratan sin la menor piedad. Tienen reyes, capitanes y consejeros como las demás naciones de indios; pero es de notar que no permiten a su Rey tener más de una mujer. Si casualmente nace alguna criatura entre ellos de cuerpo menos alto de lo común, o imperfecta de algún miembro, la venden a cualquiera nación inmediata de estatura regular, haciéndola así esclava.*

"Permaneció seis años Madalena entre aquel pueblo tratable, sin esperanza de volver a su patria; pero paseándose un día por la ribera del mar, que está entre los estrechos de Magallanes y Panamá, fue acogida en un barco español, y se restituyó a su país. Tenía cuarenta años cuando la vio el P. Torrubia, y se mantenía todavía hermosa".

Hasta aquí M. R. Cualquiera creerá que éste va a refutar narración tan prodigiosa, no tanto por su manifiesta inverosimilitud, cuanto por ser de autor español: pero bien al contrario la coloca entre* "los testimonios reunidos que parece forman un cuerpo de pruebas, tanto más poderoso, cuanto sólo se le habían podido oponer hasta aquí testimonios negativos". Cualquiera se persuadirá también a que relación tan circunstanciada y difusa existe en la Gigantología. Pero desengañaré al lector de uno y otro concepto con decirle

---

* "Tous ces témoignages reunis semblent former un corpos de preuves d'autant plus puissant, qu'on n'avoit a y opposer que des témoignages négatifs".

que ni en el tratado original de la Gigantologia Española, que se lee en el Capítulo X del *Aparato para la Historia Natural Española* del P. Torrubia, ni en la traducción francesa que dieron los autores del Diario Extranjero en el mes de noviembre del año 1760, ni en la que el mismo Padre Torrubia publicó en italiano, ni menos en la carta que imprimió en este mismo idioma contra el que impugnó aquel tratado, se encuentra tal historia, ni siquiera el nombre de *Madalena de Viqueza*, ni cosa que aluda a semejantes particularidades: pero M. R. quiso amenizarnos su prólogo con las curiosas anécdotas de novela tan seguida, logrando así al mismo tiempo observar su loable método de atribuir por una parte a escritores españoles lo que no dijeron, y de despreciar por otra lo que efectivamente aseguraron. ¡Cuánto más justo y regular hubiera sido alegar el testimonio de Sarmiento, que, como tan autorizado e irrefragable, cita y recomienda al mismo P. Torrubia en la propia Gigantología en que la fecunda inventiva de M. R. leyó el cuento de Madalena de Viqueza!

Concluyendo aquí esta larga digresión, vuelvo al asunto de la obra de Sarmiento para decir que ella misma desengañará con la sencillez y naturalidad de su estilo a los que intentasen censurarla, y que si en alguna parte puede ejercitarse justamente la crítica, será en la propensión que manifiesta el mismo Sarmiento a graduar de prodigio, o milagro lo que en lo natural podía suceder sin él; pero ésta parece disculpable si se consideran los grandes y continuos peligros que padeció en su navegación, y cuán fácilmente, cuando se ven los hombres en ellos, atribuyen a favor especial del cielo la suerte de evitarlos.

No omitió Argensola este reparo, pues en la página 129 de su citada *Historia de las Molucas*, dice: "Padecieron tormentas y peligros extraordinarios, aun para navegantes de tanta experiencia en ellos. Todo fue ofrecer lámparas, limosnas, peregrinaciones a casas de veneración de España: y otros votos en que la temerosa mortalidad, devota y oprimida, libra y esfuerza sus esperanzas".

Uno de los motivos que me han alentado a dar a luz este recomendable escrito original, es la satisfacción que me resulta de desimpresionar a aquellos que acusan a nuestros navegantes de omisos en informar de sus observaciones, ya por natural abandono, o ya por la máxima que nos imputan de ocultar cuidadosamente nuestros descubrimientos: nota en que acaban de incurrir con particular designio los ingleses, suprimiendo el* número de los grados de latitud y longitud en que están las siete islas que suponen haber descubierto nuevamente en el Mar del Sur, y que sin duda son algunas de las muchas que nuestros navegantes han reconocido varias veces y con mucha anticipación en aquellas partes.

Por orden, o con permiso del gobierno hemos hecho desde el Perú diferentes expediciones a descubrir las islas del Mar del Sur, y las Tierras Australes.

Hizo la primera el adelantado Álvaro de Mendaña, año de 1567: y entre otras islas descubrió 33 a las cuales dio nombre de Islas de Salomón.

La segunda, el mismo adelantado Mendaña, año de 1595, llevando por piloto mayor al capitán Pedro Fernández de Quirós. Descubrió la isla de Santa Cruz, las cuatro Marquesas de Mendoza, y otras, a que puso nombres.

Y la tercera, el capitán Pedro Fernández de Quirós, año de 1605. Descubrió y desembarcó en varias islas, y en una tierra muy dilatada. Allí dio fondo en una bahía y puerto de que tomó posesión por el Rey, denominándola San Felipe y Santiago, y se detuvo algunos días en reconocer el país.

De todos estos viajes hay relaciones muy circunstanciadas: y como la materia requería por sí sola un discurso muy dilatado, me eximo de él porque me llama de nuevo mi asunto principal.

---

* En la página 123 del Viaje inglés se lee una nota, que traducida en castellano, suena así: "Como el conocimiento fijo de la situación de estas islas nuevamente descubiertas sólo puede ser útil al navegante, hemos omitido, no menos para obedecer al gobierno, que para impedir que los enemigos de nuestra patria se aprovechen de nuestros descubrimientos, los grados de latitud, y longitud; pero se han dejado los blancos para los números; y luego que estemos seguros de que los nuestros se hallan en posesión de estas islas, se publicarán en las gazetas públicas los grados exactos de longitud y latitud, para que las personas que hubieren comprado este libro, puedan poner con la pluma el número".

Si la autenticidad del diario que ahora se publica, necesitase apoyos que la acreditasen, podría citar aquí, además del testimonio de Argensola, los de todos los escritores que dan noticia de aquel y de su autor: pero me ceñiré a copiar a continuación del extracto de este historiador, para satisfacer a los curiosos, los principales lugares en que se hace mención de Sarmiento, como también de su segundo viaje, dirigido a poblar y fortificar el Estrecho, y del éxito desgraciado de esta expedición: acerca de la cual (según se advierte en la biblioteca de León Pinelo, añadida por D. Andrés de Barcia)* escribieron Pedro y Tomé Hernández dos distintas relaciones, que no han llegado a imprimirse.

Deseoso yo de descubrir su paradero, hice muchas investigaciones, y en el discurso de ellas tuve noticia de que el mariscal de campo Don Eugenio de Alvarado conservaba varios papeles manuscritos, curiosos e importantes, sobre asuntos de América; entre los cuales se hallaba uno tocante a aquella malograda empresa: y habiéndomele confiado este caballero, advertí con suma complacencia mía, que era una copia fidedigna** de la declaración jurídica, que de orden del príncipe de Esquilache don Francisco de Borja, virrey del Perú, hizo ante escribano el soldado Tomé Hernández, de lo sucedido en la población del Estrecho.

* Tomo 2, página 667, columna 1. "Pedro Hernández: Declaración sobre el estrecho de Magallanes, y población que hizo en él Pedro Sarmiento, y salida de España con Diego Flores de Valdés, el año de 1581. M. S. En la librería de Barcia."
Y columna 2. "Tomé Hernández, natural de Badajoz: Declaración muy puntual que hizo al virrey don Francisco de Borja, príncipe de Esquilache, de las poblaciones del estrecho de Magallanes, hechas por Pedro Sarmiento, y su desolación: de la llegada de Tomas Candish a él, y su navegación a Chile: refiere los cabos, calas, surgideros, islas del estrecho, y su navegación. M. S. folio en la Librería de Barcia".
** Esta copia, que parece hecha a principios del siglo decimoséptimo por los años de 1620, o poco después, está escrita en la letra que llaman *Procesada*; y sacada con tanta legalidad, que se copian al fin hasta las erratas salvadas por el escribano que formó el instrumento original: acreditando también su autenticidad la circunstancia de incluirse en un tomo de varios papeles originales, no menos fidedignos.

Este documento me pareció sería el segundo que se cita en la biblioteca de León Pinelo, juzgándole desde luego digno de la luz pública: y don Eugenio de Alvarado, como tan celoso y amante de la utilidad común, franqueó gustoso la copia de dicha declaración, para que acompañase al *Derrotero* de Sarmiento, a cuya continuación se colocará como por apéndice.

Entre otras particularidades que hacen apreciable este documento, milita la circunstancia de haber sido su autor uno de los pobladores de las angosturas del Estrecho, y el español que Tomas Candish*[1] recogió del corto y lastimoso resto de las cuatrocientas personas que se establecieron allí: agregándose en recomendación de este escrito la individualidad y sencillez con que en él se refiere todo lo acaecido en las poblaciones; y la suma puntualidad de las noticias que da de los gigantes que habitan aquella región.

Esta narración de Tomé Hernández conviene con el lugar del viaje del inglés Candish, que en el suyo traduce Oliverio de Noort: y acaso el mismo lugar de Candish daría ocasión a Don Francisco de Seixas y Lovera (cuando ya no fuese la adición que se imprimió en alemán del viaje de Noort) para decir en una nota marginal de su obra intitulada: *Descripción Geográfica y Derrotero de la Región Austral Magallánica*, Capítulo IX, Título XXXV, folio 73 b, las siguientes palabras: "Pedro Sarmiento de Gamboa en su Derrotero copiado, hecho imprimir, añadido a las Derrotas de Oliverio de Noort". En la inteligencia de esta acotación marginal se advierte alguna obscuridad, dudándose si la voz *añadido* denota que el Derrotero de Sarmiento se estampó a continuación del de Oliverio de Noort; o si equivale a que además de las noticias de éste, tuvo Seixas presentes las del diario de Sarmiento, que indica se copió e imprimió: pues en otras notas de su *Descripción Geográfica* usa de la misma expresión, dejando lugar a igual duda. Con este motivo, ¿qué deseos no se excitarán de que algún curioso descubra y publique la Relación y Derrotero, que sin duda formaría

---

* Véase entre los testimonios el de Candish, traducido del *Viaje* de Noort.
1. Se trata del corsario inglés Thomas Cavendish.

Pedro Sarmiento del viaje que, de resultas del primero, hizo a poblar y fortificar el estrecho de Magallanes, en la cual la exactitud de este insigne capitán no dejaría de referir extensamente las particularidades de aquellas poblaciones?

Réstame ahora advertir acerca del diario y derrotero que hoy se da a la prensa, que como el manuscrito original carece de puntuación y de toda ortografía, he seguido la prescrita en el tratado posteriormente dado a luz por la Real Academia Española, supliendo la puntuación correspondiente al sentido del texto; sin que en lo substancial se haya alterado éste, aun cuando en su inteligencia ocurren dificultades, bien que se procura aclarar algunas de ellas en las notas que pueden leerse al pie de las respectivas páginas. Y últimamente no omito prevenir aquí, que ha parecido conveniente colocar en láminas separadas los varios diseños de las costas, que se hallan insertos en sus lugares en el discurso de la relación manuscrita original, y que el mismo Pedro Sarmiento delineó de su propia mano.

¡De cuánta satisfacción sería para el editor poder dar al buril las cartas de marear que formó el mismo Sarmiento! Pero por más diligencias que se han hecho, no se ha podido descubrir su paradero. Acaso le tendrán en la Casa de la Contratación de Sevilla, o en el Depósito del Convento de S. Francisco de Cádiz, adonde, según queda ya indicado en la nota primera de este prólogo, debe haber una colección de varias relaciones y papeles originales de los viajes y descubrimientos hechos por los pilotos y capitanes españoles. ¡Qué servicio no recibiría el público! ¡Qué luces no disfrutarían los inteligentes! Que justo crédito no resultaría a la Nación de que se sacasen del polvo y abandono, en que yacen, aquellos fieles y preciosos monumentos de la industria, del valor, de la constancia y pericia de nuestros navegantes! Si por feliz suerte esta impresión del Diario de Sarmiento diese motivo a que de autoridad superior se examinase aquel tesoro, y se hiciese a España, y al orbe entero, partícipes de algunas de sus riquezas, tendría el editor toda la recompensa a que pudiera aspirar, de los afanes que la edición de la presente obra le ha debido; a no contemplarse ya sobradamente recompensado en la satisfacción misma de servir con ellos a la patria.

Compendio del *Derrotero* de Pedro Sarmiento
que Bartolomé Leonardo de Argensola sacó y
publicó en su *Historia de las Molucas*, Lib. III y
IV desde la pág. 109 hasta la pág. 136.

Parecióle al virrey del Perú que para la conservación de las Indias, de su paz y religión, para remover en sus principios todos los impedimentos de su exaltación con ejemplar escarmiento, que era la mayor importancia levantar fortalezas (prevenciones de estado humanas y divinas) convenía armar contra este pirata Francis Drake, poniendo con su castigo freno al septentrión. Para lo cual habían de preceder su destrucción, demarcación de los pasos del Mar del Sur, y con mayor cuidado, de los que había de navegar para volver a su patria. Instaba el temor, o fama ofendida por los navíos ingleses (parte de aquella armada) que discurrían las costas de Chile y Arica, y las obligaban a tomar las armas, temiendo que Drake había levantado fortificaciones en seguridad del paso, para el trato de la especiería y pedrería: y para traer ministros pervertidores con el veneno de sus dogmas. Eligió para tan grandes efectos a Pedro Sarmiento de Gamboa, caballero de Galicia, que ya otras dos veces había peleado con este corsario. La primera en el puerto del Callao, de Lima, donde le quitó una nave española cargada de mercaderías de España. La segunda, pocos días después, siguiéndolo hasta Panamá. Determinó, que fuese a descubrir el estrecho de Magallanes, empresa juzgada, por el Mar del Sur, imposible, por las innumerables bocas y canales que impiden llegar a él, donde se han perdido muchos descubridores, enviados por los gobernadores del Perú y Chile. Otros la tentaron, entrando en él por el Mar del Norte; ninguno acertó con el Estrecho. Unos se anegaron, o volvieron deshechos de las tormentas: y en todos quedó asentada la desconfianza de hallarlo. Pero ya, quitado de una vez el horror, se pueden poner en altura cierta, arrumbarse y con derrota segura llegar al Estrecho, y cerrar el paso antes que el enemigo lo ocupe. Escogió el virrey dos naves: viólas armar y adornar de jarcias, velas y bastimentos. Llamó Sarmiento a la mayor *Nuestra Señora de la Esperanza*, y fue capitana; y la segunda, almiranta, tomó el nombre de *San Francisco*. Doscientos hombres de guerra y de mar fueron en ellas, y los religiosos de virtud y ciencia concernientes a aquel gran ministerio. Nombró para almirante al capitán Juan de Villalobos: al cual, y a Hernando Lamero, piloto mayor, Hernando Alonso y Antón Pablo, pilotos de gran conocimiento en ambos mares, precediendo juramento de fidelidad, y al general particularmente, dio el virrey instrucción, cuya suma era mandarles seguir al corsario. Pelear con él hasta matarle, o prenderle. Cobrar la gran presa de que había despojado tierras y navíos del Rey, aunque fuese a cualquier riesgo, pues llevaban gente, municiones y armas bastantes para rendir las del enemigo. Notar y descubrir sus derrotas; ponerse en cincuenta, o cincuenta y cuatro grados, como más conviniese, en el paraje de la boca del estrecho de Magallanes. Que encendiesen faroles ambas naves para no perderse de vista en las noches, yendo siempre la una en conserva de la otra. Encargóles la conformidad en los consejos entre el general y el almirante: precepto menos guardado (culpa del almirante) de lo que conviniera. Que describiesen los puertos y mares en perfectas demarcaciones. Que saltando en cualquier tierra, tomasen posesión de ella por Su Majestad. Que hallando poblaciones de indios, los acariciasen y domesticasen con prudente blandura, y sus ánimos con las preseas que para ellos se entregarían al general: tijeras, peines, cuchillos, anzuelos, botones de colores, espejos, cascabeles, cuentas de vidrio. Que llevasen algunos indios para intérpretes de la lengua. Y en razón de los puntos más importantes, discurrió con grande acuerdo. Después, para animarlos, hizo un razonamiento, mezclando las esperanzas con las exhortaciones. Y habiendo conferido el general con el almirante y pilotos el designio de su jornada, acordaron: Que si algún caso forzoso del tiempo apartase un navío del otro, se buscasen con diligencia; o acudiesen a esperarse a la boca del Estrecho en la parte del Mar del Sur del poniente. Otro dia, domingo once de octubre de 1579, habiendo todos confesado y recibido la sagrada eucaristía, se embarcaron, para introducirlos en aquellas partes ciegas a todo culto, en la capitana el general Sarmiento, el Padre Fray Antonio de Guadramiro de la Orden de San Francisco, vicario general de esta armada, el alférez Juan Gutierrez de Guevara, Antón Pablos y Hernando Alonso, pilotos, y cincuenta y cuatro soldados. En la almiranta, con Juan de Villalobos, el Padre Fray Christóbal de Mérida, de la misma Orden Franciscana, Hernando Lamero, piloto mayor de aquella nave, con los cuales y los demás soldados y marineros, fueron cincuenta y cuatro: y todos ellos en ambas naves, el número que hemos dicho. Partieron del puerto de Callao de la ciudad de Lima. Aquella noche surgieron en la isla, dos leguas de Callao en doce grados y medio. El primero de noviembre pasaron a vista de las que llaman Desventuradas, puestas en veinticinco grados y un tercio, que acaso en el año de 1574 descubrió Juan Fernández, piloto, yendo a Chile por segunda vez, inmediata al descubrimiento de Magallanes, desde 1520. Llámanse ahora islas de San Felix y San Ambor. Aquí notó Sarmiento la diferencia entre esta derrota, que él llama verdadera, y la de la fantasía. Con increíble curiosidad hizo lo mismo, usando de la atención y destreza de sus pilotos, y de la suya, que no era inferior, ni en ningún ministerio militar, como lo dirán (si salen a la luz) sus Tratados de las Navegaciones, Fundiciones de artillería y balas, Fortificaciones, y Noticia de Estrellas, para seguir en todos los mares.*

Jamas dejaron la sonda ni los astrolabios y cartas en los fondos, puertos, senos, montes y restingas. Ni los escribanos las plumas, escribiendo y pintando. De que resultó una larga relación, que él envió al rey Felipe II, la cual nos dio esta

---

* De esta obra solo se tiene la noticia que da aquí Argensola.

suma. Allí cuenta las correspondencias del cielo con las tierras, los peligros, las islas, promontorios y golfos, geográfica y corográficamente. Continúa los rumbos que se han de seguir; los que se han de evitar: y con distinta variación nos guía y saca del Estrecho dando señas visibles, y las invisibles de los vientos para cada parte. En la primera incógnita, en que surgió con gran dificultad, tomaron la altura en cuarenta y nueve grados y medio. No hallaron gente; aunque sí, algunas señales de ella: pisadas humanas, dardos, remos y redecillas. Encumbráronse sobre montes altísimos, de más de dos leguas de subida, por piedras algunas veces de tal hechura que les cortaban las alpargatas y los zapatos. Otros, por evitarlas, trepaban por las ramas de los árboles. Desde la cumbre descubrieron diversos grandes canales, brazos, ríos y puertos: y toda la tierra que alcanzaron sus ojos les apareció despedazada. Juzgáronla por archipiélago. Es de advertir que con el nombre de "archipiélago" describen nuestros descubridores los mares del Nuevo Mundo, poblados, como de grandes losas, de islas, a imitación del archipiélago de Grecia, tan conocido de las naciones del Mar Egeo, que contiene en su seno las islas Cícladas, aunque el nombre no es antiguo. Contaron los nuestros ochenta y cinco islas grandes y menores. Y vieron ir el canal muy ancho, extendido, abierto y limpio. Certificáronse que por él había salida al mar cerca del Estrecho. Tomaron la altura con tres astrolabios en cincuenta grados. Llamaron al puerto de Nuestra Señora del Rosario, y a la isla de la Santísima Trinidad. El domingo siguiente, para tomar posesión de ella, mandó Sarmiento salir toda la gente del navío. Hizo lo que se contiene en el testimonio auténtico de lo que pasó aquel día, cuyas palabras suenan formalmente. [Aquí copia a la letra Argensola el Instrumento de toma de Posesión que se lee en la pag. 73 y siguientes del Diario original de Sarmiento.]

De allí a cuatro días Sarmiento en el batel de la almiranta, con los pilotos, Pablos y Lamero, y diez marineros soldados con arcabuces, rodelas y espadas, y comida para tres o cuatro días, partió desde este puerto para descubrir los canales que aparecían, por no poner en peligro los navíos. Saliendo por los arrecifes, siguió el golfo arrimado a la costa.

Reconocióla toda y sondeó los puertos. A los cuales, y a los montes, según las formas de ellos, les puso nombres de panes de azúcar, vernales, pimientos, y de cosas semejantes. Notó los árboles, las yerbas, los pájaros. Halló en cierta playa varia huella de gente, y dos puñales, o arpones de hueso, con sus presas en las empuñaduras. Junto a un arroyo de agua dulce, cuyas arenas son bermejas (y por ellas lo llamó Bermejo) que sale a un puerto, el cual también heredó el nombre, vieron abundancia de peces: y en el marisco que arrojan las olas, infinitas ostras, o mejillones (como la lengua portuguesa los llama), y en los que habían quedado sobre las peñas fuera del agua, perlas grandes y pequeñas, algunas pardas, y otras blancas. Suelen a cierto tiempo estos pececillos abrir las bocas (abiertas primero las conchas) y recibir el rocío sutil y sustancial: de cuya fecundidad conciben las perlas. Las cuales sacan el color proporcionado con la calidad del rocío. Si le recibieron puro, las engendran blancas; y si turbado, pardas, y de otros turbios colores. Encarece Sarmiento la mohína con que él y sus compañeros se afligían. Porque como deseaban aplacar el hambre con las ostras, o mejillones, y por hallarse en ellos estas perlas, no los podían comer de duros, y era forzoso arrojarlos, despreciando aquella riqueza marina: maldecían a quien inventó que fuesen preciosos aquellos partos, o callos de los peces que la Naturaleza había tres veces escondido, en los senos del mar, en los de las conchas, y en el del mismo pez. Decían que la verdadera riqueza era ganados mansos, frutos y mieses cultivadas como en España. Porque como aquel rico impedimento (entonces no codiciado) los privó de la comida del marisco, y les hubo de sustentar diez días la que traían para cuatro: el ayuno los hizo filósofos. Desde este puerto Bermejo hubo de volver a los navíos que quedaron en el del Rosario, sin pasar ningún día sin recias tempestades, habiendo andado de ida y vuelta más de setenta leguas, saltando en islas, tomando la posesión de ellas. Fértiles y habitables, pero condenadas hasta entonces a carecer de culto y uso de razón que las habite. Desde una cumbre altísima exploró el canal madre que sale al mar bravo: y tantos diversos canales, islas pequeñas, que no se pudieran contar en largo tiempo. En el que se detuvo, sondeó puertos, fondos, canales, caletas, ancones, bajos, restingas y senos. Pintábalos, y dábales nombres: ponía la navegación en derrota y altura cierta, a vista y censura de los pilotos, marineros y soldados para rectificar esta diversidad de sujetos con el examen de los que la veían.

Aquí comenzó el almirante a desavenirse, diciendo que estaban ensenados, y que era imposible proseguir el viaje por aquella vía. Quiso desamparar al general, como lo hizo algo más adelante. De puerto Bermejo siguieron su derrota, tentando los de las otras islas. Llegó a una ensenada, que llamó de San Francisco: donde alojándose, disparó un soldado su arcabuz a unas aves, y a la respuesta del tiro dieron disformes voces unos indios junto a una montaña, de la otra parte de la ensenada. Al primer grito juzgaron los españoles que los daban lobos marinos, hasta que los descubrieron desnudos, y colorados los cuerpos. La causa vieron después. Úntanse desde la cabeza a los pies con tierra colorada pegajosa. Sarmiento embarcó en el batel algunos compañeros, y llegados a una breña, los hallaron en lo espeso de la arboleda, sin otra vestidura más que el barro colorado como la sangre. Solo un viejo, que les hablaba y mandaba, y ellos le obedecían, se mostraba cubierto con capa de pellejos de lobos marinos. En la costa brava, junto al mar, de entre los peñascos salieron quince mancebos, y llegados con indicios de paz, les señalaron con grande instancia, levantando las manos hacia donde quedaron los navíos: lo mismo hicieron los españoles. Llegáronse los indios, y dándoles Sarmiento dos toallas y un tocador (no se halló con otra presea) y los pilotos algunas, los dejaron contentos. Diéronles vino: probáronle, y luego lo derramaron. Del bizcocho comieron, y todo esto no los aseguró. Por lo cual, y por hallarse en costa brava a peligro de perder el batel, volvieron al alojamiento, diciendo por señas a los indios que acudiesen a él. Hiciéronlo así, y Sarmiento puso dos centinelas para la seguridad. Prendió con violencia a uno de ellos para que fuese lengua: púsole en el batel; abrazóle con regalo, vistió su desnudez, e hízole comer. A esta tierra llamó Punta de la Gente, por ser la primera en que la halló. Salió de ella a tres islotes, puestos en triángulo: durmieron en ella. Pasaron adelante, demarcando tierras, y frontero de una asperísima, el indio, a quien jamás se le enjugaron las lágrimas, soltando una camisilla, se arrojó a la mar, y se les fue a nado. Prosiguieron su viaje, cansados ya de ver tantas islas, con notables extrañezas, sin gente. Solo en una, a que llamaron la Roca Partida, hallaron junto a una profunda cueva gran rastro de pies humanos, y una osamenta y armadura entera de hombre o mujer. De allí, con tormentas, por increíbles soledades pasaron adelante. Las cuales (aunque nuestra narración se dedicara a solo este viaje) fuera demasía de escribir. Desde otra tierra, adonde llegaron con incertidumbre, como acaso, en el seno llamado por ellos Nuestra Señora de Guadalupe, para averiguar si un canal iba al este, y otra al norte, vieron venir por el agua una piragua (es barquillo de maderos juntos, sin borde: téjese algunas veces de juncos, y algunas de calabazas). Venían en ella cinco indios, los cuales salidos a la costa, desamparando la piragua, se subieron muy maravillados por un monte adelante. El piloto se puso en ella con cuatro soldados, y el batel pasó adelante.

Llegados a otra punta, donde les pareció que había más gente, hallaron sola una choza baja y redonda, hecha de varas, cubierta de cortezas anchas de árboles, y cueros de lobos marinos. Veíanse en ella cestillas, marisco, redecillas y huesos para arpones, y zurrones llenos de aquella tierra bermeja con que en lugar de vestiduras se tiñen los cuerpos. A este traje y galas tienen reducidas las que se tejen de sedas y oro en las cortes de todos los príncipes. Sarmiento dejó la piragua, y con solo el batel volvió a los navíos, porque ya había consumido la comida. En este pequeño vaso, y en el de un bergantín, que por los otros compañeros halló recién fabricado, entretanto que discurrían aquellas incultísimas islas, con parecer del almirante salió de puerto Bermejo. Pero no hallando ningún otro seguro para los navíos, volvieron al mismo. Y en el batel llamado *Nuestra Señora de Guía* pasó a tentar la boca, que aparecía al este, por una cordillera de larguísimas sierras nevadas, con tanta diversidad, que vieron cumbres de nieve blanca, azul y negra. Sarmiento la llama Tierra Firme. No son numerables las islas de que tomó posesión, ni las que descubrió inaccesibles en algunos archipiélagos, desde una altura eminente sobre las comarcanas, cubierta la nieve azul, que él compara al color de las turquesas. Llamó a esta cumbre Año Nuevo, por haberla hallado en el primer día de 1580. No quedó nombre de santo, ni semejanza de cosa material con que no señalase las que tocó. En todas plantó cruces, y escribió lo que vimos en la primera. Solamente vio hombres en las que aquí se refieren. Volvió en su batel a volar por aquellos piélagos, en que al parecer de un día para otro formaba la Naturaleza islas nuevas. Surgió en un puerto, donde entre las diligencias para la navegación, figuró en tierra una línea meridiana, y marcó las agujas de marear. Reparólas, cebándolas perfectamente: porque con las tormentas y humedades habían recibido alteración. ¡Oh, a cuan flaca guía entregan los hombres esperanzas soberbias! Prosiguió el descubrir islotes, y tomar posesiones sin resistencia. Observó un eclipse, en utilidad de la navegación, en el puerto de la Misericordia (este nombre le dio) donde, no arribando la nave almiranta, entendió que se había vuelto a Lima. Sin embargo, la esperó diez días. Y los que faltaban hasta quince, en otro recién descubierto, que llaman Nuestra Señora de la Candelaria, tres leguas distante, según el concierto que entre ellos había precedido, de que esperado este plazo, cada cual siguiese su camino a España: porque contra la opinión de los pilotos la tuvo Sarmiento firme de que era aquél el estrecho de Magallanes.

Día de Santa Inés surgió en la isla que admite en su seno este puerto: por lo cual le dio el nombre de la santa. Desde un cerro que en forma de arco pende corvado sobre un río, vio cinco indios naturales, que con señas y voces le pidieron que se llegase a ellos. Habiéndoles respondido los españoles en la misma forma, los indios levantaron una banda blanca, y los nuestros otra. Bajados a la costa, mostraron pedirles que se les acercasen. Sarmiento les envió a su alférez y al piloto Hernando Alonso con solos cuatro hombres para quitarles el temor. Con todo eso no osaban llegar al batel. Salió luego uno de los nuestros a tierra, y tampoco se osaron fiar de él. Acercáronse por verle solo. El cual les dio chaquiras (son cuentas de vidrio), cascabeles, peines, zarcillos y cañamazo. Considérese de cuan altos designios eran instrumentos aquellas dádivas pueriles. Luego surgieron el alférez y el piloto, y halagándolos, y dándoles más preseas (los españoles les llamaban rescates) les mostraron por indicios de lo que cada una servía, poniéndolas en uso a vista de los indios. Regocijáronse mucho con esto, y con unas banderillas de lienzo que los nuestros traían de ciertas tiras angostas de ruan, angeo y holandeta. De lo cual conjeturó Sarmiento que habían comunicado con gente de Europa: y ellos, sin ser preguntados, dieron a entender por señas patentes, que habían pasado por allí, o estaban (y señalaron a la parte del sudeste) dos navíos como el nuestro, de gente con barbas, vestidos y armados de aquella misma manera. Este fue el primer rastro que hallaron de las naves inglesas de Drake. Los indios prometieron con risueños ademanes de volver. Fuéronse la tierra adentro, y los nuestros a la nave: de la cual, por estar no muy lejos, salió Sarmiento a tomar posesión con su acostumbrada ceremonia cristiana y civil.

El día siguiente amanecieron en el puerto el alférez y Hernando Alonso con seis soldados, y otro buen número de rescates para comprar las voluntades de los indios: los cuales también llegaron, pero no se querían acercar a los nuestros. Hicieron las mismas señas que el día pasado. Los españoles por saber más la derrota del inglés, arremetieron a los indios, y prendieron a tres, abrazándose cada cual dos soldados con uno de ellos. Y aunque, forcejeando reciamente por desasirse, dieron a los nuestros muchos golpes y mojicones; no salieron con ello, y alcanzaban robustas fuerzas. Todo lo sufrieron los españoles por llevarlos al navío, donde Sarmiento los recibió y trató con afabilidad. Comieron y bebieron, y tanto pudo la mansedumbre, que les quitó el temor y se rieron. Mostrándoles las tiras de lienzo, señalaron con las manos una ensenada, donde habían surgido las naves y gente barbuda, y que traían flechas y partesanas. Uno de ellos mostró dos heridas; otro, una, que había sacado peleando contra los de aquella armada.

Ya el almirante se había vuelto a Chile, y entre los acaecimientos de su vuelta solía él contar, que llegado al paraje de la Isla Mocha, envió su batel a pedirle algún socorro de bastimentos. Y sabiendo cuan amigablemente se hubieron con Drake, y porque el odio que en todas aquellas tierras muestran al nombre español no lo estorbase; los mensajeros con acuerdo lo encubrieron, diciendo que eran luteranos. Dieron los isleños crédito a la ficción, deseosos de ganar amigos para conservar su libertad. Enviáronles carnes, pan, frutas, y una carta respondiendo a la suya, cuyo sobrescrito en nuestra lengua decía: "A los muy magníficos señores los luteranos, en la Mar del Sur". Los nuestros replicaron, que pues les habían proveído de tan abundante comida, les rogaban que quisiesen participar de ella. Aceptaron el convite hasta treinta principales caciques, y llegaron en una canoa muy alegres a nuestro navío. Apenas estuvieron dentro, cuando el almirante sin escuchar sus quejas, mandó dar las velas al viento, que ya estaban a punto, y los trajo cautivos a Chile. Tuvo algunos sucesos que pudieran acreditar su retirada, pero quedarán reservados para los escritores de historia particular.[*]

Volviendo a Sarmiento. En este puerto de la Candelaria le apretaron los pilotos con ruegos y protestaciones para que hiciese lo mismo que su almirante, representándole cuan atormentada traía la gente y los navíos, y que había hecho más que todos los descubridores que le precedieron. Que ya ni tenían anclas, cables, ni jarcia: que los tiempos le resistían, a cuyo pesar no era posible proseguir. Este fue recio combate; porque entre la ira de las quejas, y casi amenazas de los pilotos, venía envuelta la adulación, alabándole de que ningún otro descubridor había pasado tan adelante. Y así Sarmiento no se sintió menos apremiado de las alabanzas que del enojo. Con todo, se esforzó contra ambas cosas, y aun reprendió a los pilotos ásperamente, (¿quién sabe si encubriendo el mismo recelo que ellos le proponían?). Y se mostró tan firme a estos combates, que los redujo a su opinión. Partió de aquí siguiendo el canal, y a una legua al sudeste le señalaron los indios el paraje que habían atravesado los barbudos, de los cuales matando muchos, reservaron, como después se supo, a

---

[*] Este párrafo lo formó sin duda Argensola por otras relaciones, o noticias que tuvo presentes, pues en el diario de Sarmiento no se leen las posteriores que aquí da de la continuación del viaje del almirante.

Catalina y un muchacho, ambos ingleses, que vivían entre aquellas fieras, que más lo parecían que racionales. Algo más adelante, en otra isla que dijeron los indios que se llamaba Puchachailgua, llena de altísimos peñascos pardos, pelearon otra vez los barbudos con los naturales sin victoria. Prosiguieron hasta la otra isla Capitloilgua en la costa Cayrayxaxijlgua. No mudó Sarmiento los nombres antiguos a las tierras cuando los pudo saber. En la que luego se les ofreció, se entristecieron harto, porque se juzgaron ensenados. Pero luego dio bríos a este desmayo la vista del canal que comienza de la boca llamada Xaultegua, y se les ensanchó, sacándolos al mar espaciosísimo, poblado de millares de islas. Pasaron a vista de una, vieron humos altos, y los indios cautivos comenzaron a llorar, y se entendió que era de temor de los naturales de la tierra. Significaron que eran gigantes, y peleaban mucho.*

Los nuestros los aseguraron, haciéndolos capaces para que entendiesen que podrían más que ellos. Saltaron en tierra. Llámase Tinquichisgua. Sarmiento, a honor de la cruz que levantó en ella, la mejoró, llamándola Isla de la Cruz. Vio en ella abundancia de ballenas, de lobos y otros monstruos del agua, y grandes pedazos de nieve sobre las olas. Apercibió la artillería y la arcabucería, pertrechándose contra cosarios y naturales, porque pensó hallar ingleses apoderados en la tierra. Hizo guarda de allí adelante, y nadie desamparó las armas. Pasaron a la tercera isla, que es la mayor. Oyeron voces humanas, y vieron algunas piraguas con la gente que daba las voces, que atravesaban de una isla a otra. Los nuestros llegaron con el batel a reconocerla, y entraron los unos y los otros en un puerto limpio. Desde el cual vieron una población no bárbara, sino ingeniosa y altiva, como las de Europa,** y muchedumbre de gente, que habiendo anegado las piraguas, puestos sobre las montañas con sus armas, llamaban a los nuestros desde un bosque para que saliesen a tierra, y los nuestros a ellos para que se acercasen al mar.

---

* Ovalle en su Historia de Chile, cap. V del lib. II, pág. 72 hace mención de una generación de habitantes del Estrecho, a quienes denominan los Césares; pero a éstos no les da estatura agigantada.
** Véanse las notas de este Compendio, páginas 109 y 110.

Entre aquellas mismas arboledas se descubrieron muchos más isleños con arcos y flechas, como queriendo acometer. Por esto los nuestros les tiraron algunos arcabuzazos, cuyo estruendo causó tanto horror a las mujeres indias, que dieron terribles voces: y así cesaron los tiros por no perder la esperanza de ganarles las voluntades. Entretanto la nave que andaba barloventeando arribó al puerto. Aprestó Sarmiento una pieza, y llegó también el batel, trayendo una piragua amarrada por popa. Escrita la posesión, aunque no averiguada la policía de los habitadores de aquel gran pueblo, salió a la playa, de la cual se ve un monte altísimo, blanco de envejecida nieve, cercado de sierras. Relaciones antiguas lo llamaron la Campana de Roldán, que fue uno de los compañeros de Magallanes. Prosiguió hasta ponerse en cincuenta y cuatro grados en la punta que llamó de San Isidro: junto a la cual le dieron gritos los naturales, y llegados a los nuestros los abrazaron familiarmente. Envióles Sarmiento desde la nave, demás de los cascabeles y dádivas leves, bizcocho y carne. Sentáronse a conversar por señas con el alférez, piloto y los otros ocho cristianos, y dieron a entender que les agradaba su amistad, y aquellos preciosos dones, y los mismos confusos indicios del pasaje de los ingleses. Volviéronse con esto a sus chozas y el general, tomada la posesión, y la altura en cincuenta y tres grados y dos tercios, partió a vista de la costa. La cual ocho leguas de allí se allana con el mar, y forma una playa de arena blanca. Antes de llegar a ella descubrió un volcán altísimo nevado, en que (al parecer) por natural modestia la nieve y el fuego se respetan recíprocamente, y encogen en sí mismos sus fuerzas y actividades: porque ni él se apaga, ni ella se derrite por la vecindad del otro. Llevóle el canal hasta la punta que llamó de Santa Ana en cincuenta y tres grados y medio.

Aprehendió la posesión, y al pie de la cruz amontonó muchas piedras, entre las cuales, dentro de los cascos breados de una botija, y con polvos de carbón, juzgándolos por incorruptibles, puso una carta. Dio en ella aviso a todas las naciones de como aquellas tierras y mares eran del Rey de España, y declaró por qué derechos lo eran. Dejó también mandado en la misma carta a su almirante, que acudiese al Perú a dar cuenta al virrey de los sucesos hasta descubrir el Estrecho. Volvió el navío de baja mar, donde en su ausencia llegaron los indios con sus hijos y mujeres, y un presente de grandes trozos de lobo marino, carne hedionda, pájaros niños de mar (son rubios y blancos) y murtina (fruta semejante a las cerezas) y pedazos de pedernal, agujerados y pintados, en cierta caja pequeña de oro y plata. Preguntados para qué servía todo aquello, y respondiendo que para sacar fuego, uno de ellos tomó de las plumas que traía, y como en yesca, lo encendió en ellas. Poco antes, cuando los nuestros lo encendieron para derretir la brea y fortificar la vasija de la carta que al pie de la cruz quedó muda, se extendió por el monte la llama, y levantó humareda. Los indios, creyendo que eran los fuegos, de aquellos tan temidos enemigos suyos, se fueron sin poderlos detener. Y no fue vano su temor: porque en la isla que está enfrente, respondieron luego con grandes humos. Al río que entra en el mar por la punta, llamó Sarmiento, de San Juan: y al Estrecho que divide estas islas, que es el mismo antiguo de Magallanes, deseado y buscado con tantos peligros, le mudó el nombre, llamándole de la Madre de Dios, para que por esta devoción alcance de su hijo la salud de aquellas no numerables provincias, extendiendo la voz de su evangelio a ellas, hiriendo en los oídos de tantas almas, de las cuales la mayor parte ignora su misma inmortalidad, sin salir del rudo conocimiento que concede la común naturaleza.

Quedó Sarmiento tan ufano de haber mostrado en esto su devoción, que vuelto a España, suplicó al Rey que mandase llamar así vulgarmente al Estrecho, y en las provincias reales fue aprehendida la posesión de esta parte, tan señalada con extraordinario regocijo, poniendo en el instrumento la cláusula de la Bula del Papa Alejandro Sexto. El derecho fundado en ellas para los reyes de Castilla, los límites de la línea, que tiró por ambos polos como vicario de Dios. Dijo misa el padre Guadramiro, y todos la oyeron muy devotamente, en consideración de ser la primera que ha ofrecido en aquel lugar el género humano al autor de él. Fue en hacimiento de gracias, y se animaron para cualquier ardua empresa. Vieron rastro de tigres y de leones, papagayos blancos y pardos, de cabezas coloradas. Oyeron cantos suaves de sirgueros, y de otros pájaros. Prosiguiendo por él con excesivo calor, aportaron a una ensenada, cubierta de yerba blanca. Surgieron en la punta, sobre la cual apareció luego una compañía de gigantes, que les dieron voces, levantando las manos desarmadas. Imitaron los nuestros sus mismas acciones que de ambas partes significaban paz. Llegados al batel, guardado de diez arcabuceros, saltó luego el alférez en tierra con otros cuatro. Los gigantes le señalaron que dejase la jineta, y retiráronse adonde habían escondido ellos sus arcos y flechas. Hízolo el alférez así, y mostróles los rescates y dádivas que les quería presentar. Con esto se detuvieron, aunque mal seguros. Por lo cual, pareciéndoles a los nuestros que aquel recelo presuponía escarmiento, sospechando que lo debió causar el daño que habían recibido del corsario inglés; para saberlo enteramente, embistieron diez de los nuestros con uno de los gigantes, y le prendieron: mas con dificultad le conservaron. Los demás, arremetiendo por sus armas, fueron sobre los españoles tan presto que apenas les dieron tiempo para volverse al batel. Flecharon sus arcos, y con la lluvia de las saetas y la prisa de librarse de ellas se les cayeron a los nuestros dos arcabuces. Al tenedor de bastimentos clavaron una flecha por un ojo. El indio preso era entre los gigantes gigante;* y dice la relación, que les pareció cíclope. Consta por otras, que tiene cada uno de éstos más de tres varas de alto, y a esta proporción son anchos y robustos. Puesto en la nave, quedó tristísimo, y aunque le ofrecieron regalos, aquel día no aceptó ninguno. Dieron velas, atravesando canales e islas, y en las más les saludaban con ahumadas. En el mayor estrecho, que llamaron de Nuestra Señora de Gracia, por donde se ha de pasar por fuerza, en veintitrés grados y medio, juzgó Sarmiento, que sobre los dos cabos de la punta se pueden fabricar fortalezas para defender la entrada. Atravesáronlo a prisa, y en otra punta más adelante aparecieron otra vez los naturales de ella voceando y meneando las capas o mantas

---

* En el diario de Sarmiento no se leen estas dos particularidades: y sin duda las tomó Argensola de las otras relaciones que tuvo presentes, confundiendo aquí lo que éstas dicen con lo que extracta de Sarmiento.

lanudas. Acudió Sarmiento a ellos con dieciocho soldados.
Mostráronse solo cuatro indios con arcos y flechas, y precediendo señas de paz con las manos, dijeron: "Xijtote", que
suena hermanos. (Súpose después.) Tomaron un alto, y salidos los españoles en tierra, señalaron los indios que llegase
adonde estaban ellos uno de los nuestros. Acudió sin armas
con algunos dones, cuentas cristalinas, cascabeles y peines.
Recibiéronlos, señalando que se bajase. Obedeció: y en lugar de él, subió el alférez, convidándoles con otras dádivas.
Aceptáronlas, sin que ellas ni los halagos los acabasen de
asegurar. Sarmiento los dejó, por no irritarlos: y subiendo
la montaña, por senda diferente, para explorar la loma,
llanos y canales, se le presentaron los cuatro flecheros. Y
sin provocarlos con ofensa, antes habiendo recibido de los
nuestros aquellos dones, comenzaron con ira súbita a
herirlos. Al general, de dos flechas, en un lado y entre los
dos ojos. A otro soldado le sacaron uno. Los demás, de-
fendiéndose con las rodelas, arremetieron a ellos; pero
huyendo los gigantes la tierra adentro tan ligeros que no
los alcanzara la bala de un arcabuz. Según este acto, no
parece impropia la cobardía que aplican a sus gigantes los
escritores de los libros fabulosos, que llaman vulgarmente
de caballerías. Sarmiento reconoció la tierra. Llamóla Nuestra
Señora del Valle: y descubrió por entre dos lomas* espacio-
sos llanos apacibles, poblaciones numerosas, edificios altos,
torres y capiteles, y, a su parecer, templos suntuosos, con
tan soberbia apariencia, que apenas daba crédito a los ojos,
y la juzgaba por ciudad fantástica.

* Acaso dio Argensola crédito a otras Relaciones cuando hizo
esta descripción, o se la dictó su fecunda y hermosa imaginación
poética; pues en el lugar correspondiente que se lee en la pág.
166 del Diario de Sarmiento, solo dijo éste las siguientes palabras: "Descubrimos unos grandes llanos entre dos lomas muy
apacibles a la vista y de muy linda verdura como sementeras,
donde vimos mucha cantidad de bultos como casas, que creímos
ser casas y pueblos de aquella gente".

Conquista de las Islas Molucas, Libro Cuarto

No llegó Sarmiento a la gran ciudad, que se le ofreció de lejos, por no desamparar el navío. Volvió a la nave, dejándonos hasta hoy con deseo de averiguar tan gran novedad.*

Halló en el camino dos capas larguísimas, o mantas bárbaras, de pieles de ovejas lanudas, y unas abarcas, que no les dio lugar a los indios para cobrarlas la temerosa prisa de la huida. Siguieron el descubrimiento, y el viento les obligó a atravesar a la costa de la tierra del sur, distante cinco leguas de Nuestra Señora del Valle: y aunque soplaban vientos fríos, hallaron esta región más templada que las otras. Sufre población de gente bien dispuesta, ganados bravos y mansos, y caza, según lo declaró Felipe (así llamaron, a devoción del Rey, al indio que trajeron cautivo). Produce algodón (cierto argumento de su templanza) y canela, que ellos llaman Cabea. Es el cielo sereno. Muéstranse las estrellas muy claras, y se dejan distintamente juzgar, demarcar y arrumbar. Dice Sarmiento que es provechosa en aquellas partes la observancia del Crucero, que está treinta grados sobre el Polo Antártico, y que se aprovechó de él para tomar las alturas, como en nuestros hemisferios de la Estrella Norte al Septentrión, aunque con diferente cuenta. Y porque el Crucero no sirve para todo el año, buscó otra estrella polar más propincua al Polo, de más breve cuenta, más general y perpetua: y que pudo tanto su diligencia que la descubrió y verificó por investigaciones y experiencias de muchas noches claras. Ajustó las estrellas del Crucero y sus guardas, y otros dos Cruceros, y otras dos estrellas polares de muy breve circunferencia, para común utilidad de los pilotos curiosos. Con todas estas señas y el halago de la curiosidad humana, no ha llegado nadie a estos pueblos que tantas apariencias ofrecieron de políticos, aunque aquellos descorteses gigantes no confirmaron las muestras de lo poblado. Corrió Sarmiento el Estrecho, no cansado de sondear y describirle, hasta que llegó a un cabo, llamado por él del Espíritu Santo, desde el cual,

---

* Véase la nota inmediata que precede.

hasta el de la Virgen María, tiene ciento diez leguas del Mar del Sur al del Norte. Desde aquí comenzaron a gobernar su navegación con la debida diferencia. Vieron ballenas, y en las costas boscajes de diversas plantas incógnitas. Padecieron tormentas y peligros extraordinarios, aun para navegantes de tanta experiencia en ellos. Todo fue ofrecer lámparas, limosnas, peregrinaciones a casas de veneración de España, y otros votos en que la temerosa mortalidad, devota y oprimida, libra y esfuerza sus esperanzas. Calmó la tempestad. Y en veinticinco de marzo, vio Sarmiento a media noche el arco que los filósofos llaman iris, blanco y bajo, en contraposición de la luna, que se le iba a oponer con movimiento, y se causó de la reciprocación de sus rayos, que por reverberación hería en las nubes opuestas. Dice que ni él, ni persona alguna jamás le vio, oyó ni leyó. Y con su buena licencia, en la Relación de Alberico Bespuchio se lee haber sucedido lo mismo en el año de 1501 en aquel mismo paraje: donde, tomado por ambos el sol, le hallaron en veintitrés grados largos, que son quince leguas. Este día estuvieron dentro del Trópico de Capricornio. Prosiguiendo de aquí, vinieron a perder el tino, y la esperanza de cobrarle, por falta de instrumentos matemáticos: pero a primero de abril de 1580, a la noche, descubrieron, y tomaron la Estrella Polar del triángulo en 21 grados. Y a diez del mismo les apareció, ocho leguas distante, la Isla de la Ascensión. Surgieron en ella: no hallaron agua: y vieron diversas cruces. Pusiéronlas unos portugueses, que caminando a la India, fueron arrojados de la tormenta, por piedad y memoria que mostraban los vivos sobre las sepulturas de los que morían. Hallóse clavada en una de ellas cierta tabla, que decía: "Don Juan de Castel-Rodrigo, capitán Mor chegou aquí con cinco naos da India, en 13 de mayo 1576". Junto a la cual puso Sarmiento otra, por memoria de haber llegado allí la primera nave del Perú que desembocó por el Estrecho de la Mar del Sur a la del Norte en servicio del Rey, y la causa de su viaje. Abunda esta tierra de tiburones (fieras del agua), de peces, y de pájaros tan golosos e inoportunos que arremeten a cuanto ven. Por asir una carta, que el alférez llevaba en la toquilla del sombrero, se lo arrebataron de la cabeza. El lo defendió, acudiendo de presto con la mano, pero la carta no fue posible, porque se la sacaron por fuerza. Y después se vio la contienda que formaron en el aire por quitársela de las uñas a la harpía que la agarró primero. Está la isla en siete grados y medio. Y es mucho de notar que yendo los españoles atentísimos a la aguja, asegurados con tantas demarcaciones, pudieron tanto las diversas corrientes que cuando se juzgaron sesenta leguas de Pernambuco, este oeste, se hallaron 400 leguas al este. De manera, que del punto que llevaron por la altura de latitud, se engañaron, y hurtaron las corrientes 340 leguas. Hace Sarmiento largo discurso sobre este efecto, acusando las cartas de falsas, y pintadas con ignorancia. Sobrevinieron tormentas espantosas, hasta que en la costa de Guinea en 28 de abril descubrió a Sierra Leona, abundante en oro y negros. Luego las islas que llaman Ídolos: más adelante las de los Vijagaos, pobladas de negros, flecheros valientes. Hieren con yerba tan ponzoñosa que luego muere el herido rabiando. A ocho de mayo adolecieron todos en la costa de Guinea de calenturas, tullimientos, hinchazones, apostemas en las encías, que en aquella tierra son mortales por el excesivo calor, y entonces por la falta de agua, aunque les acudió el cielo con lluvia oportuna. Cuando para repararse porfiaban a llegar a las islas de Cabo Verde, los desviaban los vientos. Contrastaron sin topar tierra, ni altura de navío, hasta que en 22 de mayo, hallándose en quince grados y cuarenta minutos, descubrieron dos velas. Creyó Sarmiento que eran portugueses, y deseó llegárseles por hablarles; pero atendiendo más, vio que eran la una nave grande, la otra lancha, ambas francesas, que le seguían con designio de ganarle el viento. Adelantóse la lancha a reconocer el navío de los nuestros, el cual conservó su ventaja. Llegado a vista de la isla de Santiago, los franceses mostraron en alto una espada desnuda, y luego tiraron algunas piezas. Respondieron los españoles jugando la arcabucería, y después de ambas partes, y sin morir de la nuestra ninguno, aunque hubo algunos heridos, cayeron hartos franceses, y huyeron a mayor diligencia que seguían. Miraban la batalla los franceses de la isla, y juzgándola por fingida, y ambos navíos por franceses, no salieron al socorro. Acabado de poner en huida al pirata, aportó una carabela de algaravios (son gente del Algarve) que venía de Portugal. Descubrió el nombre y fuerzas del corsario. Declaró que traía ochenta y cinco hombres en la nave, y veinticinco en la lancha, y entre ellos un piloto portugués: que en Cabo Blanco, costa de África, había robado a otros cuatro navíos, y a ella. Y en la isla de Mayo, no lejos de la Santiago, echado a fondo otra carabela de la Armada, que navegaba al Brasil para poblar a Paraguay, donde ingleses habían fundado poblaciones los años pasados, contrayendo matrimonios, ligados ya del amor y sucesión de las indias Tapuyes. Sarmiento desembarcó en Cabo Verde, ciudad cuya aduana vale cada año al Rey cien mil ducados. Hay siempre en ella veinte mil negros por el ordinario trato de ellos. Antes que surgiese llegaron barcos de la tierra a reconocer su nave: y como les dijese que era del Perú, y que venía de allá por el estrecho de Magallanes, enmudecían. Volvieron a informar al gobernador Gaspar de Andrada: dijéronle, que los que allí venían eran hombres de diversas formas, feos y mal agestados, otros con guedejas y cabellos largos y enhebrados. Eran éstos ciertos indios del Perú y de Chile. Cuanto a los demás, dice Sarmiento estas palabras: "En lo de mal carados no nos levantaban nada: porque además de no ser muy adamados de rostros, no nos había dejado muy afeitados la pólvora y sudor de los arcabuzazos de poco antes: y en efecto veníamos más codiciosos de agua, que de parecer lindos". Con todo eso no desembarcó hasta haber satisfecho a un juez de la salud, de que no venían él, ni los suyos heridos de pestilencia. Al otro día salieron de la nave en procesión, a pies descalzos, con cruces e imágenes hasta la Iglesia de Nuestra Señora del Rosario, en la cual dieron gracias, limosnas, y los otros efectos de sus votos, con extraordinaria alegría: porque cualquier tormenta se convierte en gloria, referida en el puerto. Confesaron y recibieron la eucaristía en una misa votiva. El gobernador D. Bartolomé Leiton, aunque al principio estuvo incrédulo en el pasaje del Estrecho, los hospedó y festejó. Reparó los enfermos y el batel y navío que venían despedazados. No se había conseguido en

este viaje el primer intento de él, que fue pelear con Drake,
y contraponer a los designios de los enemigos la defensa
conveniente: y por esto, habiendo peleado Sarmiento con la
nave y lancha francesas, que volvieron a parecer inquietan-
do aquella isla, y vuelto entrambas a retirarse con ligerísi-
ma fuga, maltratadas y vencidas, hasta la Isla de Mayo,
abrigo de ladrones: avivó el cuidado, y pasó adelante para
tomar lengua de los ingleses, así de los que pasaron por el
Estrecho, con Drake, como de aquellos nuevos pobladores
de Brasil, o Paraguay. Y juntamente de la disposición de
los naturales de la Corona de Portugal, para obedecer al
Rey Felipe, o a Don Antonio. Supo de un piloto algarvio,
que en el año pasado, entre Ayamonte y Tabila, dos mercaderes ingleses, tratando de las Indias, le afirmaron que
Drake había pasado el Mar del Sur: y en el tiempo confor-
mó la nueva con la que por las señas le dieron los indios
del Estrecho; y que llegó a Inglaterra, con dos naves cargadas de plata y oro de aquel famoso robo: y las presentó a su
Reina. La cual aprestó, con bastimentos para tres años,
otras cinco, para volver al Estrecho a buscar las que se habían perdido en él: y Drake ocho. Y que las cinco primeras
habían ya partido en diciembre: que a él le habían fiado los
mercaderes este aviso, juzgándole portugués, y como tal no
lo había de descubrir a castellanos. Y entendió de los franceses que en revocando ciertos navíos de negros en
Castroverde, pasarían a la Margarita; y de allí a la Banda
del Norte, desde la Isla de Santo Domingo, a la Yaguana:
de donde no había cuatro meses que vinieron cargados de
cuero y azúcar. Y que mataron en la Margarita al capitán
barbudo, en venganza de los ingleses, que él había muerto.
Que, preso el gobernador del Brasil, le dieron libertad.
Que son portugueses todos sus pilotos. Supo también de
otros que vinieron de allí mismo, y de capitanes de crédito
que volvían a él, cómo en la bahía de Paraguay, junto al Río
Janeiro, que está en veintiún grados, y doce al sur, de ocho
años atrás había diversas poblaciones de ingleses, entre los
Tapuyes: contra los cuales de tres años hasta entonces com-
batieron portugueses y mataron gran parte de ellos. Que se
creía que los naturales, que comen carne humana, deben

de haber consumido con los dientes a los que huyeron
dentro de la tierra. Otras inteligencias recogió de Inglaterra: de sus armadas; de sus poblaciones en aquellas comarcas, y designios de tiranizar con todas sus fuerzas las Molucas,
y hacerse dueños invencibles de la especiería. Con aviso de
todo esto despacharon barco al virrey del Perú. pues él no
pudo volver por el Brasil, ni Paraguay, por haberle sacado
la fuerza de las corrientes al golfo, la vuelta del este. Antes
de partirse mandó dar garrote a su alférez por traidor a la
Corona, con deshonor de la Real Seña, y estorbador del
descubrimiento. Desterró a otros dos soldados, al uno de
las Indias; y con algunos de la Compañía mostró rigor por
el mismo delito, no averiguado, según se creyó, tanto como
lo requiere la pena ordinaria. Partió de este puerto al oeste,
hasta el canal entre la isla de Fuego y la de Santiago: donde
se quedó uno de los navíos que salieron con él. Gobernando al noroeste, una cuarta más o menos (porque así se
corre la isla Santo Antón) despachó de aquí el barco de
aviso para el virrey del Perú, con ocho soldados, cuyo
caudillo era Hernando Alonso. En trece días pasó por
entre la isla Graciosa, (pequeña, pero fértil, y poblada) y la
de San Jorge: en la cual vio altísimos fuegos. Hallólos después averiguados por el obispo, en la Angla, donde reside.
Que el primero de junio de aquel año hubo en la de San
Jorge horrendos terremotos; oyéronse voces de demonios.
Y entre otros espantosos efectos, se abrieron tres bocas, de
las cuales corrían arroyos de fuego hasta la mar. Persevera-
ron reventando otras siete aberturas que lanzaban otros
tantos de fuego líquido: de los cuales corrió uno en torno
de una ermita: y acudiendo nueve hombres a librar del
incendio algunas colmenas, se abrió otra boca que tragó lo
siete, y chamuscó a los dos. Y llovió tanta ceniza sobre la
tierra que la cubrió un palmo en alto, y en efecto ardía
toda la isla. Sarmiento siguió su camino, y a 18 de junio
arribó a la ciudad de Angla en la Tercera, que es la principal de las Azores: en la cual aportó un navío de la Villa
Pernambuco, y otro de la Bahía de todos los Santos, en el
Brasil. Los cuales, preguntados de lo que sabían de los
ingleses, le afirmaron que en noviembre pasado llegaron

cinco hombres blancos con quince indios, para ir a los isleos y pueblos de portugueses por tierra. Y pasado por la playa, dieron súbitamente en el río de las Cuentas con una lancha de ingleses. Los siete de ellos estaban enjugando sus velas en tierra, y viendo a los caminantes huyeron. Los portugueses porfiaron en su alcance: pero flechando los ingleses, continuaron la fuga, los dos por el monte, y los cinco por la playa, hasta recogerse en su lancha. Cortaron las amarras presto; dejaron dos cámaras grandes de bombardas. Los caminantes les rogaron que saliesen a tierra, y convidáronles con la comida y con todo lo necesario, asegurando que no intentarían guerra con ellos: pero respondiendo que no querían, mostraron arcabuces, ballestas y picas, y bornearon un verso para tirarles. Y que a este tiempo vaciaba la marea, y salieron seis leguas de allí a tender junto al río de las Cuentas. Y que en la isla Cupe, frontera de Camamú, otro navío portugués (sin saber de esta lancha) dio en ella. Hallóla con solos tres ingleses, y los demás muertos en tierra, de flechazos recibidos de los isleños de las Cuentas. Finalmente se perdió aquella lancha, y presos los cinco, declararon que había venido en una armada de diez navíos, en que cierto grande señor inglés pasó el estrecho de Magallanes: y que de allí volvieron corriendo la costa para poblar en la parte más concerniente a sus intentos, y para esto, llevaba en la capitana quinientos hombres de guerra. Eran los cuatrocientos, soldados: los otros, marineros, y de diversos oficios mecánicos. Que toda esta armada surgió en cierta isla de Caribes (son los que comen carne humana); y que se levantó una tempestad con la cual se hicieron las nueve a la vela: y no pudiendo la capitana con la prisa que convenía levar las amarras, se perdió, trabucando en la costa, sin librarse más de los que traía la lancha. Y su salud consistió en haber entonces salido para hacer (como los marineros dicen) aguaje. Era uno de estos cinco de edad de treinta años, gran matemático. Afirmaba que los que escaparon de la tormenta volverían presto a las costas del Brasil con numerosa armada. Y entre particularidades, contó que en aquella parte de la isla Cananea, hallaron un padrón con las armas del Rey de España, y su capitán mayor lo quitó, substituyendo otro en su lugar, con las de Inglaterra. Demás de esto, el capitán del Río de Janeiro, habiendo llegado a su población de portugueses tres navíos de aquellos nueve que perdonó la tormenta, en busca del cabo, por hallar las otras seis, las envió a reconocer con cuatro canoas. Y los caminantes súbitamente toparon otra lancha de ingleses: los cuales, en viendo las canoas, se retiraron. Pero no pudieron con tanta diligencia que huyesen todos. Prendieron a tres, y el capitán los remitió a la bahía: y las naves a velas llenas volaron. Confesaron los presos cómo no hallando en el cabo sus naves, determinaban pasar a la Paraiba de Pernambuco. En lo demás convinieron con la relación de los cinco de la lancha. La llegada de los ingleses al Brasil fue por noviembre del año 1579, el mismo tiempo en que Sarmiento buscaba el Estrecho, y conforma con aquellas confusas señas que en las costas de él le dieron los indios brutos de aquellos piélagos. Y como era su estudio inquirir sobre este caso, supo también del corregidor de Angla, que el dos de noviembre del mismo año se perdió otra nave inglesa en Gualúa, pueblo dos leguas distante de aquella ciudad, con ocho hombres: libráronse los dos y un negro. Descubrióse que la nave traía trescientos soldados; grandes riquezas, que fueron arrojadas al mar en el aprieto del naufragio; que iban a poblar la India; que en la costa de Guinea murieron los más; y por ventura era alguna de las nueve. Sacaron del fondo los de la Gualúa quince piezas gruesas de artillería, de hierro colado; y no se pudieron sacar otras muchas. Son las quince de extraordinaria grandeza, como para fortaleza de asiento. Supo finalmente (y después lo ha confirmado el tiempo) cómo en aquellas tierras septentrionales se aperciben para pasar a usurparnos la riqueza de metales y aromas de aquellas partes en trueque de la introducción de sus setas. Los últimos sucesos de estos dos generales inglés y español, fueron llegar ambos a sus patrias, desamparados de sus almirantes. Drake a Londres, por el mismo Estrecho con innumerable riqueza: de la cual se apoderó la Reina, dando por causa a Don Bernardino de Mendoza, entonces embajador de España en aquella

Corte (que pedía la restitución de la presa, por ser de su
Rey, y las demás robadas a vasallos suyos), que por los
daños que recibió, cuando españoles socorrieron a sus re-
beldes de Irlanda, la adjudicaba a sus cofres, en recompensa de aquella pérdida. A Drake no le enriquecieron sus
robos, ni le añadieron sus hazañas estimación: antes fue
despreciado en Inglaterra, ya fuese conocimiento, ó ingra-
titud de patria. Sarmiento, con prósperas navegaciones,
salido de Angla, cargado de inteligencias y nuevas de tan
inmensa parte del orbe, y de los ánimos de las provincias,
Corona de Portugal, a tres de agosto reconoció la costa de
España, y arribó a ella en el cabo de San Vicente. De su
llegada y relación resultaron armadas prevenciones nuevas
en las Indias y en España, que se extendieron al socorro de
las necesidades más apartadas de ella. Fue una la reduc-
ción de Ternate: y el pasaje de cien familias españolas,
armadas y prevenidas, y examinadas en calidad, y virtudes,
para ser primeros pobladores de aquellas soledades del
Estrecho. Llevaban instrumentos, armas, instrucciones y
todo lo necesario para fortificar las angosturas de él. Iba
Sarmiento por cabeza y gobernador de aquellos reinos.
Tuvo este gran designio suceso poco feliz, y a juicio común
por culpa del general Sancho Flores. Después fue Sarmiento preso, y libre en Inglaterra, donde confirió con Drake y
la Reina estos discursos, de que sacó documentos para la
ejecución de otros superiores.

Herrera, *Descripción de las Indias Occidentales*, capítulo XXIII

Y la Campana de Roldán, una peña grande en medio al principio de un canal: diéronle este nombre porque la fue a reconocer uno de los compañeros de Magallanes llamado Roldán, que era artillero: la punta de la Posesión, que está cuatro leguas del cabo de las Vírgenes, a la entrada del Mar del Norte,[1] en cincuenta y dos grados y medio de altura, cuando pasaron Pedro Sarmiento y Antón Pablo Corso, por la orden que llevaron de reconocer el Estrecho, porque se había mandado hacer de mucho atrás para ver si era navegación más fácil para la Mar del Sur[2] que la de Panamá: reconocieron las dos angosturas que hay a la entrada de la banda del norte, y pareció a Pedro Sarmiento que la una era tan angosta, que con artillería se podía guardar; y tanto lo persuadió, que aunque siempre el Duque de Alba afirmó que era imposible, se envió a ello aquella armada de Diego Flores infructuosamente: y al cabo se conoció que aquélla es peligrosa navegación, y que la creciente de los dos mares que en medio de los dos mares se van a juntar, se retiran con tanta furia,

1. El Océano Atlántico.
2. El Océano Pacífico.

menguando en algunas partes más de sesenta brazas, que cuando los navíos no llevasen más amarras que para sustentarse, y no perder lo navegado, irían harto cargados.

El padre Alonso de Ovalle, *Histórica Relación del Reino de Chile*, libro VI, capítulo I

El año de 1579 envió el virrey del Perú Don Francisco de Toledo al capitán Pedro Sarmiento con dos naves que salieron del Callao a 11 de octubre en seguimiento del pirata Francis Drake, y pasando el estrecho de Magallanes, como se apuntó en su lugar, llegó a España, donde habiéndole el rey honrado conforme lo merecían sus servicios, le volvió a enviar a Chile con una armada, que, según los autores citados en el último capítulo del libro V, fue de veintitrés naves, con dos mil hombres, y por general a Don Diego Flores de Valdés, con orden de fortificar y asegurar aquel reino, y el del Perú. Para esto se mandó fundar una ciudad a la boca del Estrecho, de la cual quedase por gobernador el dicho Pedro Sarmiento como se hizo, fundando la ciudad que llamaron de San Felipe a la parte septentrional del dicho Estrecho: pero esta ciudad no pudo por entonces conservarse, por no poder tener comunicación con las otras de Chile, y estar tan lejos de todo comercio con ninguna otra, y ser tan insufribles los fríos en aquellas partes.

Christóbal Suárez de Figueroa, *Hechos de Don García Hurtado de Mendoza, cuarto Marqués de Cañete*, libro V, página 210

Por esta entrada y hurto que hizo el inglés con tanta celeridad y osadía, Don Francisco de Toledo, entonces virrey del Perú, y en todo tiempo ministro de acertado gobierno, cuyas órdenes, como justas y convenientes, tienen en aquellas partes aun hoy el mismo vigor y observancia que leyes municipales, despachó en dos naves bien a la orden de todo, a Pedro Sarmiento de Gamboa con Antón Paulo Corso, piloto general, que ya otras veces había peleado con aquel pirata, para que le fuese a despojar, si fuese posible, de la gran presa que había hecho en tierras y navíos del rey. Partió en su busca, con la instrucción de lo que había de hacer, un domingo 11 de octubre de 79,[3] y tras haber desembocado por el Estrecho, y vacilado no poco por partes incógnitas, sin soltar de la mano la sonda, astrolabios y cartas, en fondos, puertos, senos y montes, describiéndolo todo en perfectas demarcaciones, hubo de encaminarse (como tenía orden) la vuelta de España para dar entera y curiosa noticia del sitio y disposición del Estrecho y de sus angosturas, y de toda aquella navegación, valiéndose de su ingenio, atención y experiencia, y de la particular de sus pilotos: con que, cargado de inteligencias y nuevas, llegó al cabo de San Vicente.

Don Francisco de Seixas y Lovera, *Descripción Geográfica y Derrotero de la Región Austral Magallánica*. Al fin de la dedicatoria al rey

Debe vuestra majestad como tan grande monarca y católico, amparar aquellos dominios y vasallos tan fieles, con mandar que el estrecho magallánico se vuelva a poblar con españoles para defender aquellas costas y las del Perú con una escuadra de bajeles de guerra, como así se empezó a hacer el año de mil quinientos ochenta y uno por Pedro Sarmiento de Gamboa.

Y en el capítulo I, título XI, fol. 10:

Decimos se debe creer lo que se escribió en el diario de Andrés Martín, piloto que fue del viaje de Magallanes, que hizo la derrota de su Estrecho, que dejó escrita aparte de su viaje, como también lo dejó Sebastián del Cano, que asimismo fue en el primer viaje de Magallanes, y después en el de Fray García Jofré de Loaisa: después del cual pasó dos veces por el Estrecho Pedro Sarmiento de Gamboa, a quien se

---

3. 1579.

encargó la población de él, por las derrotas y demostraciones que presentó a su majestad en su Real Consejo de Indias, y están en la Casa de la Contratación de Sevilla, hallándose en algunas librerías de estos reinos algunas relaciones, en la Historia de Gonzalo Fernández de Oviedo y Valdés, y en la de las Molucas, que las escribieron sus autores, por noticias de algunos que pasaron el Estrecho magallánico, de quien también han escrito con mucha verdad Bartolomé y Gonzalo de Nodal, hermanos, que asimismo pasaron el estrecho de Le Maire, del cual y del estrecho de Magallanes, Diego Ramírez, como piloto que fue de los dichos Nodales, compuso un Derrotero particular, que ha de estar en la biblioteca del Consejo de Indias, del cual dicho Derrotero hay muchas copias entre las naciones.

Y en el título XII, fol. 10 b.

Entre los muchos y vigilantes autores que describieron y demarcaron las costas del Mar del Sur, y de todas las dichas islas, han sido los más célebres y curiosos de todos ellos, Fernando de la Torre, García de Escalante y Albarado, Ruí Lopez de Villalobos, Martín de Islares, Antonio Galván, Don Fernando de Bustamante, Andrés García de Céspedes, Pedro Fernández de Quirós, que compuso el Derrotero de los tres viajes que hizo a las islas de Salomón, Pedro Guerico de Vitoria, que también compuso las Navegaciones del Perú sobre que Álvaro de Mendaña escribió largamente, y no poco Pedro Sarmiento de Gamboa, y Antón Pablo Corzo: que son en suma todos los autores españoles, que así de dichas artes como de las demás ciencias referidas han escrito prodigiosamente, hallándose sus obras en muchas bibliotecas de estos reinos, y en la del Real y Supremo Consejo de Indias muchas impresas y manuscritas, para que sus navegaciones no carezcan de las obras de los extranjeros, por estar la mayor parte de ellas viciadas y llenas de los manifiestos engaños que aquí se expresarán.

Y en el capítulo VIII, título XXXIV, fol. 73:

Y así de más a más de lo dicho, es de notar, que desde Puerto Viejo a la boca occidental del estrecho de Magallanes, se va corriendo de norte a sur la costa, no obstante las ensenadas de Lima, de Arequipa, de Chile y de Cabo Corzo: lo cual más bien se hallará (notando el curioso las muchas islas de aquellas costas) en el derrotero que curiosamente escribió por vista de ojos, Pedro Sarmiento de Gamboa, que lo hizo con notable inteligencia y curiosidad, manifestando ser buen marinero y sabio cosmógrafo.

Oliverio de Noort, en la relación de su viaje que se encuentra en la colección de los que sirvieron para la formación de la Compañía de las Indias Orientales en Holanda, dice lo siguiente

La ciudad de San Felipe, que Tomas Cavendish llama Ciudad del Hambre al modo que llamó a su abra Puerto del Hambre, estaba en 53 grados y 18 minutos. Tenía cuatro bastiones, y en cada uno de ellos un cañón, que Thomas Cavendish encontró enterrados cuando llegó allí el año de 1587; pero los hizo desenterrar y los tomó. Era la situación de la ciudad agradable y ventajosa, cerca de bosques y de agua, y en el mejor paraje de todo el estrecho de Magallanes.

Habían edificado allí una iglesia, y los españoles debían de haber usado justicia muy severa, pues se encontró una media horca, y ahorcado en ella un hombre de esta nación. Había sido guarnecida aquella ciudad con 400 hombres, a fin de que guardasen con tanto rigor el Estrecho, que ninguna embarcación pudiese pasar por el al Mar del Sur, sin su licencia.

Pero el éxito manifestó que no favorecía el cielo aquellos designios; pues durante el espacio de tres años que permanecieron en la nueva plaza, nada medró de cuanto sembraron y plantaron: y repetidas veces vinieron las fieras a perseguirlos aun dentro de su misma fortaleza. Consumidas, en fin, todas las provisiones, y no pudiendo recibir otras de España, pereció de hambre la mayor parte, y al aportar allí los ingleses encontraron todavía muchos cadáveres vestidos y tendidos por las casas.

Inficionada la ciudad con el gran número de cuerpos por enterrar, se vieron precisados los pocos españoles que quedaban vivos en ella a abandonarla, e irse vagando por la costa en busca de mantenimientos. Cada uno tomó con este fin un fusil, y todas las cosas necesarias que podía cargar. Esto se entiende de los que todavía conservaban algunas fuerzas; porque otros había tan debilitados que con dificultad podían andar arrastrando.

Un año entero pasaron así estos infelices, sustentándose de hojas, frutas, raíces, y algunas aves, cuando podían matarlas: pero finalmente, viendo que de 400 personas que se habían establecido allí, solo quedaban ya 23 y entre ellas dos mujeres, se determinaron a tomar el camino del Río de la Plata, según lo refirió a los ingleses uno de aquellos veintitrés, llamado Hernando, que habiendo quedado allí solo, fue apresado y conducido a Inglaterra. En cuanto a los demás, no se ha sabido su paradero.

Nota

En la *Historia General de los Viajes del Abate Prevôt*, tomo XV de la edición de La Haya, continuación del libro IV, páginas 153, 154 y 155, se lee un párrafo con este título: "Viaje de Pedro Sarmiento". Dase una ligera noticia del primer viaje de Sarmiento, extendiéndose algo más en la del segundo, bien que copiando y repitiendo el lugar de la Relación de Thomas Cavendish, que deja estampado en el tomo XIV en el Viaje de Oliverio de Noort, página 207, el cual lugar se lee más individualmente en la colección de los viajes que sirvieron para la formación de la Compañía de las Indias Orientales en Holanda, y queda traducido entre estos Testimonios, en el que inmediatamente precede.

CARTA

Del virrey del Perú Don Francisco de Toledo al gobernador del Río de la Plata, la cual se cita en el Artículo XI de la Instrucción del mismo virrey a Sarmiento, página 19 del diario. Sacóse de la minuta original que se encuentra en el manuscrito de Don Eugenio de Alvarado, de que se da noticia en el Prólogo.

*P*or el estrecho de Magallanes pasó a esta Mar del Sur un navío de ingleses corsarios, y llegó a las provincias de Chile y puerto de Santiago a los cuatro de diciembre del año pasado de setenta y ocho,[1] y robó un navío con cantidad de oro, que había en aquel puerto: y en otros de los de esta costa hizo otros daños, y a los trece de febrero llegó al de esta ciudad, estando bien descuidados de semejante novedad; porque habiendo habido tanto tiempo para darme los de las provincias de Chile aviso de esto, nunca se hizo, con ocasión de estar el gobernador en el Estado de Arauco en la guerra, y no se querer aventurar los oficiales, ni la ciudad a comprar un barco que me trajera esta nueva, con que se

1. 1578.

hubieran excusado hartas pérdidas y gastos que se han re-
crecido a su majestad y a los particulares, principalmente en
un navío que robó con harta suma de plata, que iba de esta
ciudad al reino de Tierra Firme. Hanse hecho muchas
diligencias para haber este corsario, y enviado dos navíos de
armada en su busca; mas como la mar es tan ancha, y él ha
ido con tanta prisa corriéndola, no ha podido ser habido: y
lo que más se siente es la noticia que lleva tomada de todo lo
de acá, y la facilidad con que se podrían venir cada día a
entrar por aquella puerta del Estrecho que ya tienen sabida
y reconocida; y porque su majestad con su gran cristiandad
y celo después que el año de 77² pasaron ingleses corsarios
de la Mar del Norte a la del Sur por las montañas de Tierra
Firme, con ayuda y confederación de los negros cimarrones
que en ellas habitan, no obstante que el capitán y gente que
yo envié desde acá los prendieron a todos, sin que de los que
había en la montaña quedase ninguno, porque otros no
pudiesen emprender a hacer lo propio. Ha fortalecido y
guarnecido aquello con galeras por la mar, y poblaciones de
soldados por la tierra: de manera que se entiende estar
aquello bien prevenido. Y porque por esa parte del Estrecho
es necesario ponerse ahora con tiempo y brevedad remedio,
y éste, en negocio que no es sabido y entendido, sería difi-
cultoso; nos ha parecido enviar dos navíos fuertes, bien avi-
tuallados, con buenos pilotos y marineros para que hagan
este descubrimiento por esta parte de la Mar del Sur, y
vayan tanteando y mirando la parte y lugar donde con mayor comodidad se pueda hacer alguna población o fortaleza
con artillería, previniendo tomar aquella entrada antes que
los enemigos la ocupen, para que ningún otro corsario pueda entrar, y para que reconozcan si por esta parte de la Mar
del Sur, o en el mismo Estrecho, o afuera de él en la banda
de la Mar del Norte haya alguna población de los dichos
ingleses, y en qué parte y lugar, y qué cantidad, para que se
provea lo que más al servicio de su majestad convenga. Y
porque de estos dos dichos navíos se les ordena y manda al
uno que vuelva con la relación e información de todo lo que

2. 1577.

hubiere visto y sucedídole, después que haya desembocado a la Mar del Norte, y miradas las bocas y entradas que por aquella parte el dicho Estrecho tiene, porque sería infructuoso poner remedio en la una, si por las otras pueden entrar los dichos enemigos. Y porque podría ser que a causa del invierno no pudiese hacerlo, y tuviese necesidad de invernar, se les ordena y manda lo haga, o en la boca de ese Río de la Plata, o en algún puerto de los de mayor abrigo y comodidad de la costa. En cualquiera que fuere del distrito de la gobernación del Paraguay, recibirá su majestad mucho servicio, y yo muy particular contentamiento en lo que al capitán y soldados se les hiciere, y en el buen acomodamiento y tratamiento de sus personas, y en que se les dé y haga dar todo el recaudo que hubieren menester de matalotajes para su vuelta, si se les hubieren acabado los que llevan: y si ahí topare el otro navío que va a los reinos de España, se haga con él lo propio; porque si no fuesen muy favorecidos y socorridos el capitán y los soldados para que se consiguiese el intento para que son enviados, habría sido infructuoso el gasto que su majestad hace. Y los despachos y recaudos que el capitán o capitanes de los dichos navíos dieren a vuestra majestad para mí, o para esta Real Audiencia, se me envíen por la vía de Tucumán con toda la brevedad posible con persona propia de diligencia, que acá se les mandará satisfacer su trabajo, y a su majestad se dará noticia del servicio que en esto vuestra majestad le hiciere, y con el propio me dará vuestra majestad aviso de la noticia que ahí se hubiere tenido del navío o navíos de los ingleses, que acá aportó, y si tocaron con alguno de los puertos de esas costas, y cuantos navíos, y si ha pasado este navío, u otros la vuelta de España, y cuándo, y cuántos, o si se tiene noticia que estén poblados ingleses en tierra, y adónde, y qué gente, o de qué tiempo a esta parte.

Relación de
Pedro Sarmiento de Gamboa
sobre su primer viaje al
estrecho de Magallanes

Relación y derrotero del viaje y descubrimiento del estrecho de la Madre de Dios, antes llamado de Magallanes

Después que don Francisco de Toledo, virrey del Perú, envió una armada de dos navíos con más de doscientos hombres tras el corsario Francisco Drakez,* y habiendo llegado a Panamá sin hallar más que la noticia de él, se volvieron a Lima (como de ello Vuestra Majestad tendrá relación); considerando lo mucho que importaba a la seguridad de todas las Indias de esta Mar del Sur, para el servicio de Dios Nuestro Señor, aumento y conservación de su Santa Iglesia, que en estas partes V. M. tiene y sustenta, y la que se espera que se plantará, y para el de V. M. y de sus vasallos, no dejar cosa por explorar; y asimismo por la pública fama y temor de los dos navíos ingleses, compañeros de Francisco Drakez, que quedaban atrás en las costas de Chile y África, de que por horas había armas[1] en los puertos de esta costa, que no sabían las gentes qué hacerse, y cesaban las contrataciones

---

* Aquí se españoliza enteramente el apellido de Francisco Drake, dándole la terminación en EZ de nuestros nombres patronímicos. Las piraterías de aquel famoso corsario son bien notorias; y el célebre poeta Lope de Vega Carpio las transfirió a la posteridad en un poema en octava rima que transfirió a la posteridad intitulado *La Dragontea*.
1. *Armas*: alarmas. Según Ángel Rosenblat, se trata de un uso corriente de la época.

por estar los mercaderes temerosos en aventurar sus haciendas, y los navegantes de navegar; y porque la común voz del pueblo era que Francisco había de volver por el Estrecho, pues lo sabía ya: por lo cual, y para obviar a lo futuro, determinó enviar a descubrir el estrecho de Magallanes, que por esta Mar del Sur se tenía casi por imposible poderse descubrir, por las innumerables bocas y canales que hay antes de llegar a él, donde se han perdido muchos descubridores que los gobernadores del Perú y Chile han enviado allá; y aunque han ido a ello personas que entraron en él por la Mar del Norte, nunca lo acertaron, y unos se perdieron, y otros se volvieron tan destrozados de las tormentas, desconfiados de lo poder descubrir, que a todos ha puesto espanto aquella navegación; para que quitado este temor de una vez, y descubierto el Estrecho, se arrumbase y se pusiese en cierta altura y derrota, y se tantease por todas partes para saber el modo que se tendrá en cerrar aquel paso para guardar estos reinos antes que los enemigos lo tomen, que importa lo que V. M. mejor que todos entiende: que a juicio de todos no va menos que los reinos, haciendas, cuerpos y ánimas de los habitadores de ellos. Esto bien mirado y comunicado con la Real Audiencia de los reyes, oficiales reales, y con otras muchas personas de gran experiencia en gobierno y cosas de mar y tierra, se concluyó en que se enviasen dos navíos para lo arriba dicho al estrecho de Magallanes: y dentro de diez días como llegó la armada de Panamá, le comenzó a despachar el virrey; y personalmente, aunque estaba indispuesto, fue al puerto, que está dos leguas de la ciudad, y entró en los navíos, y con candela y oficiales los anduvo mirando hasta la quilla, y de todos escogió los dos más fuertes, más nuevos y veleros, y los compró por Vuestra Majestad; y mandó al capitán Pedro Sarmiento aceptase el trabajo de este viaje y descubrimiento con título de capitán superior de ambos navíos: y Pedro Sarmiento por servir a V. M. lo aceptó, no obstante muchas cosas que hubo y podía haber en ello, pero como su oficio siempre fue gastar la vida en servicio de su rey y señor natural, no era justo se vendiese, ni excusase su persona en éste, por temor de la muerte, ni trabajos que se publicaban, ni por ser cosa de que todos huían; antes por esto se ofreció con más voluntad al servicio de Dios y de V. M. cuyo esclavo es en voluntad, con la cual, si sus obras igualasen, V. M. se tendría por muy servido de él. Y luego que se compraron estos dos navíos se puso mano a la obra de ellos, así a la carpintería y herrería, jarcias, velas, mantenimientos, como a las demás cosas necesarias, asistiendo en el puerto para el despacho de los navíos don Francisco Manrique de Lara, factor[2] de V. M. y caballero del hábito de Santiago, y Pedro Sarmiento, el cual iba y venía a la ciudad y al puerto, dando mano al despacho y haciendo gente, haciendo pagar la gente de mar, y haciendo dar socorro a los soldados: y en juntarla hubo mucha dificultad y trabajo, porque como era jornada de tanto trabajo y tan peligrosa y de tan poco interés, nadie se quería determinar a ella, y así muchos se huyeron y escondieron. En fin, se juntaron los que fueron menester entonces, que por todos fueron ciento y doce, la mitad marineros y la mitad soldados. Y porque el verano se pasaba y convenía mucho la brevedad, fue el virrey segunda vez al puerto y personalmente asistió a todas las obras hasta que se acabó: y traía ordinariamente en el despacho de la mar al licenciado Recalde, oidor[3] de la Audiencia Real de los Reyes, que con mucha diligencia ejecutaba lo que el virrey le mandaba: y el tesorero y contador, en la ciudad trabajaban en las pagas y socorros y vituallas como por el virrey les era ordenado. Con esta diligencia se despacharon los navíos y gente con brevedad, cual no se creía que se pudiera hacer.

Expedidos los despachos de esta armada, nombró el virrey a la nao mayor *Nuestra Señora de Esperanza*, a quien Pedro Sarmiento eligió para capitana; y a la menor nombró *San Francisco*, que fue hecha almiranta. Por almirante, a Juan de Villalobos; y para despedirlos Su Excelencia el viernes nueve de octubre de 1579, mandó parecer ante sí al capitán superior, almirante y los otros oficiales y soldados, que entonces se hallaron en la ciudad, y les habló apacible y

---

2. *Factor*: oficial que recaudaba los tributos en las Indias y entregaba las rentas correspondientes a la corona.
3. *Oidor*: juez de la época.

gravemente, encareciéndoles la mucha dificultad del negocio a que los enviaba, puniéndoles también delante el premio y mercedes que les prometía hacer, encargándoles mucho el servicio de Dios Nuestro Señor y el de V. M. y la honra y reputación española. Tras esto entregó la bandera al capitán mayor, y él al alférez Juan Gutiérrez de Guevara: y besándole todos la mano, y echándoles el virrey su bendición los despidió; y el sábado por la mañana se fue el capitán mayor a embarcar, y tras él los demás oficiales, soldados y marineros que estaban en la ciudad. Este mismo sábado en el puerto, en presencia del oidor licenciado Recalde, y oficiales reales, el secretario Álvaro Ruiz de Navamuel leyó la Instrucción del virrey al capitán mayor, almirante y pilotos, que es la siguiente, que la pongo aquí porque el virrey me manda que me presente con ella ante la Persona Real de Vuestra Majestad y de su Real Consejo de Indias.

Instrucción del virrey

*P*ara honra y gloria de Dios, y de la virgen María, su
madre y señora nuestra, a quien vos el capitán Pedro
Sarmiento habéis de tener por abogada y patrona de los
navíos y gente que lleváis a cargo para este descubrimiento y
jornada, que se os ha encargado, del estrecho de Magallanes,
por la experiencia que de vuestra persona se ha hecho en las
jornadas de guerra que se han ofrecido, así en la mar como
en la tierra, de diez años a esta parte que yo estoy en este
reino, y para que se consiga con vuestro trabajo y solicitud el
servicio de la majestad del rey nuestro señor, la guarda y
seguro de estos reinos, y que los enemigos de nuestra Santa
Fe católica no los ocupen, como se podría esperar, poniendo
en peligro lo que en ellos se ha ganado. Y porque, como
veis, se han armado y proveído dos navíos para este viaje y
jornada, el uno nombrado *Nuestra Señora de Esperanza* que va
por capitana, en que vos el dicho Pedro Sarmiento vais por
capitán, y el navío nombrado *San Francisco* en que va por
almirante Juan de Villalobos: y conviene al servicio de Dios
nuestro señor y de la Majestad Real, y buen suceso de esta
jornada, que obedezcan el dicho almirante, pilotos y demás
oficiales y gente de mar y guerra de los dichos navíos capitana y almiranta, a vos el dicho Pedro Sarmiento, como a
capitán de la dicha armada. Se provee y manda así, conforme a los títulos de los dichos oficios, que vos y el dicho
almirante lleváis, y bajo las penas en que incurren los que
no obedecen a sus capitanes, y así se le da por Instrucción al

dicho Juan de Villalobos almirante. Y vos comunicaréis con él las cosas y por la orden que en esta Instrucción se os advertirán, tomando su parecer y de los demás como vieres que conviene: de manera que los unos y los otros en vuestros oficios cumpláis con la fidelidad que debéis y se confía de vuestras personas en negocio de tanta importancia, en el cual, demás de lo contenido en los dichos títulos, guardaréis la Instrucción siguiente, bajo las penas en que incurren los que no guardan las instrucciones y orden que en nombre de su majestad el Rey nuestro señor les son dadas.

I. Primeramente se os manda y ordena, que miréis con particular cuidado que vos y la gente que a vuestro cargo va, corresponda en su viaje a lo que deben a cristianos y al servicio de Nuestro Señor, pues la jornada que lleváis pide en particular y se tenga mucho cuidado de esto, y que le tengáis de castigar a cualesquiera que delinquieren contra esto en delitos que lo merezcan.

II. Y supuesto que se os entregan dos navíos, que están aprestados en este puerto, la capitana llamada *Nuestra Señora de Esperanza*, y la almiranta llamada *San Francisco*, aderezadas y abastecidas con doblados aparejos en todo y en las comidas y municiones, y con artillería y arcabuces de la Casa de munición de Su Majestad, que os darán el cargo y memoria de lo que de todo ello os entregan los oficiales reales de esta ciudad, y darán un tanto a los maestres de los dichos dos navíos que lo han de distribuir y a los pilotos notificarán esta Instrucción mía para que sepan y no ignoren lo que se manda y ordena que hagáis.

III. Y salido con buena ventura, que Dios os dé, de este puerto, con la derrota que tenéis y tenemos platicado, sin tocar en la costa ni reino de Chile, sino poniéndoos a los cincuenta y cuatro, o cincuenta y cinco grados, como vieras que más conviene para hallaros en el paraje de la boca del Estrecho, y dada la traza con el dicho almirante y piloto y maestre y oficiales del navío *San Francisco*, que vapor almirante, de la correspondencia que ha de tener en la navegación para seguiros, y hacer siempre su farol de noche (que le han de llevar ambos navíos); y tomando el nombre de todas las veces que ser pueda, y concertando, si os derrotares con algún temporal, lo que debéis hacer para tornaros a recoger, o esperar uno a otro, conforme al tiempo y posibilidad, seguiréis la dicha vuestra derrota.

IV. Y yendo discurriendo por vuestra navegación, habéis de ir advertido que todo cuanto os pasare así en rumbos por donde navegares, como en todas las tierras que fueres viendo y descubriendo, lo habéis de ir escribiendo en el libro que para ello habéis de llevar, así vos como el dicho almirante del otro navío, y poniéndole en carta;* lo cual habéis de hacer por vuestra persona y en vuestro navío con autoridad de testigos y de Juan Desquíbel y Francisco de Trejo, escribanos que para los dichos navíos se han proveído y demás de esto habéis de ordenar al dicho almirante, piloto y maestre y demás personas del dicho navío almirante, que así lo hagan y cumplan, haciendo que lo que así se escribiere se lea en público en cada uno de los dichos navíos, cada día; de lo cual ha de dar fe el escribano del tal navío para que conste cómo y de qué manera se cumplió, y la autoridad que se le puede y debe dar; y si a alguno de los que van en los dichos navíos le pareciere que se ha excedido o excede en la verdad, o hay alguna cosa que advertir, o pueda decir o apuntar, se asiente lo que así dijeren para que después conste de todo; y lo han de firmar de sus nombres juntamente con el religioso que va en cada uno de los dichos navíos, y dar de ello fe el escribano.

V. En todo el viaje que llevares no habéis de perder el cuidado, así vos en el un navío, como el dicho almirante en la almiranta, de ir echando vuestros puntos, y mirando con cuidado las derrotas, corrientes y aguadas que hallares, y los vientos que en los tiempos de vuestra navegación os corrieron y los bajos y arrecifes, islas, tierras, ríos, puertos, ensenadas, ancones, y bahías que hallares y topares:⁴ lo cual habéis de hacer asentar en cada navío en uno de los libros que para ello se os manda que llevéis, y en las cartas que

---

* Debe entenderse "carta de marear".
4. En páginas venideras, cuando la lectura del texto se complique debido a la densidad de topónimos, acuérdese entonces el lector de este punto V y muéstrese piadoso con Gamboa, quien se limitaba a cumplir órdenes, so pena de que lo castigasen.

fueres haciendo vos y los demás pilotos, consultándoos y concordándoos los del un navío con los del otro, juntándoos para ello las más veces que pudieres y el tiempo os diere lugar: y habéis de ir advertidos de que, pudiendo ser, en las partes señaladas que os pareciere se pongan cruces altas para señales para los que después por allí fueren y pasaren; y donde no hubiere nombres puestos, los iréis poniendo para el orden de los dichos libros, y de las cartas de marear.

VI. Al tiempo que os hallares en la altura de la entrada del Estrecho iréis con mucho mayor cuidado de ver todas las particularidades de mar y tierra que hallares, atendiendo a las comodidades de poblaciones que por allí puede haber, y si hay algunas muestras de haberlas habido antes de ahora, sin dejar muestra, ni particularidad por apuntar: y procurad con vigilancia saber todas las bocas[5] que tiene el dicho Estrecho a la entrada por esta mar, y medirlas, poniéndoles nombres a cuantas fueren, midiéndolas así por lo ancho como por lo hondo, y mirando en cuál de ellas hay mayores comodidades para fortalecerlas.

VII. Hecho esto, habéis de colar por una de las dichas bocas del dicho Estrecho, cual os pareciere más conveniente, y habéis de ir en compañía del otro navío almiranta, sin dejarle ni apartaros el uno del otro de tal manera que lo que el uno viere vea el otro, y de todo lo que pasare podáis ambos dar testimonio. Y en el discurso de todo el Estrecho por donde desembocares no habéis de dejar de hacer la misma descripción, y llevar particular cuidado de ver si en la una, o en la otra costa hay alguna población, y qué gente es la que está poblada en ella, con todas las señales de mayor claridad y certeza que pudieres hallar y poner.

VIII. Y adonde quiera que llegares y saltares en tierra tomaréis posesión en nombre de Su Majestad de todas las tierras de las provincias y partes donde llegares, haciendo la solemnidad y autos necesarios, de los cuales den fe y testimonio en pública forma los dichos escribanos que lleváis.

---

5. La geografía de la época era, evidentemente, confusa. Una mirada al mapa actual de la zona magallánica aclara cuán imposible era cumplir con este apartado de las Instrucciones.

IX. Y hallando algunas poblaciones de indios, despúes de haberlos acariciado y dado de las cosas que lleváis de tijeras, peines, cuchillos, anzuelos, botones de colores, espejos, cascabeles, cuentas de vidrio y otras cosas de las que se os entregan,[6] procuraréis llevar algunos indios para lenguas a las partes donde fueres de adonde os pareciere ser más a propósito, a los cuales haréis todo buen tratamiento; y por medio de las dichas lenguas, o como mejor pudieres, hablaréis con los de la tierra, y tendréis pláticas y conversaciones con ellos, procurando entender las costumbres, cualidades y manera de vivir de ellos y de sus comarcanos, informándoos de la religión que tienen, ídolos que adoran; con qué sacrificios y manera de culto; si hay entre ellos alguna doctrina, o género de letras; cómo se rigen y gobiernan; si tienen reyes; si éstos son por elección o derecho de sangre, o si se gobiernan por repúblicas, por linajes; qué rentas, tributos dan y pagan, y de qué manera y a qué personas y qué cosas son las que ellos más precian; qué son las que hay en la tierra, y qué les traen de otras partes que ellos tengan en estimación si en la tierra hay metales y de qué cualidad; si hay especería, o alguna manera de drogas y cosas aromáticas, para lo cual lleváis algunos géneros de especias, así como pimienta y clavos, canela, jengibre, nuez moscada y otras cosas que lleváis por muestra para enseñarlo y preguntarles por ello. Así mismo os informaréis si hay algún género de piedras, o cosas preciosas de las que nuestra nación estima; y sabréis los animales domésticos y salvajes, y la calidad de las plantas y árboles cultivados e incultos que hubiere en la tierra, y de los aprovechamientos que de ellos tienen, y de las comidas y vituallas que hay y de las que fueren buenas os proveeréis para vuestro viaje, y no les tomaréis a los indios cosa alguna

6. Antonio Pigaffeta: "por un naipe con el rey de oros me dieron seis gallinas, y aún se imaginaban haberme engañado". Los europeos conocían bien lo desigual del trueque con los indígenas: baratijas a cambio de especias, piedras preciosas, carne, pescado, frutas... Isabel Riquer señala que la expedición de Magallanes y Pigaffeta llevaba, por ejemplo, 500 libras de cuentas de vidrio, 50 docenas de tijeras, 20.000 cascabeles o 900 espejos pequeños.

contra su voluntad, sino fuere por rescate, o dándolo ellos de amistad: y de tal manera os habéis de informar y tomar razón de lo susodicho y de las demás cosas y particularidades que pudieres, que no os detengáis, ni embaracéis en ello a la ida, porque el tiempo no se os pase, y el efecto a que sois enviado deje de conseguirse.

X. Llegado que seáis a la Mar del Norte, procuraréis juntaros con el otro navío, si por algún caso forzoso os hubieres apartado, para descubrir las bocas y entradas que tuviere el Estrecho por aquella parte y las comodidades que hallares para poblarlo y fortalecerlo, descubriendo las dichas bocas por vuestra persona y de los de vuestro navío, lo cual haréis con la misma diligencia y cuidado que se os manda hagáis a la entrada del dicho Estrecho. Y siendo tiempo de poder volver uno de los dos navíos, haréis que sea el que vos señalares por una de las bocas del Estrecho que no sea aquélla por donde desembocaste, sino por otra de las que se entiende hay en el dicho Estrecho, pues importaría poco descubrir la una, si a los corsarios les quedase otra, y vendrá por ella con las advertencias que en la ida se le manda que tenga, la cual sea la que os pareciere que es de más comodidad para poder volver al dicho navío a esta tierra y puerto en que estamos.

XI. Y en caso que no sea tiempo de volver, procuraréis que el dicho navío que eligieres, con los recados que lleváis para el gobernador y Cabildo del Río de la Plata, se vaya costeando hasta allá a invernar y aguardar tiempo, y le ordenaréis cuándo y cómo ha de salir, por cuál de las bocas ha de dar la vuelta a este reino, y que venga al puerto de esta ciudad a darme cuenta a mí, o al gobernador que fuere, y a esta Real Audiencia de todo lo que en la ida y vuelta hubiere visto y hubiere pasado, de los tiempos y vientos que hubiere tenido; y acá a los que vinieren se les hará merced y gratificación conforme a lo que Su Majestad manda, y a lo que es tan justo que se haga en jornada de tanto momento e importancia. Y con este navío enviaréis vos dos recaudos duplicados de todo lo que hubieres hecho, y os hubiere sucedido hasta allí: uno para que el gobernador o Cabildo del Río de la Plata me lo envíe a mí o a esta Real Audiencia por tierra por la vía de Tucumán, y otro que ha de llevar el dicho navío; pero porque en esto no pueda haber falta de cualquier manera que sucediere, vos de vuestro navío, y el dicho almirante del otro, o cualquier de vos en caso que os derrotares y no salieses juntos, o saliendo juntos, o en otra cualquier manera, habéis de enviar estos despachos con un soldado de los que lleváis para que por el Río de la Plata y provincia de Tucumán me venga a dar aviso de lo sucedido con el uno de ellos; y otro despacho que dará a la justicia del Río de la Plata cerrado y sellado para que así mismo me lo envíe: y demás de esto dejaréis otro despacho a la dicha justicia del Río de la Plata, para que en cualquier ocasión que se ofrezca desde allí se envíe a Su Majestad, de más del que vos habéis de llevar: de manera, que conforme a esto, para que no se detenga el navío que hubiere de ir con el aviso de Su Majestad, en cada navío se han de ir por el camino escribiendo cuatro relaciones y despachos por la forma susodicha: uno que ha de quedar en cada navío; otro que ha de quedar a la Justicia del Río de la Plata para enviar a Su Majestad; otro a la dicha Justicia para enviarme a mí por la vía de Tucumán; otro que ha de traer el soldado que acordares que venga con él: y para esto, si os pareciere que será de dilación, lo enviaréis con el bergantín* para que los dé y se traigan como dicho es, porque todo esto es de mucha importancia para los casos dudosos que suelen ofrecerse.

XII. Dado que hayáis esta orden al dicho navío que así eligieres, para la vuelta procuraréis vos cumplir y guardar lo siguiente: que es que prosigáis vuestro viaje y derrota para los reinos de España derecho al puerto de San Lúcar, o a otro de aquella costa, el que con más comodidad pudieres tomar.

XIII. Llegado que seáis a él o a otro, tomaréis las dichas informaciones, relaciones y descripciones que hubieres hecho en el viaje, así hasta desembocar el dicho Estrecho, como de la navegación que hubieres llevado en la dicha Mar del Norte, porque en todo el viaje de ella habéis de ir echando vuestros puntos, y mirando y anotando muy bien

---

* Pedro Sarmiento, como tan cuidadoso y experimentado en las cosas del mar, llevaba a su bordo todas las maderas, herrajes, jarcias y lo demás correspondiente para construir un bergantín en cualquier parte a donde la necesidad le obligase a ello; y éste es el bergantín de que habla esta instrucción.

las propias particularidades que en otro capítulo de esta Instrucción se contienen, y poniéndolas y asentándolas en el dicho libro y en carta, y leyéndolo cada día en público para que mejor se averigüe lo que pasare, y pueda constar de la verdad, y dar de ello fe el escribano, y firmarlo todos los que supieren escribir, según dicho es.

XIV. Y con la dicha relación y el despacho que lleváis mío para Su Majestad iréis ante su real persona y Consejo Supremo Real de las Indias a dar cuenta de la ejecución y cumplimiento de vuestras instrucciones, y a presentar las dichas informaciones, relaciones y descripciones autorizadas en la forma que dicha es, y a informar de palabra con testigos del hecho, para que Su Majestad mande y provea en todo lo que más fuere servido para la prevención y seguro de aquella entrada, antes que sea ocupada por los corsarios, que ya la saben: y de acá se le habrá dado a Su Majestad aviso de la enviada de estos navíos, y del efecto para que van, para que se espere la relación que llevares, y mejor se acierte a proveer en todo.

XV. Y para que mejor hayan lugar las diligencias que se os manda hacer y escribir, y conocimiento y descripción de la mar y tierra, iréis vos y el almirante, cada uno en su navío, y los pilotos, tomando las alturas así por el sol como por la estrella en todas las más partes que pudieres y os pareciere, comunicándolas y concordándolas entre todos cuando os juntares como cosa de tanta importancia a que vais.

XVI. Y si en la prosecución de vuestro viaje y navegación, ora sea en esta costa de la Mar del Sur, o en ella, o en alta mar, o en el Estrecho, o en la otra banda de la Mar del Norte topares algunos navíos de ingleses u otros corsarios, o hallares alguna población de ellos hecha en alguna de las dichas partes, o tuvieres noticia y aviso cierto que lo está en alguna isla, tomad en esto la mayor razón y claridad que posible sea, y del número de gente que es, y de los pertrechos y aderezos de guerra que tienen: y del tiempo que ha que allí llegaron y poblaron me daréis aviso en la forma que dicha es. Y vos haréis en cuanto a esto lo que el tiempo y las ocasiones os enseñaren, sin que ninguna sea parte para que ceséis en la prosecución de vuestro viaje, y se dejen de conseguir los fines y efectos para que sois enviado. Pero si encontrares o tuvieres noticia del navío en que va Francisco Drakez, corsario inglés, que ha entrado en esta mar y costa del sur, y hecho los daños y robos que sabéis, procuraréis de lo prender, matar, o desbaratar, peleando con él, aunque se arriesgue cualquier cosa a ello, pues lleváis bastante gente, munición y armas para poderlo rendir conforme a la gente y fuerza que él lleva, o puede llevar: y esto haréis con gran diligencia sin perder en ello ocasión, pues sabéis de cuanta importancia será para el servicio de Dios Nuestro Señor y de Su Majestad, y bien de estos reinos que este corsario sea preso y castigado; y Dios Nuestro Señor, en cuyo servicio se hace, os dará fuerza para ello, y prendiéndolo vos y vuestros oficiales y soldados seréis muy bien gratificados del robo mismo que llevan hecho, y se os harán otras mercedes; y así os lo prometo en nombre de Su Majestad Real. Y si otros navíos de otros corsarios, o compañeros de éste topares o tuvieres noticia de ellos, conforme a lo arriba dicho de las ocasiones que hubiere, acometeréis, o haréis lo que más conviniera, teniendo siempre esperanza de Dios Nuestro Señor, que os dará esfuerzo y fuerza contra sus enemigos: y esto os ponga más ánimo. Y esto se encomienda muy particular al dicho almirante, oficiales y gente de su navío para que así lo cumplan, y ayuden conforme a la orden que les dieres.

XVII. Y porque los tiempos tengo relación que en aquella costa del Estrecho suelen ser algunas veces contrarios, iréis advertidos que si por ellos, o por otra cualquiera ocasión que se ofrezca, la nao capitana se derrotare, o apartare de la almiranta, no por esto habéis de dejar de proseguir vuestro viaje, y el otro navío el mismo con el recato, cuidado y diligencia que de vuestro celo y buenas partes se confía: y haréis las informaciones que convinieren de los tiempos, ocasión y necesidad forzosa, o precisa, que hubo para que el dicho navío se quedase, ausentase, o derrotase, con la verdad y fidelidad que de vos se espera, para que por ellas en cualquier tiempo los culpados sean castigados con el rigor que tanto delito y exceso merecen, lo cual ni creemos, ni es justo se presuma de gente de nación española, tan obligada a mayores hechos.

XVIII. Mas en caso que os derrotares y no salieses más de un navío por el Estrecho, se os advierte que éste, dejando las dichas señales, que como dicho es, ha de ir a España a dar cuenta a Su Majestad y al dicho su Real Consejo de todo, pues de allá ha de venir el remedio y prevención para cerrar e impedir la dicha entrada a los corsarios, como dicho es.

XIX. Y en el dicho caso de haberos derrotado, como entrambos navíos vais a un fin, que es a descubrir el dicho Estrecho por la orden que dicha es, y a salir por él a la Mar del Norte; para saber y entender cual navío va adelante, y que yendo el uno a España no vaya el otro, pues ha de volver como dicho es aquí, acordaréis entre vos y los dichos pilotos y maestres de vuestro navío, y el almirante y pilotos y maestres del otro, qué señales ciertas habéis de ir dejando para que esto se entienda y conozca, dejando por escrito, si fuere posible, cuánto ha que pasasteis y lo que más conviniere, y lo que el que quedare atrás debe hacer: y éstas han de ir quedando en las más partes que pudieres para que por falta de esto no haya desorden en lo que conviniere hacerse.

Todo lo cual vos el dicho capitán y almirante, cada uno como es obligado, haréis y cumpliréis con la prudencia y buen cuidado que de vuestras personas se confía, y negocio tan enderezado al servicio de Dios Nuestro Señor y de Su Majestad requiere. Y para esto mando que se entregue a cada uno de vos un traslado de esta Instrucción firmada de mi mano, refrendada de Álvaro Ruiz de Navamuel, secretario de la Gobernación de estos reinos, y que se os lea por él a vos y a los oficiales de guerra y pilotos, para que todos entiendan lo que se ha de cumplir y guardar en la dicha jornada y descubrimiento. Y vos el dicho capitán y almirante guardaréis y cumpliréis esta dicha Instrucción, bajo pena de caer en mal caso y de las otras penas en que caen e incurren los que no guardan las instrucciones y orden que en nombre de su Majestad del Rey Nuestro Señor les son dadas. Fecha en la ciudad de los Reyes en nueve días del mes de octubre de mil y quinientos y setenta y nueve años. Don Francisco de Toledo. Por mandado de su Excelencia. Álvaro Ruiz de Navamuel.

Notificación y juramento

*E*n el puerto Callao de la ciudad de los Reyes de los reinos y provincias del Perú[7] en diez días del mes de octubre de mil quinientos setenta y nueve años, en presencia de los ilustres señores licenciado Recalde, oidor de la Real Audiencia y Cancillería, que reside en la dicha ciudad de los Reyes, y de don Francisco Manrique de Lara, Domingo de Garro y Pedro de Vega, oficiales reales de Su Majestad, que están en el dicho puerto para el despacho de los navíos de la Armada que Su Excelencia envía al estrecho de Magallanes: yo Álvaro Ruiz de Navamuel, secretario de Cámara de la dicha Real Audiencia y de la Gobernación de estos reinos, notifiqué esta Instrucción al capitán Pedro Sarmiento, capitán superior de la dicha Armada, y a Juan de Villalobos, almirante de ella, y a Hernando Lamero, piloto mayor, y a Hernán Alonso, y Antón Pablos, pilotos de la dicha Armada; y se la leí de verbo *ad verbum* como en ella se contiene. Y por mandado del dicho señor licenciado Recalde, los dichos capitán superior, almirante y pilotos juraron por Dios Nuestro Señor y por una señal de cruz, en forma de derecho, que con los dichos dos navíos de Armada que se les entrega para la dicha jornada y descubrimiento del dicho Estrecho en nombre de Su Majestad, servirán a Su Majestad en la dicha jornada y descubrimiento con toda fidelidad como sus

7. Lima.

buenos y leales vasallos y guardarán en la dicha jornada y descubrimiento esta Instrucción como son obligados y Su Excelencia lo manda; de lo cual doy fe. Álvaro Ruiz Navamuel.

Y luego incontinente ante los nombrados por mandado del virrey platicaron el capitán superior, almirante y pilotos la parte y lugar donde se habían de esperar e ir a buscar y hallar, si acaso por alguna ocasión o tiempo forzoso se apartasen el un navío del otro, y se acordó que en la boca del Estrecho en la parte de la Mar del Sur del poniente se fuesen a buscar y esperar: y porque ya era muy noche no se hizo más, ni nos pudimos embarcar, y también por faltar alguna gente que no había venido de la ciudad.

Otro día domingo once de octubre el capitán superior y oficiales y otros muchos confesaron y comulgaron, y luego el capitán superior y almirante hicieron pleito homenaje y solemnidad de fidelidad al servicio de V. M. en manos del factor don Francisco Manrique de Lara por ante el secretario Álvaro Ruiz de Navamuel: y tras esto luego el capitán mayor tomó la bandera y se embarcó con ella a las dos de la tarde de este dicho día, y tras él se embarcó toda la demás gente que habían de ir en su compañía esta jornada. Y para que el almirante, piloto mayor y gente de la almiranta supiesen lo que se había de hacer para ir en conserva y dónde nos hallaríamos si nos apartásemos, y para otras cosas, le dio la orden e instrucción siguiente.

ORDEN DEL CAPITÁN SUPERIOR PEDRO SARMIENTO PARA EL ALMIRANTE JUAN DE VILLALOBOS Y GENTE DE LA NAO ALMIRANTA

*E*l capitán Pedro Sarmento, capitán superior de la Armada de Su Majestad para el descubrimiento del estrecho de Magallanes, digo que porque una de las cosas que el excelentísimo señor don Francisco de Toledo, virrey, gobernador y capitán general de estos reinos y provincias del Perú, encarga en su Instrucción a mí y al almirante de la dicha Armada es que vamos juntos y en conserva, y que la nao almiranta haga su farol sin apartarse, ni derrotar, por lo mucho que importa al servicio de Dios nuestro señor y de Su Majestad, así para el dicho descubrimiento y buen efecto de la dicha jornada, como para que si Dios nuestro señor fuere servido de que topásemos con esta dicha armada con el capitán Francisco, inglés corsario, mediante su ayuda y favor, le podamos acometer y rendir: y en la junta que por mandado de Su Excelencia se hizo ante los ilustres señores licenciado Recalde, oidor de la Real Audiencia de la ciudad de los Reyes, y oficiales reales de Su Majestad por mí y por los pilotos de la dicha Armada, se acordó y determinó que si acaso por fortuna o tiempo forzoso nos derrotásemos el un navío del otro, lo cual se ha de procurar por todos los medios posibles que no suceda, nos aguardásemos el un navío al otro quince días en la boca del Estrecho, y todos vamos haciendo viaje para la dicha boca. Por tanto, para se cumpla lo susodicho, ordeno, mando y encargo al capitán, almirante de la dicha Armada, que va en la dicha nao almiranta, llamada *San Francisco*, y a Hernando Lamero, piloto de la dicha nao, y mayor de la dicha Armada, que si acaso por alguna tormenta, o tiempo forzoso se apartare, o derrotare de la conserva de la capitana donde yo voy, siga su viaje y derrota la vuelta de la boca del dicho estrecho de Magallanes; y por el camino donde Dios le llevare vaya haciendo y cumpliendo lo que Su Excelencia manda por su Instrucción. Y llegados que sean a la boca del dicho Estrecho, que cae en esta Mar del Sur, esperen y aguarden surtos en la dicha boca, a mí y a la dicha nao capitana los dichos quince días, teniendo vigilancia con señales y otras diligencias de salir de día a reconocer el golfo y el Estrecho con el batel para descubrirme, a causa que podría ser que por estar surta la dicha almiranta, la nao capitana no la pudiese ver, estando de mar en fuera, porque la misma orden tendré yo, llegando primero al dicho Estrecho y boca de él.[8] Y si acaso dentro de los quince días no llegare el navío que hubiere quedado atrás, pasados los dichos quince días, dejen señales en árboles haciendo cruces grandes, y plantando otras en peñascos: y en los canales y Estrecho por donde se pueda creer que ha de pasar cualquiera de los dos navíos, echen boyas de palos livianos con potalas,[9] y en ellas algunas cruces clavadas, y cartas escritas de todo lo sucedido hasta allí y de lo que piensa hacer adelante; derrota y camino que determina llevar conforme a la Instrucción de Su Excelencia, y avisos de lo que hubiere reconocido y sabido, para que la gente del un navío se aproveche del aviso de la gente del otro.

I. Ítem, encargo al dicho almirante Juan de Villalobos que para que entre la gente que va en el dicho navío almiranta haya toda buena disciplina militar y cristiana, trabaje y

---

8. En resumen: la almiranta y la capitana debían navegar juntas y colaborar entre sí, salvo que la climatología las separase. En ese caso, la nave que llegara primero al Estrecho debía esperar a la otra quince días a la entrada. Una hipotética separación no eximía a Villalobos y Gamboa de cumplir al pie de la letra la Instrucción del virrey.
9. *Potala*: piedra empleada a modo de ancla para fondear botes y embarcaciones menores.

procure con todas sus fuerzas de excusar y prohibir los juramentos y blasfemias con que Dios nuestro señor tanto se ofende, y se hagan oraciones a la mañana y tarde, suplicando a Nuestro Señor nos guíe y dé buen suceso en negocio tan enderezado a su servicio.

II. Ítem, prohibirá los juegos, especialmente de armas y vestidos, advirtiendo a todos que el que ganare vestidos o armas no gana cosa que haya de llevar, porque de aquí se seguiría quedar desnudos y desarmados los soldados, por donde no podrían substar* el trabajo, y vendrían en gran deshonor y oprobio y peligro de la vida por los fríos y otras necesidades.

III. Ítem, que se eviten pendencias y disensiones entre la gente de la dicha almiranta, porque se conserven como amigos y de una nación en concordia. Y si acaso [sucediese lo contrario], lo que Dios no quiera, procure con brevedad y sumariamente castigarlas por la ley de la milicia como el caso lo requiere, sin demandas, ni respuestas de procesos, mas de aquello que baste para averiguación y testimonio. Y si acaso fuere menester castigo presencial, antes lo castigue con la espada que con palabras pesadas, porque de esto se siguen muchos bienes y enmiendas, y quedan los hombres menos agraviados.

IV. Ítem, todas las noches antes que anochezca, por la tarde, o a la mañana, cuando fuere posible juntarse, arribe y venga la almiranta a juntarse a la capitana, y lo mismo hará la capitana cuando conviniere para pedir el nombre del santo que han de tener en memoria para aquella noche para nuestro conocimiento.

V. Ítem, sigan siempre el farol de noche, y la bandera de la capitana de día. Y si acaso conviniere que la capitana en que yo voy, mude derrota u otro camino del que hasta allí ha llevado, tendrá aviso que se le harán dos faroles hacia aquella parte donde se mudare el camino, meneándolos para que mejor se conozcan y sigan el dicho camino.

---

* Substar: sostener, sufrir, aguantar. Parece voz tomada del latín *substare*. No tiene uso en castellano, y puede recelarse que el escribano Esquível pusiese por equivocación "substar", en lugar de "substentar", o "sustentar".

VI. Ítem, si se viere en alguna necesidad que haya menester socorro tirará una pieza,[10] y si fuere necesidad de socorro de personas tirará dos, porque lo mismo tendrá entendido que haré yo en mi navío para que él me socorra si lo hubiere menester.

VII. Todo lo cual encargo y mando al dicho almirante haga y cumpla conforme a la Instrucción de Su Excelencia, y como se confía de su persona, bajo las penas en que caen los que hacen lo contrario. Fecha en el puerto Callao de la ciudad de los Reyes en once días del mes de octubre de mil y quinientos y setenta y nueve años. =Pedro Sarmiento. =Ante mí Juan de Esquível, escribano real. =La gente de la Armada.

Embarcáronse en la nao capitana el capitán superior y general de la Armada Pedro Sarmiento, el padre Fray Antonio Guadramiro, de la orden del bienaventurado San Francisco, vicario de esta Armada y predicador, persona venerable, que también había ido en la jornada pasada a Panamá con el mismo cargo, sirviendo a V. M.; el alférez Juan Gutiérrez de Guevara, Antón Pablos, piloto de esta nao capitana; y Hernando Alonso, piloto asimismo de la dicha nao; Juan de Sagasti, tenedor de bastimentos; Juan de Esquível, escribano real; Pedro de Hojeda, contramaestre. Estos se nombran por ser oficiales, los cuales con los demás soldados y marineros eran por todos cincuenta y cuatro los de la capitana. En la almiranta se embarcaron el almirante Juan de Villalobos; el padre Fray Cristóbal de Mérida, de la orden dicha; Hernando Lamero, piloto mayor y de la almiranta; Pascual Xuárez, sargento mayor; Francisco de Trexo, escribano; Guillermo, contramaestre: con los cuales y los demás soldados y marineros son cincuenta y cuatro, pocos más o menos, y por todos son ciento y ocho los de ambas naos, y algunos más de servicio.

Llevaba cada navío dos piezas de artillería medianas y cuarenta arcabuces entre ambos navíos, y pólvora, plomo, mecha, picas, morriones[11] de cuero, algodón y mantas

---

10. Una pieza es un cañón de pequeño calibre; por tanto, se refiere a disparar un cañonazo.
11. *Morrión*: casco ligero usado por los soldados.

para escaupiles que son unos petos estofados que se hacen para armaduras del cuerpo, todo esto de la Casa de Munición de V. M.

Con este aviamiento y despacho este dicho día 11 de octubre de 1579 a las cuatro de la tarde, en el nombre de la Santísima Trinidad Padre e Hijo y Espíritu Santo, tres personas y un solo Dios verdadero, nos hicimos a la vela y partimos del puerto de Callao de Lima que está en 12 grados y un cuarto; y esta misma noche fuimos a surgir a la isla del Puerto que está dos leguas al oeste del Callao. Surgimos aquí por necesidad de acabar de poner segura y en andanza la capitana que iba celosa porque hubo descuido en lastrarla y no sustentaba velas. Esta noche no durmió la gente porque todos anduvieron trabajando, unos trayendo lastre de la isla, otros acabando de aparejar y enjarciar la nao, que no se había podido acabar en el puerto: y lunes por la mañana 12 del mes nos levamos de esta isla con un vahaje de norte bonancible, con que comenzamos a navegar a vuelta del sur, y desembocamos por entre la isla y el puntal del puerto a popa, que muy pocas veces se ha visto; y empezando a salir a la mar, vino la virazón y amuramos la vuelta de tierra, y fuimos de esta vuelta tras un morro que llaman de Solar en el Valle de Surco, dos leguas de la isla, y tres del Callao.

Martes siguiente 13 de octubre, comenzando a salir a la mar luego sentimos que iba abierta la proa de la capitana por muchas partes, y por calafatear algunas costuras;[12] que con la prisa que hubo en el despacho no les bastó la diligencia a los sobrestantes[13] a verlo todo. Con esta falta, cuando la nao arfaba entraban muy grandes golpes de agua por la proa, que llegaba algunas veces hasta el mástil mayor el agua hasta la rodilla, de lo cual la gente se comenzó a afligir mucho; y la gente de mar iba fatigada en dar continuo a la bomba, y en acabar las velas y otros aparejos, y zafar el navío: y el peligro de la proa era de suerte que no se podía hacer fuerza de vela sin abrir el navío del todo, porque las

12. *Costura*: rendija que media entre dos tablones y que se rellena de estopa.
13. *Sobrestantes*: los supervisores del estado del barco antes de zarpar.

mares jugaban, y el corbatón de la gorja iba abierto y desempernado, y desclavada toda proa y espolón: y por no volver a Lima trabajaron mucho por ir al puerto de Pisco, treinta y tantas leguas de Lima, a adobar;[14] y así con la ayuda de Dios entramos en Pisco sábado 17 de octubre, y luego se repartió la gente, unos a tierra a acabar las velas, otros a la jarcia, y los carpinteros y calafates a reparar y fortalecer la proa, la cual del todo se fortificó bien, conforme al lugar. Tomáronse aquí cuatro hombres de la mar: dióseles a tres pagas a cada uno, conforme en Lima se había pagado a los demás; y el uno era calafate, y se le pagó con la ventaja de soldada y media, que son 37 pesos y medio ensayados cada mes. Envióse a Parraca, dos leguas de allí, por una batelada de sal:[15] tomáronse en este puerto algunas cosas de que veníamos faltos para los navíos, y para mantenimientos. Muchas de ellas pagó Pedro Sarmiento y otras se obligó por ellas; y a petición de la gente de mar y oficiales se tomaron y compraron doscientas botijas de vino de la tierra, que costaron a cuatro pesos y medio, que montaron novecientos pesos corrientes. Estas se repartieron por mitad, las ciento a la capitana y las ciento a la almiranta, y en cada nao se repartieron por cabezas, partes iguales: y todos juntos y cada uno por su parte se obligaron de pagarlo, y dieron libranzas a los dueños para que en Lima lo cobrasen de sus salarios: y habiéndonos aparejado y reparado, con nueva alegría nos hicimos a la vela miércoles 21 de octubre a la una después de mediodía; y todo este día anduvimos barloventeando por esta ensenada, que es grande, sin tener viento para poder salir.

El jueves todo el día tuvimos calma, y anochecimos sobre la isla de Sangallan cerca de ella, que está en catorce grados al sur, y de allí a dos horas después de anochecido

---

14. La premura por zarpar de Callao impidió que las naves tuvieran una óptima puesta a punto. Al poco de partir, la capitana tiene problemas de estabilidad, la parte delantera del casco se abre y entra agua. Gamboa fondea en Pisco para reparar la nao.
15. Un batel es un bote. Una "batelada de sal" ha de ser entonces un bote lleno de sal.

comenzó el viento sur sudeste y fuimos la vuelta de la mar al sudoeste toda la noche, y hasta el viernes a mediodía que anduvimos 12 leguas por el arbitrio.

Desde el viernes a mediodía 23 de octubre el oeste sudoeste hasta la noche, seis leguas. Este día se repartieron las armas de munición, y toda la noche siguiente navegamos al sudoeste, guiñando sobre la cuarta del sur, ocho leguas por fantasía.

El sábado, al sudoeste cuarta al oeste, 4 leguas, y al sudoeste 6 leguas por arbitrio hasta la noche. Este día mandó Pedro Sarmiento al almirante Juan de Villalobos que no pasase delante de la capitana, sino que siguiese el farol de noche y la bandera de día, bajo ciertas penas, porque así convino al servicio de Su Majestad, porque claro comenzaba ya a mostrarse quererse apartar de la conserva[16] de la capitana contra las instrucciones del virrey y del capitán mayor.

La noche siguiente hasta domingo de mañana con viento fresco al sudoeste cuarta al sur y al sur sudoeste, diez leguas por arbitrio. El domingo a mediodía a 25 de octubre tomé el altura[17] en dieciséis grados y cincuenta y cinco minutos al sur, 60 leguas de Pisco este oeste: con Ocoña 70 leguas.

Desde el domingo a mediodía hasta prima noche, al sudoeste 6 leguas, y hasta las ocho de la mañana del lunes 26 del mes, al sur sudoeste diez leguas. A esta hora escaseó el viento, y fuimos con sur sudeste la vuelta del sudoeste, y luego a la cuarta del oeste, y luego a largo, y fuimos al sudoeste franco. Este lunes a mediodía, tomé la altura en diecisiete grados y cincuenta y cinco minutos, ochenta y siete leguas de Pisco este oeste: con Tambo 107 leguas al oeste. Este día abrió claro, porque desde la conjunción había hecho tiempo muy oscuro y cerrado. Hace por aquí en este tiempo muy templado con más parte de calor que de frío.

16. *Conserva*: compañía que se hacen varias embarcaciones navegando juntas para ayudarse o defenderse.
17. Uso habitual de la época. El capítulo que dedicaba Diego García de Palacio (1587) a estos menesteres, por ejemplo, se llamaba "Demostración del astrolabio para tomar el altura del Sol, y de su uso".

Desde este paraje comienzan los vientos sudestes una cuarta más larga y más escasa con mar bonanza y cielo claro.

Desde lunes hasta martes a mediodía 27 de octubre con sudeste y sur sudeste bonancible, entrando y saliendo la vuelta del sudoeste y del sur sudoeste. Echéle el camino del sudoeste, porque este día arribamos sobre la almiranta. Anduvimos 15 leguas. Este día a las ocho de la mañana nos dio el primer aguacerito del sur sudeste, que nos dejó viento fresco en la vela y con él fuimos al sudoeste; y pasado el aguacerillo volvió el viento al sudeste bonancible que nos dejaba ir al sur sudoeste. Los aguacerillos no llueven más que un rocío poco y muy menudo, y traen viento fresco. Hace por este clima más calor que frío; mas muy buen temple; cielo, mar y viento apacible. Tomóse este día la altura: Pedro Sarmiento en 19 grados 22 minutos, y Antón Pablos en 19 grados y 50 minutos; Hernando Alonso en 19 grados y 5 minutos, de manera que por el sudoeste cuarta al sur anduvimos desde el lunes hasta martes a mediodía 28 leguas. Iban las aguas al viento en nuestro favor al sur: halléme este día este oeste con el río de Juan Diaz[18] ciento cuarenta leguas. Abre por esta región el cielo de las diez del día adelante. Por esta mar vimos poco pescado, y vimos algunos pájaros bobos blancos. Este día pedí el punto al piloto de la almiranta, y dijo que no había tomado el sol, habiendo hecho tiempo para ello: reprendióle Pedro Sarmiento su descuido, y mandóle que no dejase de tomar el sol todos los días que hiciese claros para ello.

Desde martes hasta miércoles a mediodía 28 de octubre, al sudoeste cuarta al sur 30 leguas. Tomamos este día la altura en 21 grados largos: reconocimos por el camino ir los aguajes al sudoeste en nuestro favor. Este día hicimos particularmente gracias a Nuestro Señor Dios por el buen tiempo que nos daba, e hicimos cierta limosna para la Casa de Nuestra Señora de la Rábida de España. Todos los días de fiestas el padre vicario hacía sermón que nos consolaba

---

18. Río de la Plata, estuario descubierto en 1516 por Juan Díaz de Solís.

mucho con su buena doctrina. Hallámonos este día al este oeste con el río de Pisagua 160 leguas: de Pisco 154; de Lima 168 noreste sudoeste: toma de la cuarta de norte sur.

Desde miércoles hasta jueves 29 de octubre con sur sudeste y sudeste cuarta al sur fresco fuimos al sudoeste, y al sudoeste cuarta al sur, y al sur sudoeste largo y escaso: que cotejado lo uno con lo otro sale el camino al sudoeste cuarta al sur 30 leguas por fantasía.

Desde jueves a mediodía hasta la noche, seis horas al sudoeste cuarta al sur: la resta de la noche cargó mucho el viento, que nos hizo tomar las velas de gavias. y con las maestras a medio árbol al mismo rumbo y al sur cuarta al sudoeste y al sur sudoeste, doce leguas: y por la mañana viernes cargó el viento más y nos hizo sacar la boneta del trinquete, y fuimos al sudoeste hasta el viernes a mediodía 30 del mes diez leguas por arbitrio.

Desde viernes hasta sábado a mediodía 31 de octubre, al sudoeste, cuarta al sur y al sur sudoeste 20 leguas.

Desde el sábado hasta el domingo a mediodía primero de noviembre, la mitad al sudoeste cuarta al sur, y la otra mitad al sur sudoeste 30 leguas. Este día tomé la altura en 26 grados y un tercio largo, y sumando lo que anduvimos desde 28 de octubre, estando en 21 grados, hasta este punto, son ciento catorce leguas y dos tercios de legua. Va de diferencia de este camino, que es el vero al del arbitrio, cinco leguas y un tercio que había hurtado la fantasía a la altura. Hallámonos este día al este oeste con Copayapo ciento y ochenta leguas; y halléme apartado del meridiano de Lima al oeste ciento cincuenta leguas, estando con Lima doscientas ochenta y cinco leguas noreste sudoeste cuarta de norte sur. Pasamos por el oeste 18 leguas de las islas Desventuradas, que están en 25 grados y un tercio, las cuales año de 1574, Juan Fernández, piloto, yendo a Chile acaso las descubrió segunda vez, que desde que Magallanes las descubrió año de 1530 no se habían visto más; y se llaman ahora San Félix y San Ambón. Son pequeñas, tres cuerpos de tierra, despobladas, sin agua. Tienen mucha pajarería y lobos marinos, y mucha pesquería. No se fíen los navegantes en este paraje de los relojes hechos en España y Francia y Flandes y partes de más altura para fijar el sol con el astrolabio ordinario; ni tampoco por la aguja de marear, porque cuando lo marcares al norte pensarás que es mediodía y habrá ya pasado más de una cuarta. Por tanto, téngase aviso que cuando se tomare el sol se espere con el astrolabio en mano hasta que le vean subir por la pínula baja, que es bajar por la parte de arriba: y éste es el más perfecto y preciso reloj para todas partes para el meridiano de la altura. La causa es que las agujas de marear tienen trocados los aceros casi una cuarta del punto de la flor de lis, teniendo respecto los que las hacen al nordestear y noroestear, y quieren que una regla valga para todo el mundo, como ya que fuese así cierto, como algunos lo enseñan, es más y menos; y en el meridiano del cuervo dicen que no nordestea, ni noroestea; pero la verdad es ser tal regla falsa por la experiencia que yo he hecho en muchas, varias y muy diferentes partes del mundo, orientales, occidentales, septentrionales y meridionales, en más de ciento ochenta grados de longitud, y más de ciento cincuenta de latitud, habiendo pasado por diferentes partes la equinoccial[19] muchas veces: y los relojes que no son hechos generales, sólo son precisos para aquella altura para donde se hacen, o para poca más o menos, aunque algunos piensan que al mediodía todos los relojes sirven bien: lo uno y lo otro es error notabilísimo y dañoso, que conviniera haber advertido y enmendado; pero si las agujas ahora se enmendasen, sería nuevo yerro mayor que el primero, porque ya las tierras están arrumbadas por estas agujas de aceros cambiados: y así para ir en busca de las costas hase de usar de estas agujas necesariamente, bajo pena que si se van a buscar con agujas buenas y precisas, no las hallarán, o se ha de volver a arrumbar la tierra toda de nuevo, por lo cual se sufre y va con este yerro de indescripción por evitar otro mayor hasta que haya quien lo mande hacer de intento.

Del domingo al lunes a mediodía dos de noviembre, al sur sudoeste cuarenta y dos leguas. Tomamos este día el sol yo y Antón Pablos y Hernando Alonso en 28 grados y 37

19. El Ecuador.

minutos al este oeste: con el Guasco 178 leguas, y de Lima 325 leguas noreste sudoeste cuarta del norte sur, algo sobre la media partida.[20]

Desde el lunes al martes a mediodía 3 de noviembre, al sudoeste 26 leguas. Tomé el sol en 29 grados y dos tercios largos al este oeste: con el río de Coquimbo 190 leguas, y de Lima 355 norte sur cuarta de noreste sudoeste, tomando de la media partida.

Desde martes a miércoles a mediodía 4 de noviembre, al sudoeste y al sur sudoeste por mitad, 24 leguas. Este martes fue la capitana arribando, escotas largas, sobre la almiranta, y lo mismo hizo el miércoles, porque la almiranta iba delante y muy descayendo a sotavento, sin querer aguardar poco ni mucho como le estaba mandado. En fin la alcanzamos, y sospechóse que iba huyendo y apartándose; pero entonces no convenía rigor: y en alcanzándola Pedro Sarmiento pidió el punto al piloto mayor, y respondió que el día antes, que fue martes, había tomado en 29 grados y cuarta. Este día comenzó a ventar noreste, y fuimos bolinas largas al sur sudeste. Este día platicó el capitán mayor con los pilotos sobre la derrota que tomarían, pues ya ventaban vientos largos. Lamero, de la almiranta, dijo que al sur, porque se multiplicaba más brevemente altura, no mirando que por allí no se tomara tierra en setenta grados. Pedro Sarmiento, Antón Pablos y Hernando Alonso se concordaron en que se fuese por el sur sudeste, porque aun por aquí con dificultad se reconocería tierra de 45 a 50 grados, a buen decir la navegación: y yendo por el sur era perder el verano y las vidas, y no hacer aquello a que éramos enviados; y así esa noche siguiente se caminó por el sur cuarta al sudeste hasta jueves a mediodía: y por haber ido el mediodía de antes al sur sudoeste, le eché el camino del sur. Tomé este día altura en 33 grados y once minutos, que desde martes a mediodía hasta este punto son sesenta y dos leguas largas, 410 leguas de Lima nornoreste sur sudoeste entre la

20. *Media partida*: el primero y el sexto rumbos de cada cuadrante de la rosa de los vientos.

cuarta de norte-sur. Este día hizo bonanza, y con poco viento y día claro fuimos al sur cuarta al sudoeste. Tomamos este día la altura en treinta y tres grados y un tercio.

Del jueves al viernes al sur, guiñando sobre la cuarta del sudeste. Tomamos este día la altura en 33 grados 42 minutos. Este día anduvimos poco, porque hubo calmas. Antón Pablos tomó en 33 y 54; Hernando Alonso en 33 y 40 leguas diez este oeste: con el río de Mayapo 170 leguas, y de Lima 418 leguas, y del meridiano de Lima 140. El día de antes y éste hizo calor más que la ordinaria, y calmas: y por esto caminamos poco.

Del viernes al sábado 7 de noviembre, al sur, catorce leguas. Tomé este día la altura en 34 grados y medio largo este oeste: con Cobas 150 leguas, y de Lima 440 leguas por el rumbo dicho (digo por donde navegamos); pero tomado por el noreste sudoeste, como a este punto nos demoraba la isla de Lima, estábamos de ella 420 leguas. Estos días hizo calmas y gran calor hasta mediodía: y el sábado algo antes de mediodía comenzó a ventar noreste, e íbamos navegando a popa.

Desde el sábado a domingo 8 de noviembre a mediodía, las diez y ocho horas, al sur cuarta al sudeste 25 leguas, y las 6 horas, al sur sudeste 6 leguas por arbitrio. Este día no se tomó el sol. Este día a las siete de la mañana calmó el noreste, y del sudoeste vinieron aguaceros, que duraron más de dos horas, y trajeron viento que nos hizo ir al sur sudeste y al este sudeste; y escaseó hasta el este hasta mediodía, largando y escaseando; y de mediodía arriba calmó este viento, y venteó este y este sudeste. Amuramos de la siniestra, y caminamos al sur cuarta al sudeste: y de allí a una hora venteó noreste, y caminamos a popa al sur cuarta al sudeste. Este día hubimos habla con la almiranta: y el piloto mayor Hernando Lamero dijo que gobernásemos al sur; y Pedro Sarmiento le respondió, que pues no querían enmendar su determinación, que era ir a tierra de demasiada altura para lo que veníamos a hacer, que la capitana haría lo que fuese servicio de Dios Nuestro Señor y de Su Majestad, y que él con la almiranta no pasase delante, sino que siguiese la bandera de la capitana de día y el farol de noche: y volviendo a replicar Lamero, dijo que fuésemos a tierra no descubierta; y

Pedro Sarmiento le dijo que él no venía sino a hacer lo que el virrey en nombre de S. M. le mandaba, que era descubrir el estrecho de Magallanes y a aprovechar el tiempo todo lo que fuese posible por no perder el tiempo del verano; y que si pasaban a más altura que la boca del Estrecho está, habíamos de tener nortes que no nos dejarían bajar al Estrecho hasta que venteasen los sures, que es por fines de abril, y entonces ya sería invierno cerrado, y era perdido este año, cuando por buena ventura escapásemos, además de andar el camino dos veces, y ponernos a peligro de que entretanto viniesen más corsarios y poblasen el Estrecho, y nosotros no pudiésemos pasar por él a dar aviso a Su Majestad a España, ni volver al Perú a darle al virrey; que eran muchos daños e inconvenientes dañosísimos y muy perniciosos, y que pues esto era tan evidente que por el sudeste o sur sudeste quería descubrir tierra de la banda del norte del Estrecho en paraje conveniente donde nos aprovechásemos de los nortes cuando otros vientos no hubiese, y que ésta era mi determinación y parecer y de los demás pilotos de la capitana, Hernando Alonso y Antón Pablos, piloto experto y de mucho crédito en estas navegaciones de mucha altura, especial en la de Chile. Y perseverando Hernando Lamero en su despropósito, el capitán le mandó que siguiese la capitana de día y de noche, bajo pena de privación de oficio, y que enviaría a la almiranta quien la marease, y al almirante le mandó, que bajo pena de la vida no se apartase de la capitana de día ni de noche: lo cual fue causa para que por entonces no se apartase, aunque lo llevaba determinado de hacerlo aquella noche, según me dijo el padre vicario Fray Antonio Guadramiro que le había dicho Fray Cristóbal de Mérida, su compañero y súbdito, que iba en la almiranta, que aquella noche siguiente se apartaría la almiranta, sino les pusiera la pena que les puso Pedro Sarmiento, que así lo habían platicado el almirante, piloto y otros de aquel navío almiranta.

Desde el domingo hasta el lunes a mediodía 9 de noviembre con viento norte, noreste y nornoreste navegamos la vuelta del sur cuarta al sudeste. Tomé la altura en 37 grados, 56 minutos, que suman, desde el sábado que se tomó la altura, 58 leguas este oeste: con el puerto del Carnero 100 leguas, y de Lima 500 leguas noreste sur sudoeste. Hernando Alonso tomó en 38 menos un cuarto.

Desde el lunes al martes a mediodía 10 del mes, al sur cuarta al sudeste; y el martes al amanecer cargó tanto norte, que nos hizo tomar la mesana y velas de gavia; y sacar las bonetas, e íbamos con los papahígos bajos a medios árboles; y con ir a popa entraban muchos y grandes golpes de agua en la capitana, que si no fuera por el puente corríamos gran riesgo de anegarnos, porque además de la mucha mar, penejaba tanto que cada vez bebía agua por los bordos por ser de muchos delgados. Anduvimos 30 leguas por fantasía: llovió tanto, que los marineros se mudaron dos o tres veces la ropa. Todo este día y la noche antes toda, la almiranta fue delante sin hacer lo que le era mandado, ni hacer lo que el virrey le mandaba, aunque se le hizo farol y otras señas de noche y de día; pero en alcanzándole, disimulóse con él, porque convenía al servicio de Su Majestad que se hiciese su hacienda, y no la particular presunción.

Del martes al miércoles a mediodía 11 de noviembre, al sur cuarta al sudeste, corrimos tormenta de norte, que nos hizo ir sin velas de gavias y sin bonetas, y los papahígos amainados de medio árbol abajo; y porque la nao daba tan grandes balanceos que se anegaba por la proa y por los lados, se quitaron los masteleros de gavia, y al sacar se nos quebró el de la capitana, el de proa. Anduvimos desde el lunes a mediodía hasta miércoles a mediodía 82 leguas. Tomé la altura por tres astrolabios con 42 grados largos y medio; Antón Pablos lo mismo, y Hernando Alonso 43 escasos. Hallámonos este día 573 leguas de Lima este oeste: con la tierra que está entre Osorno y Chiloé 70 leguas.

Desde miércoles a mediodía hasta la noche cargó mucho el norte, saltando al noroeste y oeste noroeste; y fue tanta la furia, que nos hizo tomar de todo el papahígo mayor, y hacer cinturas a los mástiles, y jaretas falsas a la jarcia. Íbamos corriendo a popa con los papahígos de trinquete bajo sobre cubierta cuanto gobernasen los navíos para huir de la tormenta de mar y viento. Estas seis horas hasta la noche fuimos al sudeste 8 leguas; y toda esa noche al sudeste cuarta al sur 12 leguas: y desde jueves por la mañana saltó el viento al sudoeste, y fuimos al sudeste ocho leguas. Este día por la mañana metimos el mastelero mayor, y dimos el papahígo mayor y mesana, la cual sacamos a las dos del día, porque el navío trasorceaba; de manera que desde miércoles hasta jueves a mediodía por los rumbos dichos anduvimos por fantasía 30 leguas.

Desde jueves a mediodía con sudoeste y sur sudoeste fuimos al sudeste y sur sudeste seis horas seis leguas; y toda la noche al sur cuarta al sudeste 14 leguas, y hasta viernes a mediodía 13 de este mes al sur cuarta al sur sudeste, ocho leguas. Este día nos dio otra tormenta grande de mucha mar y viento oeste y oste sudoeste con mucho frío: corrimos al sur cuarta al sudeste con los papahígos amainados sobre la cubierta con medias tiestas, haciendo fuerza de velas bolinas jaladas, porque nos hallábamos cerca de tierra; y dábamosle resguardo.

Desde viernes al sábado 14 de noviembre, 25 leguas; las seis al sudeste, y las doce al sur sudeste y al sur cuarta al sudeste por fantasía. En este paraje hizo mucho frío, y las gotas de agua que caen vienen redondas y corpulentas como granizo frigidísimo. Esta noche abonanzó algo el viento. Sea aviso que por aquí, en dejando el norte, acude luego a la travesía, que es el oeste, con mucha furia, y mete mucha mar; y de allí salta al sudoeste con muchos aguaceros menudos, y de noche abonanza, y de día ventea con mucho rigor y frío. Estos tres días no vimos el sol a tiempo que se pudiese tomar. Por la fantasía debimos estar hoy en 46 grados largos.

Desde sábado al domingo 15 de este mes al sudeste, seis leguas; y toda la noche al sur, 15 leguas; y hasta mediodía al sur, ocho leguas por fantasía. Mas porque tomé a mediodía el sol en 48 grados largos, digo que desde miércoles once de este mes hasta hoy anduvimos por altura ciento y quince leguas este oeste: con el puerto de Nuestra Señora del Valle[*] leguas y de Lima 690 leguas.

Del domingo al lunes 16 de noviembre tuvimos tanto tiempo del sudoeste y oeste sudoeste, que nos hizo ir casi sin

---

[*] En el original hay un claro, que es el lugar que debía ocupar el número de las leguas.

velas; y de noche, porque nos hacíamos con tierra, no llevábamos más de dos brazas izadas de los papahígos. Fuimos al sudeste y al sur 15 leguas.

Del lunes al martes 17 de noviembre cargó el oeste y sudoeste, que nos hizo ir con pocas velas; y a la noche, porque el general se hacía ya con tierra con parecer de los pilotos de la capitana, advirtió al piloto de la almiranta, que fuese al sur sudeste con solos los papahígos de los trinquetes, y de media noche abajo fuésemos al sudeste, y así se hizo. Y en amaneciendo el martes 17 del dicho mes del año de 1579 en el nombre de la Santísima Trinidad vimos tierra alta que nos demoraba el este sudeste como diez leguas, y fuimos derechos a ella para reconocerla y marcarla; y a mediodía cerca de tierra tomamos la altura en cuarenta y nueve grados y medio, y Hernando Alonso en 49, 9 minutos: y acercándonos a tierra, descubrimos una gran bahía y ensenada que entraba mucho la tierra adentro hasta unas cordilleras nevadas;[21] y a la banda del sur tenía una tierra alta amogotada con un monte de tres puntas, por lo cual Pedro Sarmiento nombró a esta bahía golfo de la Santísima Trinidad.

*La tierra alta del monte de tres puntas, que por eso fue nombrado cabo de Tres Puntas, o montes. Esta tierra es pelada, y a la mar tierra baja y de mucha reventazón y bajos sobre agua; y en lo alto tiene muchas manchas blancas, pardas y negras. Al norte de este cabo de Tres Puntas, seis leguas, está la tierra de la otra banda de la boca de este golfo, que es un morro alto gordo, y cae luego a lo llano la tierra adentro al norte con muchos isleos a la mar. Esta tierra gorda parece isla de mar en fuera: llamóse cabo Primero. Hace esta seña cuando demora al noreste.**

La tierra del sur, que es el cabo de Tres Puntas, sobre la mar hace un pico como vernal, de esta manera.*** La boca y entrada de esta bahía y golfo de la Santísima Trinidad tiene

21. ¿Las Torres del Paine? (Están en los 51" 10' latitud sur.)
* Aquí faltan algunas palabras para que la oración que empieza "La tierra alta..." haga sentido perfecto.
** Véase en las láminas la figura número 1 (página 197).
*** Véase en las láminas la figura número 2 (página 197).

seis leguas desde el cabo Primero al cabo de Tres Puntas; y corre la costa de la mar brava norte sur cuarta de noreste sudoeste lo que pudimos determinar con la vista: y el canal de este golfo de la Santísima [Trinidad] corre noroeste sudeste, lo que a prima faz alcanzamos a determinar. Cabo Primero con cabo de Tres Puntas demoran el uno por el otro norte sur, y toma algo de la cuarta de noreste sudoeste.

Estando ya cerca de tierra, juntámonos la capitana y almiranta, y platicaron sobre lo que se debía hacer; y resolviéronse todos que entrásemos en esta bahía a tentar la tierra: y el general viendo que estaban en buen paraje para descubrir el Estrecho, y que aquella bahía, conforme a su traza, que el general tenía descrita, había de responder a la mar por otra boca cerca del Estrecho, mandó gobernar allá; y así entramos dentro como a las dos del día de la tarde con la sonda en la mano. Y aunque entramos tres y cuatro leguas el canal adentro no se halló fondo con muchas brazas hasta que nos arrimamos a la tierra, y sondamos en treinta brazas; y allí surgimos la primera vez, cinco leguas la bahía adentro: y por presto que lanzamos el ancla tomó fondo en muchas más brazas de las que se habían sondado, y el fondo es sucio. La almiranta surgió más en tierra, y garró y luego dio en mar sin fondo porque es allí acantilado, y por esto se hizo a la vela, y lo mismo hizo la capitana por la misma causa. Y por ser noche y no saber la tierra y ser tormentosa, que no hay hora segura, viramos luego la vuelta de tierra donde habíamos surgido la primera vez: y sondando algo más en tierra que antes, surgimos en veinte brazas. Todo el fondo de este surgidero es peñascoso y costa brava, acantilado; y luego surgió la almiranta más cerca de tierra.

Otro día miércoles 18 de noviembre Pedro Sarmiento, no teniendo por bueno ni seguro puerto éste por estar desabrigado del norte y noroeste, que son los dañosos aquí, entró en un batel y con él Antón Pablos, y fue a buscar puerto la vuelta del sudeste; y anduvieron todo el día sondando ancones y caletas, y hallaron un puerto razonable. Y porque cuando volvió a los navíos para llevarlos allá no halló al piloto mayor en ellos, que era ido también a buscar puerto sin avisar adónde iba, no los llevó luego ese mismo día.

Otro día jueves amaneció el tiempo muy turbado, y con tanta tormenta de norte, que no fue posible poder, ni osar desamarrarnos, porque era cierto hacernos pedazos en la costa antes de dar la vela; ni pudiéramos salir aunque no hubiera este inconveniente. Tanta era la mar y viento que nos comía y deshacía sobre las amarras: y cargó tanto, que la tirana y golpes de mar quebró una ancla por el hasta, de ludir en los peñascos del fondo, y reventó el cable grueso de la otra ánfora;[22] y así quedamos todo desarmados, y la nao capitana comenzó a ir atravesada a dar al través en los arrecifes de la costa que estaba poco más de un ayuste de distancia. Lo que aquí se debió sentir júzguelo quien en otras semejantes se ha visto; pero no por esto los pilotos y gente de mar y tierra desanimaron, antes con gran ánimo y llamando a Dios y a su benditísima madre dieron con grandísima diligencia fondo a otra ancla que iba entalingada; y quiso Dios que tomó fondo y aferró, y con mucha presteza se abitó, y la nao hizo cabeza; y así se salvó la nao, que sin falta la libró la sacratísima madre de Dios milagrosamente, y con este reparo nos sustentamos este día y viernes siguiente. La mar y viento no abonanzaba; y estar aquí era estar arriscados a la perdición cierta; y salir afuera no podíamos; y pararnos y desamarrarnos no nos convenía, bajo pena que haciendo cualquiera de estas tres cosas éramos perdidos, y conveníamos irnos de allí al puerto sondando que dije arriba. Y para menos daño y peligro envió Pedro Sarmiento al piloto Hernando Alonso en el batel a que sondase un boquerón que se hacía entre una isleta y la tierra grande para si por allí hubiese fondo, aventurara pasar las naos al puerto dicho. Fue y halló cinco brazas, y desde allí hizo cinco veces seña con una bandera blanca que llevó para ello, y quedóse allá con el batel que no pudo volver. Sabido aquel pasaje determinámonos de ir y pasar por allí; y así en el nombre de la sacratísima reina de los ángeles largamos las amarras por mano, teniendo primero el trinquete arriba; y en un

---

22. Las anclas iban asidas –entalingadas– por maromas, no por las actuales y modernas cadenas de acero. El roce con las piedras las desgastaba hasta que se rompían.

instante nos llevó la madre de Dios y nos metió por el boquerón que iba tocando con los penoles casi en las tierras de ambas partes; y llegamos al otro puerto sondado, donde surgimos, y quedamos en una bonanza y tranquilidad maravillosa; a lo menos que lo pareció entonces. Fue cosa de admiración ver las vueltas que la nao iba dando por entre los arrecifes y vueltas del canal del boquerón, que un caballo muy arrendado no las diera tales; y en todas iba como un rayo, que si discrepara cualquiera cosa, se hacía pedazos. Tuvimos por mejor acometer esta temeridad donde había alguna esperanza de salvación, que no estarnos obstinados y con pereza en aquel puerto, donde cierto, si esto no hiciéramos, esa misma tarde pereciéramos todos sin escapar hombre. Ancorada la capitana, volvió el batel de la capitana por la almiranta, y por la misma orden y pasos la trajeron a este mismo puerto, aunque surgió más en tierra por la señalada merced que Dios nos hizo de darnos en este puerto, donde nos reparamos por intercesión de su gloriosísima madre. Llamamos a este puerto de Nuestra Señora del Rosario; y al otro, Peligroso; aunque los marineros le llamaron Cache Diablo.[23]

El domingo siguiente 22 de noviembre el general Pedro Sarmiento, con la mayor parte de la gente, saltó en tierra; y arbolando Pedro Sarmiento una cruz alta, todos con mucha devoción la adoraron, y cantóse en alta voz el *Te Deum Laudamus*[24] de rodillas, y con gran regocijo dieron todos gracia a Dios conociendo las mercedes que de su divina mano habíamos todos recibido. Esto hecho, el capitán superior Pedro Sarmiento se levantó en pie, y echando mano a una espada que tenía en la cinta dijo en alta voz en presencia de todos: "Que le fuesen todos testigos como él, en nombre de la sacra, católica, real Majestad del rey don Felipe nuestro señor, rey de Castilla y sus anexos, y en nombre de sus herederos y sucesores, tomaba posesión de aquella tierra

23. Cachidiablo fue un corsario argelino del siglo XVI que asoló las costas valencianas. Cervantes dio este nombre a uno de los académicos de la Argamasilla. También significa disfrazarse de diablo.
24. Himno religioso. "Te alabamos, Dios".

para siempre jamás". Y en testimonio de ello, para que los presentes tuviesen memoria con la espada que tenía en la mano, cortó árboles, ramas y hierbas, y mudó piedras, y de ellas hizo un mojón en señal de posesión. Y porque las posesiones semejantes conviene que consten ampliamente, y el virrey manda particularmente que se tome posesión en las partes donde saltáremos en tierra, hizo Pedro Sarmiento el testimonio siguiente por ante escribano.

POSESIÓN PRIMERA

*E*n el nombre de la Santísima Trinidad, padre, hijo y espíritu santo, tres personas y un solo Dios verdadero, que es principio, hacedor y creador de todas las cosas, sin el cual ninguna cosa buena se puede hacer, comenzar ni conservar. Y porque el principio bueno de cualquier cosa ha de ser en Dios y por Dios, y en él conviene comenzarlo para gloria y honra suya: en su santísimo nombre sea notorio a todos los que el presente instrumento, testimonio y carta de posesión vieren, como hoy domingo, que se contaron veintidós días del mes de noviembre de mil quinientos setenta y nueve años, habiendo llegado esta armada real del muy poderoso, muy esclarecido y católico señor don Felipe, rey de las Españas y sus anexos, nuestro señor, que por mandado del excelentísimo señor don Francisco de Toledo, virrey, gobernador y capitán general de los reinos y provincias del Perú, salió de la ciudad de los Reyes del Perú para el descubrimiento del Estrecho que dicen de Magallanes, de que vino por capitán superior el general Pedro Sarmiento a esta tierra, ahora de nuevo por el dicho capitán superior descubierta. Y estando surta en este puerto ahora de nuevo nombrado Nuestra Señora del Rosario, y bahía ahora nombrada de la Santísima Trinidad; y habiendo desembarcado en tierra el dicho señor general, y con él la mayor parte de la gente de mar y tierra de la armada, y religiosos, sacó en tierra una cruz, la cual adoró de rodillas con toda la gente devotamente; los religiosos cantaron el cántico *Te Deum*

Laudamus. En alta voz dijo, que en el nombre de Su Majestad el rey don Felipe Segundo nuestro señor, rey de Castilla y León y sus anexos, a quien Dios nuestro señor guarde por muchos años con acrecentamientos de mayores estados y reinos para servicio de Dios, bien y prosperidad de sus vasallos, y de los muy poderosos señores reyes, herederos y sucesores suyos, que por tiempos fueren, como su capitán superior y general de esta dicha armada, y en virtud del orden e instrucciones que en su real nombre le dio el dicho señor virrey del Perú, tomaba y tomó, aprehendía y aprehendió la posesión de esta tierra donde al presente está desembarcado; la cual ha descubierto, para siempre jamás en el dicho real nombre, y de la dicha real corona de Castilla y León, como dicho es, como cosa suya propia que es y que realmente le pertenece por razón de la donación y bula[25] que el muy santo padre Alejandro Sexto, sumo pontífice romano expidió *motu proprio* en donación a los muy altos y católicos señores don Fernando Quinto y doña Isabel, su mujer, reyes de Castilla y León, de gloriosa recordación, y a sus sucesores y herederos, de la mitad del mundo, que son ciento y ochenta grados de Longitud, como más largamente en la dicha bula se contiene, dada en Roma a cuatro de mayo del año mil cuatrocientos noventa y tres: en virtud de la cual estas dichas tierras caen, son y se incluyen dentro de la demarcación y meridiano de la partición de los ciento y ochenta grados de longitud, pertenecientes a la dicha real corona de Castilla y León, y como tal toma y tomó la dicha posesión de estas dichas tierras y sus comarcanas, mares, ríos, ensenadas, puertos, bahías, golfos, archipiélagos, y de este dicho puerto del Rosario donde al presente está surta

---

25. Alejandro VI expidió dos bulas *Inter caetera* (1493) a instancias de los Reyes Católicos, quienes buscaban adelantarse a las reclamaciones de Portugal sobre América. En la primera bula, el Papa concedía a Isabel y Fernando la soberanía de las tierras descubiertas, y en la segunda trazaba una línea desde el Ártico al Antártico que adjudicaba a España lo descubierto o por descubrir cien leguas al oeste de las Azores. El tratado de Tordesillas (1494) modificó los límites establecidos por las bulas.

esta armada: y las subroga y subrogó debajo del poder y
posesión y dominio de la dicha real corona de Castilla y
León, como dicho es, como cosa suya propia que es. Y en
señal de posesión, *vel quasi*,[26] echando mano a su espada que
tenía en la cinta, con ella cortó árboles y ramos, y hierbas, y
mudó piedras, y paseó los campos y playa sin contradicción
alguna; pidiendo a los presentes que de ello fuesen testigos,
y a mí el escribano infra escrito se lo diese por testimonio en
pública forma. Y luego in continente tomando una cruz
grande a cuestas, y puesta la gente de la armada en orden de
guerra con arcabuces y otras armas llevaron en procesión la
cruz, cantando los religiosos Fray Antonio Guadramiro, vicario, y su compañero una letanía, respondiéndoles todos; y
acabada la dicha procesión el dicho señor general plantó la
cruz en un peñasco recio, e hizo un mojón de piedras al pie
de la cruz para memoria y señal de la posesión de todas
estas tierras y mares y sus términos, descubiertas continuas y
contiguas; y puso nombre a este puerto Nuestra Señora del
Rosario, como es dicho: y luego que la cruz fue plantada, la
adoraron segunda vez e hicieron oración todos, pidiendo y
suplicando a nuestro señor Jesucristo fuese servido que aquello
fuese para su santo servicio, y para que nuestra santa fe
católica fuese ensalzada y aumentada, y anunciada y sembrada la palabra del santo evangelio entre estas bárbaras naciones, que hasta ahora han estado desviadas del verdadero
conocimiento y doctrina, para que las guarde y libre de los
engaños y peligros del demonio, y de la ceguedad en que
están, para que sus ánimas se salven. Y luego los religiosos
cantaron en alabanza de la cruz el himno *Vexilla Regis*,[27] etc.
Tras esto en un altar que allí se había hecho dijo misa el
padre vicario, que fue la primera que en esta tierra se ha

---

26. *Vel quasi*: a todos los efectos.
27. *Vexilla Regis*: canto gregoriano de carácter hímnico propio del
Domingo de Ramos, víspera del inicio de la Semana Santa católica.
Comienza: "Vexilla Regis prodeunt: / Fulget crucis mysterium. /
Qua vita mortem pértulit, / Et morte vitam protulit. Amen" ("Las
banderas del rey avanzan / refulge el misterio de la cruz, / en que la
Vida padeció muerte / y con su muerte nos dio vida. Amén").

dicho, a gloria y honra de nuestro señor Dios todopoderoso, y para extirpación del demonio y de toda idolatría: y predicó al propósito, y confesaron y comulgaron algunos. Y luego que la misa fue dicha, el general, para más perpetua señal y memoria de posesión, hizo mondar un árbol grande, y en él hizo hacer una cruz grande y muy alta, y puso en ella el santísimo nombre de nuestro señor Jesucristo I.N.R.I. y abajo al pie de la cruz puso *PHILIPUS SECUNDUS REX HISPANIARUM*. De todo lo cual yo Juan Desquíbel, escribano real de esta armada y nao capitana, doy fe y verdadero testimonio que pasó así como dicho es. =Juan Desquíbel, escribano real.

Después de todo esto, este día a mediodía Pedro Sarmiento tomó la altura en tierra con tres astrolabios en cincuenta grados, y luego el general y alférez y sargento mayor y otros tres soldados subieron a la cumbre de una asperísima montaña y cordillera de más de dos leguas de subida de peñascos tan ásperos y agudos, que cortaban las suelas de las alpargatas y zapatos como navajas, y muchas veces íbamos por cima las puntas de los árboles de rama en rama como monos. Subimos a esta sierra para marcar el canal de aquel golfo, y para ver si la tierra donde estábamos era isla, o tierra firme, porque Pedro Sarmiento la trazaba por isla, y para ver si por aquel canal había pasaje limpio para llevar por allí las naos al Estrecho, por no sacarlas otra vez a la mar brava por las muchas tempestades que veíamos que hacía cada día; y mientras más iba eran mayores. Y habiendo subido a lo alto con trabajo y riesgo de despeñarnos mil veces, se descubrieron muchos canales y brazos, y ríos y puertos, y pareció toda la tierra que alcanzamos a ver, despedazada, y luego la juzgamos por archipiélago; y contamos ochenta y cinco islas grandes y chicas, y viose ir el canal muy grande, ancho, abierto y limpio: y casi se certificó que por aquel canal había salida a la mar cerca del Estrecho; y porque no se pudo ver bien determinó Pedro Sarmiento ir con el batel a verlo y descubrirlo y sondarlo: y el lunes 23 del mes no se pudo salir a ello porque hizo gran tormenta, y lo mismo fue el martes. Este día se comunicó entre el general y oficiales del armada, y resolvióse que se hiciese así por la seguridad de los navíos, así para hallar el Estrecho, como para que se tuviese puerto sabido primero que se levasen los navíos donde estuviesen surtos. Este mismo día mandó Pedro Sarmiento a los carpinteros ir a cortar madera para abita y corbatones de la capitana y almiranta, y para aderezar el daño que en las tormentas pasadas habíamos recibido; y trájose. Y asimismo, el día de la posesión y éste, se hallaron señales de gentes, pisadas, dardos, remos y redecillas; pero hasta ahora no se había visto gente.

Relación del primer descubrimiento que hizo el general, y los pilotos Antón Pablos y Hernando Lamero, en el batel *Nuestra Señora de Guía*, por el golfo de la Santísima Trinidad

*E*n el nombre de Dios nuestro señor y de su madre Santa María señora nuestra, Pedro Sarmiento salió en el batel de la almiranta, llevando consigo a Antón Pablos, piloto de la capitana, y a Hernando Lamero, piloto mayor de la almiranta, y diez marineros y soldados con arcabuces y rodelas y espadas y comida para cuatro días, del puerto de Nuestra Señora del Rosario miércoles veinticinco de noviembre de 1579 a las diez horas del día, para descubrir los canales que aparecían por no poner en peligro los navíos, y para darles puerto seguro y descubrir el Estrecho.

Saliendo de los arrecifes del puerto del Rosario fuimos por el golfo adentro arrimados a la costa de la mano derecha, la cual está arrumbada por la forma siguiente.

Desde el puerto del Rosario demora una punta que llamamos la Candelaria tres cuartos de legua del este-oeste cuarta de noreste-sudoeste, y en medio de esta distancia hay un ancón que entra por la tierra adentro noroeste-sudeste cuarta de norte-sur. Tiene a la boca veintitrés isleos, y hace dos bocas grandes; y aunque hay otros, no cuelan.

Desde la punta de la Candelaria vuelve la costa al este cuarta al sudeste como quinientos pasos, y al cabo hace un puerto grande que tiene la entrada de norte-sur. Hanse de arrimar a la costa del noroeste, que hay veinte brazas de fondo limpio, y vuelve el puerto sobre la cuarta del sudoeste.

Es tierra amogotada* y alta a la redonda; tiene un morro alto de la banda al sur de frente de la punta. Lo llamé puerto del Morro.

Desde el puerto, o surgidero del Morro vuelve la costa al este sudeste un tercio de legua hasta un morro gordo. Del morro gordo vuelve la costa al sudeste un sexto de legua.

Desde allí vuelve la costa al sudeste cuarta al sur dos leguas hasta un monte agudo que llamamos Pan de Azúcar, y en medio de esta distancia hay un Ancón que entra nornoreste-sur sudoeste.

Desde el Pan de Azúcar vuelve la costa al sur media legua hasta un morro redondo, y en medio está un ancón que entra la vuelta del sudoeste. Llamóse el ancón del Sudoeste. Tiene a la boca veintidós brazas, cascajal: puédese surgir junto a una isleta redonda a la banda del noroeste de ella, que está acopiada de árboles. Es menester aforrar cuatro o cinco brazas de cable: y a la entrada de este brazo sobre la mano derecha está una caldereta de mar muerta donde puede estar un navío surto a cuatro amarras, la proa en tierra. En este brazo envió Pedro Sarmiento a Lamero a un monte alto a descubrir los canales, y desde lo alto descubrió gran número de islas chicas y grandes, y canales; y el piloto Antón Pablos guió a la caldereta, adonde por ser ya noche hicimos dormida, y llamamos la Dormida de Antón Pablos. Aquí se tomó posesión en nombre de Su Majestad y se puso cruz en un árbol. Aquí hallamos alojamiento y comedero de gente de la tierra.

Desde la punta del brazo del sudoeste vuelve la costa al sur cuarta al sudeste hasta un morro alto y pelado una legua, y la boca del ancón del sudoeste demora con la boca del brazo del norte norte-sur cuarta de noreste-sudoeste.

Salimos de la caldereta jueves 26 de noviembre y fuimos a reconocer el canal Grande, y caminamos al este la vuelta

---

* "Tierra amogotada". La que tiene mogotes, o puntas. Voz náutica cuya significación se comprenderá mejor cuando se haya leído la definición de la palabra "Mogote" que se encuentra más adelante en una de las notas del editor.

de unas isletas, que están media legua de la caldereta (digo de la boca del brazo del sudoeste): y el canal Madre se corre nornoroeste-sudeste, y en medio de ella sondamos, y con ciento veinte brazas no se tomó fondo: y en el canal que está entre las isletas hay cuarenta brazas de fondo arena, y cerquita de las isletas hay veintitrés brazas, y muy junto a las isletas hay quince brazas. El fondo no es limpio.

Al este media legua entre las isletas se tomó fondo 15 brazas: comedero. Aforra el cable, y puedes surgir a necesidad en una isletilla de éstas la de más al este. A la tierra alta sale una restinga que corre norte-sur. Parecen sobre agua tres puntas de arrecifes de ella; y en el canal, que está dos ajustes del arrecife, hay cuatro brazas de agua norte-sur con el arrecife. La salida es del este-oeste, y por el canal de sotavento de la parte del sur arrimado a la isla por medio canal hay doce brazas. Es roca.

De este canal una legua al este en medio del canal Madre está una isleta, que llamamos la isla de en Medio; la cual demora con la boca de la entrada del golfo de la Trinidad, que desde aquí se parece clara noroeste-sudeste cuarta del este-oeste. Esta isleta de en Medio tiene baja sobre agua a la parte del sudoeste como un ajuste de distancia. Hay ocho brazas de fondo entre la baja y la isla. Puédese pasar por aquí arrimándose más a la isla que a la baja.

De esta baja sale una restinga norte-sur con muchas hierbas, y en abrigándose del noroeste con la isla un ajuste hay quince brazas, arena parda, blanca y negra gordilla.

Desde esta isleta de en Medio está la tierra Grande de la mano derecha tres cuartos de legua nornoroeste-sur sudeste a una punta Delgada, que se llamó así por serlo: y estando tanto adelante como la punta Delgada se cierra la boca del noroeste por donde entramos de la mar brava, y se descubre otro golfo que prosigue de este mismo canal Madre, que corre a medio canal noreste-sudeste y en él se descubrieron una andana de islas que se corren unas por otras noroeste-sudeste cuarta del este-oeste.

De la punta Delgada a otra punta, una legua noreste sudoeste cuarta de norte-sur. En medio del canal en este paraje está un isleo redondo, y al oeste de este isleo están otros cuatro; y en medio de este canal hay cuarenta brazas: cascajal, comedero y conchas. Aquí vimos pájaros en bandadas que hasta aquí no los habíamos visto: y llegados a los bajos hay veinticuatro brazas: comedero. En esta distancia hay dos morros altos, y al sudeste del morro del sur hay una ensenadilla o anconadilla. Puedes arrimarte a la tierra sin miedo, porque no hay más de lo que parece. Sondóse la primera vez en diez brazas medio cable de tierra; y un cable más adelante hay treinta brazas un ajuste de tierra, estando nornoroeste-sur sudeste con el morro alto. Proís* en tierra, porque va creciendo el fondo de golpe. Es cascajal.

Desde esta punta hay otra punta noreste-sudoeste cuarta de norte-sur tres leguas. Llamóse punta del Brazo Ancho; y para salir de ella han de gobernar al sur sudoeste: y en este camino y distancia hay dos grandes bocas de canales; y aunque hay fondo en cincuenta, y treinta, y veinte brazas cerca de tierra, es sucio. Al sur de la punta del Brazo Ancho cerca de ella hay quince brazas de buen fondo; y cable y medio, 34 brazas: cascajal. Es reparo, aunque acantilado, de mucho fondo.

Desde la punta del Brazo Ancho aparece otra punta que fue nombrada la Galeotilla, por su figura que hace noreste-sudoeste cuarta de norte-sur cuatro leguas.

Desde la punta de la Galeotilla está otra punta que llamamos Hocico de Caimán tres leguas noreste-sudoeste cuarta de norte-sur: toma de la media partida.

Una legua de Hocico de Caimán al sudoeste hay buen surgidero: 12 brazas, arena. Y al norte de Hocico de Caimán

---

* Proís. Voz náutica, cuya definición se lee en el *Vocabulario Portugués y Latino* de Bluteau en estos términos: "*Proíz (Termo Náutico). He a pedra, ou outra cousa em terra, em que se amarra a galé.* [Aquí limita Bluteau el uso de los proís a las galeras, debiendo extenderlo a toda embarcación.], *triremis, ou longae navis retinaculum, i neut. (Tendo as galés a proiz em terra. Barros, 2. Dec. Fol. 42. col. I.) Fernao Mendes Pinto faz proiz de genero masculino (Os que vinhao, etc. o atracarao com os dous proizes de popa a proa, fol. 58. col. 2.)".* Hállase usada la voz proís en el discurso de esta Relación por la misma amarra que se da en tierra para asegurar la embarcación en el proís.

hay un puerto, razonable fondo, catorce brazas, y doce, y ocho, y siete brazas. Tiene esta punta una baja cerca de tierra, que revienta la mar en ella.

De Hocico de Caimán descubrimos otra punta, media legua al sudoeste; y al noroeste de ella hace un puerto que tiene una playa bermeja de arena, buen fondo de arena, siete y ocho y nueve brazas. Tiene entrada por el noreste entre una isleta montosa y la tierra Grande de la mano derecha por cuatro brazas de baja mar; pero no te fíes de entrar con navío grande por allí, porque es angosta la entrada y sale mucho un placel de la isleta montosa, y dentro está seguro de todos vientos. Aquí hicimos noche viernes veintisiete de noviembre. Llamóse puerto Bermejo de la Concepción de Nuestra Señora. Desde este puerto apareció un torno de mar escombrado.[28]

Esta misma tarde que aquí saltamos en tierra, el capitán tomó posesión por Vuestra Majestad y sus herederos y sucesores, y puso cruz alta en un árbol; y luego con dos soldados y el piloto Lamero subió la tierra adentro en una loma alta a explorar el canal y marcar los caminos de todas partes, y abras de adelante, que así se hacía todas las veces que era posible, y nos era de mucho provecho para caminar adelante y para la precisa descripción de la tierra. Y desde este alto descubrió Pedro Sarmiento todo el canal Madre que iba la vuelta del sudoeste seis leguas hasta salir a la mar brava, la cual vimos y juzgamos claramente, de que recibimos alegría, porque temían mucho que estábamos ensenados; y sobre esto había en la almiranta algunas diferencias de gente grosera. Y otro brazo iba la vuelta del oeste noroeste, que parecía partir la tierra donde estábamos. Sólo Pedro Sarmiento se certificó ser la mar la que aparecía, que piloto ni marineros no se determinaban en ello. Y marcado y tanteado todo, nos volvimos a la dormida bien mojados y fatigados de un pedazo de montaña que atravesamos a la ida y a la vuelta, muy cerrada. En esta playa hallamos mucha huella de gente fresca y dos puñales, o arpones de hueso con sus presas en las empuñaduras. Tiene este puerto un arroyo grande de buena agua dulce, que sale a la mar de este puerto. Y la salida y entrada de este

28. *Torno de mar escombrado*: zona de mar despejada.

puerto no es la que arriba dije para naos, sino por el este. Tiene un canal por siete brazas: hanse de allegar más a la isla, porque si se allegan a la tierra Grande hay poco fondo, menos de tres brazas, y más afuera 20 brazas; buen fondo.

Sábado siguiente 28 de noviembre salimos de este puerto Bermejo, y siguiendo la costa de mano derecha como hasta allí habíamos hecho; y luego en saliendo descubrimos una punta pequeña que demora con este puerto noreste-sudoeste tres leguas. Nombrámosla punta de la Anunciada; y en medio de este camino y distancia va un canal y brazo de una legua y media de boca, que va la vuelta del oeste noroeste. Llamámosle el brazo del Oeste, porque más toma de la cuarta sobre el oeste; y va atravesando la tierra que parece pasar a la mar brava por aquella derrota. Atravesamos este brazo, y llegamos a la punta de la Anunciada, y allí marcamos la costa y abras que pudimos ver. Y porque se nos acababa la comida, y los navíos quedaban en peligro por quedar con solo un batel que no podía acudir a ambos si les viniese alguna refriega a un tiempo, no pasamos más adelante, y dimos la vuelta para sacarlos de aquel puerto que no era bueno, y traerlos a éste seguro que habíamos descubierto de la Concepción de Nuestra Señora, para mejor poder después desde allí descubrir más adelante, porque por tierra de tan ásperos tiempos, como ésta, y de no sabidos puertos no conviene sacar los navíos de un puerto sin tener primero descubierto otro donde llevarlos por camino sondado y visto, siendo posible. Toda esta tierra, cuanto pudimos juzgar de una y de otra parte, es áspera y montosa cerca de la mar y los altos peladeros de peñascos y limos de herbazales fofos. Conocimos algunos árboles de los de España; cipreses, sabinas, acebos, arrayán, carrascas; hierbas: apio y berros; y aunque estos árboles están verdes y mojados, arden bien, que son resinosos, especialmente la sabina y cipreses. La masa de la tierra, lo que vimos, no nos pareció bien cerca de la mar; porque no hay migajón de terrial,[29] sino de la demasiada humedad hay sobre las peñas un moho tan grueso y corpu-

29. *Migajón de terrial*: migajón viene de miga, y terrial, de tierra. Quiere decir: apenas había tierra.

lento que es bastante a criar en sí y sustentar los árboles que
se crían en aquellas montañas; y estos céspedes de este moho
es esponjoso, que pisando sobre él se hunde pie y pierna, y
algunas veces el hombre hasta la cinta: y hombre hubo que
se hundió hasta los brazos, y por esta causa son trabajosísimas
de andar estas montañas; y también por ser espesísimas,
tanto que algunas veces nos era forzoso caminar por las
puntas y copas de los árboles, y podíamos sustentar por estar
los unos árboles con los otros fuertemente trabados y entre-
tejidos, y teníamos esto por menos trabajoso que andar por
el suelo: y cualquiera de estos caminos era mortal, lo cual
hacíamos por excusar despeñaderos.

   Las aves marinas que vimos son patos negros, a que
otros llaman cuervos marinos, y otros pardos reales, grandes
y chicos; gaviotas; rabos de juncos, que así se llaman porque
tienen en la cola sola una pluma muy larga y delgada encar-
nada, que cuando vuelan parece aquella pluma un junco o
palo delgado; por lo cual los españoles les pusieron este
nombre cuando se descubrieron las Indias. Rabihorcados,
que son como milanos, y tienen la cola partida; cuyo unto[30]
es muy medicinal: y viéronse una manera de patos pardos y
bermejos sin pluma, que no vuelan, sino a vuela pie corren,
y por el agua no se pueden levantar sino a vuela pie, dando
con los alones a manera de remo. Huyen por el agua con
mucha velocidad, y dejan un rastro por el agua como un
batel cuando boga. Huyen tanto que un buen batel a la vela a
popa no los alcanzara con buen viento. Hay en la montaña
pájaros chicos negros como todos, y pardos como zorzales;
cantores, buharros grandes, cernícalos y gavilanes. Esto vimos, otras cosas debe haber; pero de paso y en poco tiempo
no se puede ver mucho de estas cosas. Debe de haber antas y
venados: no los vimos, sino el rastro y huesos grandes. Pes-
cados no vimos sino cabrillas coloradas, buen pez; botes
grandes.[31] Marisco, vimos grandísima abundancia de
mejillones, y en los que están en las peñas fuera del agua hay

---

30. *Unto*: grasa o gordura del interior del cuerpo de un animal.
31. *Botes*: saltos.

muchas perlas menudas, y muchas de ellas son pardas, y también las hay blancas, y en algunas partes hallamos tantas perlas en los mejillones, que nos pesaba porque no las podíamos comer, porque era como comer guijarrillos; porque cuando íbamos a descubrir, mucho más deseábamos comer que riquezas, porque muchas veces nos faltaba, porque por aprovechar el tiempo, y por descubrir una punta y otra punta, tasábamos la comida de cuatro días para diez días; y entonces procurábamos suplirlo con marisco, y las perlas nos lo impedían. Aquí se veía bien en cuán poco se estiman las riquezas que no son manjar cuando hay hambre, y cuán poco son de provecho, y cuánto fueron más cuerdos los antiguos que las riquezas que por tales estimaban eran ganados mansos y mieses cultivadas, por lo cual vinieron muchas naciones extranjeras a España.

En este tiempo llueve mucho en esta tierra y ventea norte y noroeste y oeste tempestuosísimo; y cuando quiere acabar la tempestad de norte y venir la travesía, graniza con gran refriega y hace frío intenso, y con el norte hace más templado: y cuando llueve todos los montes son una mar y todas las playas un río que entra en la mar.

Este dicho sábado 28 de noviembre que llegamos a la punta de la Anunciada volvimos a hacer noche al puerto Bermejo: y este día Antón Pablos subió a lo alto, que aún estaba incrédulo de que era la mar lo que aparecía, siéndolo ciertamente.

Desde puerto Bermejo partimos otro día domingo para los navíos y puerto del Rosario; y porque la comida nos faltaba ya, y no podíamos ir a la vela, como a la venida, por ser el viento contrario, se animaron los marineros, y con tanto ánimo bogaron que caminaron a fuerza de brazos tres días otro tanto como habíamos navegado a la vela en otros tres días. Pasaron y sufrieron todos mucho trabajo, porque tras poco comer, todos los días había tempestad de viento y agua y se mojaban y calaban muchas veces, y se les enjugaba la ropa en el cuerpo porque no tenían que mudarse, porque no se sufría ni podía llevarse, porque ni convenía ni cabía en el batel más que la gente y comidilla: y padecióse mucho frío que se tullía la gente, y para remedio no se tenía otro sino remar con gran furia y fuerza; y el que no remaba padecía trabajo. De esto y con estos pasos plugo a nuestro señor Dios que llegamos al puerto de Nuestra Señora del Rosario martes primero de diciembre de 1579 años, habiendo andado de ida y vuelta más de sesenta leguas descubriendo y sondando puertos y canales, caletas, ancones, bajos, restingas, poniéndoles nombres, y en derrota y altura: todo lo cual iba descubriendo, pintando y escribiendo el general en público ante los que allí iban, Antón Pablos y Hernando Lamero, pilotos.

La otra costa del este no la navegamos esta vez; pero vímosla de manera que la pudimos marcar y arrumbar para ponerla en carta: y lo que de ella marcamos es lo siguiente.

Desde la punta de la Galeotilla en la otra costa del este demora una boca al este cuarta al sudeste cuatro leguas. Tiene de abra una legua. Llamóse canal de San Andrés.

Desde el canal de San Andrés torna la costa al norte dos leguas hasta otra boca y canal que entra por la tierra adentro la vuelta del noreste: y al oeste de ella cerca en el canal Madre en medio de ella está un isleo pequeño.

De la punta del Brazo Ancho la vuelta del sudeste, cuarta al sur, está un canal que llamamos Abra de Tres Cerros, porque los tiene grandes a la entrada.

De la misma punta del Brazo Ancho al noreste cuarta al este (toma de la media partida dos leguas y media de travesía) demora el Brazo Ancho: tiene tres leguas de boca; entra la tierra dentro la vuelta del noreste hasta una cordillera nevada grande y continuada de la tierra firme; y desde la costa del Brazo Ancho torna la costa al noroeste haciendo muchas islas y canales que no se pueden contar ni en mucho tiempo.

Aviso que aunque a la ida fui poniendo la costa del oeste y mano derecha seguida, no es toda una costa asida ni seguida, sino la tierra es quebrada y horadada toda: y cada canal hace gran número de islas, y despedazan toda la tierra; y de la otra banda hace lo mismo hasta la cordillera nevada, la cual se parece desde el Rosario y por todo este canal Madre. Y por esto Pedro Sarmiento nombró a esta tierra archipiélago del virrey don Francisco de Toledo, porque por su mandado se hizo esta armada y la envió a descubrir estas tierras.

Y llegados que fuimos al puerto de Nuestra Señora del Rosario, se dio parte a los compañeros que habían quedado en los navíos de la bondad del gran canal, y cómo salía a la mar brava, y el buen puerto que se dejaba descubierto. Regocijáronse mucho porque de todo lo dicho estaban desconfiados, y sobre todos el almirante, y aun más el sargento mayor Pascual Xuárez, que era el que acobardaba a todos en este punto, diciendo que estábamos ensenados y que no era posible sino que nos habíamos de perder; pero con esta llegada todos se aquietaron, y alegraron aquéllos que deseaban ir adelante, porque los que deseaban volverse decían que el general los engañaba por llevarlos adelante, y que si él se quería ahogar, ellos no estaban desesperados, y se querían volver a Chile.

Miércoles siguiente 2 de diciembre envió Pedro Sarmiento al piloto Hernando Alonso con ambos bateles equipados a echar resiegas[32] para buscar y sacar las anclas perdidas en el puerto Primero, que hasta este día no había sido posible hacerse por no haber estado los bateles juntos; mas aunque anduvo hasta mediodía no las pudo hallar, y por esta causa no nos fuimos este día a puerto Bermejo.

Jueves 3 de diciembre, antes que amaneciese, vino tanto norte y noreste que pensamos perecer sobre las amarras surtos; que aunque el puerto era bueno, las refriegas de sobre tierra, y lo que resultaba y desembocaba por el boquerón era cosa furiosísima: y la almiranta quebró el cable del proís que tenía en tierra: y fue garrando sobre tierra y estuvo el corredor de popa sobre las peñas de la costa, que milagrosamente Dios la guardó. Aferró el ancla que venía garrando, y con mucha diligencia se le envió el batel de la capitana con un ancla y dos cables, con lo cual se volvió a amarrar y sacar de aquel trabajo y peligro. Y como el viento perseveraba en su furia, que cierto era grande, temió el almirante, y no osó estar en el navío, y desamparándolo como mal capitán, se fue a tierra con algunos soldados y en tierra hizo un toldo, y allí se estuvo esa noche y día siguiente viernes. Este día, como el viento no cesaba, antes era mayor, reventó otro

32. *Resiega*: especie de gancho que se arrastra por el fondo del mar para sacar objetos sumergidos.

cable a la almiranta que se cortó en una roca porque el fondo allí era sucio: y visto desde la capitana el peligro de la almiranta, Pedro Sarmiento fue allá, y llevó consigo al piloto Hernando Alonso y marineros, los cuales ayudaron a amarrar y ancorar seguramente la nao con la ayuda de Dios. Y echando menos al almirante, y sabiendo lo que había hecho, envió con el batel por él y por los soldados que con él estaban, y reprehendióle con moderación, porque no era tiempo de más. Ningún descargo dio, sino su poca constancia, y los soldados se excusaron con él, diciendo que él los había llevado; y quedando segura la nao se volvió Pedro Sarmiento a la capitana.

Y sábado 5 del mes llovió todo el día tanto que los montes todos eran un diluvio general: y la oscuridad fue tanta que por cada cosa de estas fue imposible salir este día de este puerto.

Domingo 6 de diciembre amaneció algo claro y bonanza, por lo cual nos levamos, e hicimos vela, y por refriegas que nos dieron no pudimos salir del puerto, y así nos fue forzoso dar fondo y atoarnos para repararnos; y así no pudimos salir este día por ser tarde, y estuvímonos surtos a la boca de los arrecifes para con la primera clara salir, porque aquí no hay seguridad de una sola hora sino la que acaso viniere. De esa se ha de gozar súbitamente, bajo pena de no hacer nada y de estarse siempre aislados, o perderse, que todo es casi uno.

El lunes siguiente 7 del mes amaneció bonanza, y luego el capitán mandó levarse y hacer vela. Salió primero la almiranta porque estaba más a la boca del arrecife, y luego la capitana. Fuimos a popa la vuelta del sudeste, que así se corre este canal. A las diez horas abrió el día e hizo claro, y Pedro Sarmiento fue todo el día en el castillo de popa con aguja, volviendo a marcar y ratificar la carta que en el primer descubrimiento había hecho: y como íbamos a medio canal y con día claro y desde alto, pudo bien determinar ambas costas e islas foráneas, bajas, y arrecifes, y bocas de canales, y añadió algunas cosas que no pudo bien determinar el viaje del batel, por nieblas y cerrazones que tuvo entonces; y así lo descubrió precisa y puntualmente todo lo que se pudo ver. En la isla de en Medio tomó el general la altura en cincuenta grados y un tercio entre la boca del brazo ancho y la isla de en Medio; y desde allí comenzamos a caminar por el brazo del sudoeste, que se nombró el brazo de la Concepción, porque en su víspera lo navegamos; y a la oración venimos a surgir a la boca del puerto Bermejo de la banda del sur, y por ser el fondo acantilado garraron las anclas y perdieron fondo; pero con la buena diligencia de los pilotos y marineros echaron toas dentro del puerto, y por ellas nos fuimos atoando y metiendo dentro: y la almiranta, yendo entrando, tocó en un banco de arena y dio dos golpes, pero no se hizo daño; y como iba aviada con la toa, salió. ¡Gloria a Dios que la libró! Luego esta misma noche venteó norte, aunque no mucho, porque llovió pesadamente toda la noche, que es lo que quita mucha fuerza al viento.

El martes 8 del mes, día de la Concepción de Nuestra Señora la Madre de Dios santísima, amaneció tan cerrado por todas partes la tierra y mar y con tanta tempestad de agua y viento norte que no fue posible entender en cosa de navegación, sino estarnos quietos en las naos, porque de ningún efecto era el trabajar sino morir mala muerte sin provecho alguno. Llegados en este puerto se determinó salir segunda vez a descubrir con el batel, y entre tanto que se iba a esto se hiciese el bergantín que traíamos labrado y abatido en la capitana; y luego se sacó en la playa la madera y se armó la madera de cuento, y se armó la fragua, y se hicieron ramadas para poder trabajar, y se puso guarda de soldados para que estuviese con los oficiales. Y esto así dispuesto, determinó Pedro Sarmiento salir a descubrir, dejando en su lugar al almirante para que mirase por los navíos y gente, y para acabar el bergantín.

Segundo descubrimiento del batel Santiago

En el nombre de la Santísima Trinidad salió Pedro Sarmiento en el batel de la capitana nombrado Santiago, y con él Antón Pablos, piloto de la capitana, y Lamero, piloto mayor de la almiranta, y catorce soldados marineros con arcabuces, espadas y rodelas, y con comida para ocho días, viernes once del mes de diciembre de 1579 a las ocho horas de la mañana, para descubrir la mar y puerto, para la boca del Estrecho.

Del puerto Bermejo fuimos a la punta de la Anunciada, ya dicha en el primer descubrimiento. Desde la Anunciada se descubrió otra punta un cuarto de legua al sudoeste, y desde allí vuelve la costa al sudoeste cuarta del oeste dos leguas hasta una punta que llamamos Nuestra Señora de la Peña de Francia. Tiene a la punta cerca de tierra un faralloncillo chico. En esta distancia de las dos leguas hace dos ensenadillas.

Desde la Anunciada descubrimos un cabo gordo de mar en fuera de la tierra de mano izquierda al sudoeste cuarta al sur (toma algo del sudoeste) seis leguas. Llamóse cabo de Santiago.

Prosiguiendo nuestro viaje pusímonos algo a sotavento de la punta de la Anunciada, y desde allí atravesamos el brazo y golfo de la Concepción a la vela la vuelta del sur. Y en este brazo, al sudeste de la Anunciada dos leguas, está un isleo chico, y luego tras este isleo sigue una andana de siete islotes chiquitos noreste-sudoeste, unas por otras en espacio de legua y media todas. Y atravesando la vuelta del sur los dos tercios del camino, y al sudeste un tercio, llegamos a un ancón que llamamos de los arrecifes por tener muchos, tres leguas de la Anunciada.

Desde aquí vuelve la costa de mano izquierda al sudoeste cuarta al sur 300 pasos hasta una puntilla.

Desde esta puntilla se descubrió un islote alto, que llamamos de San Buenaventura nornoreste-sur sudoeste, legua y media.

Desde el islote de San Buenaventura está otro islote menor la vuelta del norte cuarta al noreste, media legua. Llamóse isla de Lobos, porque los vimos allí muy grandes; y de la una isla a la otra hay una restinga que revienta la mar en ella. Isla de Lobos demora con el cabo de Santiago noreste-sudoeste cuarta de norte-sur, y toma de la media partida, cuatro leguas. Cerca de isla de Lobos hay ocho brazas, piedras, entre muchas hierbas. La tierra que va entre ancón de arrecifes y la isla de San Buenaventura (digo desde ancón de arrecifes hasta el paraje de San Buenaventura), hace una gran anconada, y corre legua y media hasta una punta y ensenada que llamamos ensenada de San Francisco. Aquí desembarcamos en tierra por ser ya tarde para hacer noche. Y estándonos alojando, tiró un soldado un arcabuzazo a unas aves, y a la respuesta del arcabuz dieron muchas voces unos indios que estaban en una montaña en la otra parte de esta ensenada; y al primer grito pensamos ser lobos marinos hasta que los vimos desnudos y colorados los cuerpos, porque se untan éstos, según después vimos, con tierra colorada. Y por entender lo que era, embarcámonos en el batel, y fuimos adonde la gente estaba; y llegados cerca, vimos unos en una breña entre unos árboles de montaña espesa, y entre ellos un viejo con una capa de pellejo de lobo marino que mandaba y hablaba a los otros; y en la costa brava junto a la mar, entre unos peñascos, estaban quince mancebos desnudos totalmente; y llegados a ellos con señas de paz, nos señalaban con grandes voces e instancia con las manos hacia donde dejábamos los navíos: y llegándonos más a las peñas les señalamos se llegasen y les daríamos de lo que llevábamos. Llegáronse, y dímosles de lo que teníamos. Sarmiento les dio dos paños de manos y un tocador, que otra cosa no tenía allí; y los pilotos y soldados les dieron algunas cosas con que ellos quedaron contentos.[33] Dímosles vino, y derramáronlo después que lo probaron: dímosles bizcocho, y comíanlo; y no se aseguraron con todo esto. Por lo cual, y porque estábamos en costa brava a peligro de perder el batel, nos volvimos al alojamiento primero, y les dijimos por señas que fuesen allá. Y llegados al alojamiento, Sarmiento puso dos centinelas por la seguridad, y para procurar de tomar alguno para lengua; y con la buena diligencia que se puso se tomó uno de ellos, y luego Pedro Sarmiento lo abrazó y halagó: y tomando de unos y de otros algunas cosillas, lo vistió y lo metieron en el batel, y nos embarcamos todos, y partimos de allí ya casi noche, y fuimos a parar a tres islotes que están en triángulo una legua de la punta donde vimos esta gente, y por esto la nombramos punta de la Gente, nornoreste-sur sudoeste las islas con la punta. Llamamos a estas isletas, de la Dormida, porque fuimos allí a hacer noche y parar. La tierra que está entre la punta de la Gente, y las islas de la Dormida hace un gran ancón, y es costa brava de mucha reventazón. No saltamos en las islas porque llegamos muy noche. Dormimos en el batel.

Sábado 12 de diciembre partimos de estas isletas de la Dormida, que están juntas con la tierra grande. Desde estas islas vimos una sierra alta norte-sur, cuarta de noreste-sudoeste tres leguas. A esta sierra llamamos la Silla, porque hace una gran sillada en la cumbre: y en esta distancia hay un gran boquerón y todo lleno de islotes y bajos y herbazales. Este día amaneció claro, y el sol salió al sudeste franco, estando el sol en el trópico de Capricornio, y nosotros cincuenta y un grados, y fuimos a la vela con vientecillo nornoreste bonancible. La figura y señas de la Silla son éstas.[*]

33. A los indígenas los seducía esta clase de objetos por serles desconocidos. Este intercambio suponía para ellos, además, establecer una relación comercial distinta de las habituales. Quienes conseguían paños, espejos, cascabeles, etc. veían cómo su poder y prestigio aumentaban en la tribu. Aunque el intercambio, a ojos del europeo, era incomprensiblemente ventajoso, éste tenía su razón de ser.

* Véase en las láminas la figura número 3 (página 197).

Las isletas de la Dormida con el cabo de Santiago demoran uno por otro este-oeste franco; y el cabo de Santiago con la Silla, noroeste-sudeste: toma de la cuarta del este seis leguas.

Al noroeste de la Silla, media legua, hay un islote que nombrarmos isla de Pájaros, porque tiene muchos; y entre esta isla y la Silla hay diecisiete islotes pequeñitos.

Desde la Silla descubrimos una isla que tiene un morro alto partido, todo de piedra, que nombramos la Roca Partida, noreste-sudoeste cuarta de norte-sur dos leguas y media. Demora con la isla de Pájaros norte-sur cuarta de noreste-sudoeste: toma de la media partida.

Al sudoeste cuarta al sur de la Silla, una legua hay muchas bajas que revienta la mar en ellas. Llegamos a la Roca Partida a mediodía, y desde esta isla descubrimos un cabo gordo de tierra al sudoeste cuarta al sur de la Roca, cinco leguas. Llamamos a este cabo de Santa Lucía.

Al oeste sudoeste de la Roca Partida, dos leguas de la mar, están dos farallones, y desde ellos sale una andana de bajos y faralloncillos:[34] los bajos baña la mar que revienta en ellos, y los faralloncillos hacen un arco que cercan la isla en arco por el oeste y norte y noreste, y dentro hacen un corral lleno de bajos y herbazales. Salimos a comer a esta isla a mediodía, y tomamos el sol en tierra en cincuenta y un grados y un sexto. Demora el cabo de Santiago de esta isla nornoroeste-sur sudeste. Esta isla tiene por la banda del norte buena madera para guiones de remos, y agua; y por la banda del este tiene puerto razonable grande, aunque en tierra hay tumbo de mar.[35] Hay agua dulce. No podrán entrar aquí naos grandes, porque toda la isla es cercada de bajos: cuatro ayustes de tierra tiene siete brazas, fondo piedra.

Desde esta isla navegamos por la parte del este de ella la vuelta del sudoeste en demanda del cabo de Santa Lucía; y en el camino es toda la mar cuajada de bajos, peñascos,

34. *Faralloncillos*: Varios bajos y farallones pequeños dispuestos en línea.
35. *Tumbo de mar*: vaivén violento del mar, con olas grandes, que se forma cerca de la orilla.

islotes y herbazales: y dos leguas antes de llegar a la tierra del cabo, poco más o menos, parte la tierra un canal que entra nornoreste-sur sudoeste una legua. Llamamos el canal de San Blas; y en la boca de él hay muchos islotes altos al sudeste y al este y al noroeste. Yendo a la vela por medio de los bajos comenzó a refrescar el viento con refriegas, que nos fue forzoso dejar el camino que llevábamos al cabo de Santa Lucía, y arribar a popa para nos abrigar; y entramos a la vela por el canal de San Blas, por el cual íbamos alegres creyendo que habíamos hallado abrigo por donde sin peligro podríamos salir a la mar otra vez; y por esto nos dejamos ir: y una refriega que vino arrebató el mástil, y hecho pedazos, dio con él y con la vela en el agua: y metida otra vez en el batel, seguimos al remo el canal adentro; y cuando creímos que salíamos a la mar nos hallamos ensenados al cabo de haber andado legua y media. De esto nos afligimos todos, porque los tiempos eran contrarios y pesados para volver a la vela, y al remo contra mar y viento es dificultosísimo, y por allí parecía imposible a fuerzas humanas. Y para desengañarnos del todo, y ver si por alguna vía había salida, porque por abajo no se discernía todo bien, saltamos en tierra; y Pedro Sarmiento y los pilotos y otros algunos subieron a una sierra muy alta, más que todas las comarcanas, y desde arriba descubrimos la mar, y vimos que el canal no tenía salida por allí, y por menos de un tiro de piedra no se juntaban un canal que venía de la banda de sudoeste y un ancón del oeste. Recibimos de esto mucha pena, pero encomendándonos a Dios tomamos posesión por Su Majestad: y púsose una cruz pequeña en lo alto, y llamamos al monte de la Veracruz, y bajamos adonde habíamos dejado el batel y los demás compañeros, y aquí quedamos esta noche.

Domingo por la mañana 13 de diciembre volvimos por el canal afuera, y en saliendo a la mar vimos tanta tormenta que nos fue forzoso arrimarnos a unas peñas para sólo abrigarnos de la tempestad, sin poder salir en tierra.

Lunes por la mañana 14 del mes trabajamos por salir a la mar y hacer nuestro camino, y en desabrigándonos de las peñas hubiéramos de perecer por la gran mar y viento: y así

nos fue forzoso volvernos arribando a las peñas donde habíamos salido; y al cuarto del alba[36] se huyó el indio, que
habíamos tomado, al que velaba: y enviándole a buscar de
rama en rama, y de peña en peña; por la orilla del mar, le
halló el guarda a quien se había huido; y echándole mano
de una camiseta que llevaba vestida se la dejó en las manos,
y se arrojó a la mar, y se le fue. Este día, que fue martes,
hizo gran tormenta, y no pudimos salir; y a mediodía abrió
el sol y tomamos la altura en cincuenta y un grados y un
cuarto. Llamamos a esta isla: Do se huyó el Indio. El martes
a la tarde pareció abonanzar la mar algo por uno de los
canales: y pareciendo ser mejor volvernos a los navíos que ir
adelante, porque ya no teníamos mantenimientos, y por ganar algo, salimos de estas peñas; y en saliendo a la mar por
entre los bajos, hallamos mucha mar y viento y forzamos de
ir adelante, y hubiéramos de anegar con golpes de mar: por
lo cual nos fue forzoso arribar, y con grandísimo trabajo
pudimos tomar el abrigo de otras peñas donde nos arrimamos por abrigarnos de la tempestad. Eran estas peñas de
gran aspereza de puntas agudísimas frisadas, que no había
donde poner los pies; y para hacer lumbre nos metimos en
una sopeña, todo manantial sucísimo.

Miércoles 16 de diciembre salimos de estas peñas para
ir a la Roca Partida; y llegamos sobre los bajos, cargó tanta
tempestad que pensamos perecer, y fue forzoso arribar a
popa, y fue servido Dios que huyendo los mares, salimos de
entre los bajos, y nos abrigamos detrás de otras peñas
asperísimas, peores que las pasadas, que eran como erizos,
que nos hizo luego pedazos los calzados, que los cortaba
como navajas. Aquí estuvimos esperando que abonanzase
algo aquella tempestad general de viento oeste y oeste sudoeste con aguaceros y granizo heladísimo. Tomamos aquí
la altura en cincuenta y un grados y un cuarto. La misma
tempestad hizo el jueves, y no pudimos salir.

El viernes 18 del mes pareció abonanzar algo el norte, y
salimos con el batel a la mar; y por ir a barlovento por entre

---

36. *Cuarto del alba:* guardia entre las cuatro y las ocho de la mañana.

los bajos, por poder tomar la Roca Partida, nos metimos en medio de todos ellos; y cargó tanto el noroeste y metió tanta mar que no pudimos romper para ir adelante, y por no anegarnos arribamos a popa hasta salir de los bajos, que son muchos y muy peligrosos, y lo que es peor las hierbas que se crían entre ellos, que no dejan salir ni romper al batel si acaso acierta a entrar entre algún herbazal. Por tanto sea aviso que en viendo por aquí herbazal huyan de él, porque es bajo, y no se fíen por no ver reventar la mar en todas partes, porque la misma hierba, aunque sea muy baja, quita a la mar que no reviente tanto como donde no la hay; y así es peligrosísimo. Abre el ojo. Y en saliendo de los bajos, fuimos cortando la vuelta del este tomando los mares a popa por escapar de la muerte: y estando como media legua de los peligros fuimos cortando entre mar y mar la vuelta de la Roca Partida; y reventando los fuertes marineros a fuerza de brazos, huyendo de un cabo y acometiendo a otro fue Dios servido que ese día antes de anochecer llegamos a la ensenada de la Roca Partida, aunque por rodeos, que anduvimos el camino doblado; y con el credo en la boca.[37] Este puerto de la Roca Partida es ensenada de playa de arena; pero no es para navíos, sino para bateles, o bergantines. Está apartada de la tierra del este legua y media: hay poco marisco y mucha leña buena y, a un cabo de la playa debajo de la misma Roca Partida, hay una gran cueva en una sopeña. Aquí hay abrigo para poder estar mucha gente alojada. Aquí hallamos gran rastro de gente y una osamenta y armadura entera de hombre o mujer. Hay en la playa tumbo de mar y refriegas. Estuvimos aquí dos días y dos noches por las grandes tempestades: y porque ya nos faltaba la comida, y por socorrer a los navíos, salimos contra tiempo, domingo 20 de diciembre: y queriendo bajar la isla por ponernos a barlovento, llegamos a los bajos que la isla tiene al noreste, y hallamos mucha mar y viento y orgullo de corriente que rompía por todas partes; que por no perdernos fue forzoso

37. El credo es una oración católica donde se exponen las principales creencias de esta fe. La expresión significa que se está en gran peligro.

arribar a popa la vuelta de una grande ensenada, que aparecía en la tierra la vuelta de este noreste lo más cercano que aparecía, por no volver a la isla. Y como iba llegándose la noche, cargó la cerrazón tanto que perdimos la tierra de vista, y así íbamos navegando a ciegas, hasta que llegando cerca de tierra veíamos la reventazón de la costa, y no se aparecía la tierra, y como veíamos reventar la mar por todas partes llevábamos gran temor de perdernos, no viendo parte que no fuese costa brava; y tenernos a la mar no podíamos, y cualquier cosa era peligro de muerte: y así caminando por la reventazón nos fue anocheciendo; y anochecídonos cerca de tierra, por el blanco de la reventazón fuimos a demandar la tierra encomendándonos a Nuestra Señora de Guadalupe: y guiándonos su Divina Majestad, entramos a oscuras en una ensenada abrigada de todos vientos, donde estuvimos aquella noche con harto contento, pareciéndonos cada vez que surgíamos que nos hallábamos resucitados. Llamamos a está ensenada de Nuestra Señora de Guadalupe por lo dicho. ¡A ella sean dadas infinitas gracias!

Lunes por la mañana envió Pedro Sarmiento dos hombres por diferentes partes por los altos a ver si un canal que iba al este y otro al norte desde esta ensenada, iba adelante: y uno de ellos trajo por aviso que uno de los canales iba muy la tierra adentro, y que había visto venir una piragua con gente india; por lo cual, y por excusar el peligro de la furia de la mar, y por buscar algún buen paso y reparo para los navíos, fuimos por aquel canal por donde se dijo venía la piragua; y en saliendo de la ensenada de Guadalupe se partía en dos brazos: el uno iba al este, que era el mayor, y otro al noreste; y por éste encaminamos, y de allí a media legua que entramos, hallamos la piragua con cuatro o cinco indios. Fuimos a ellos, los cuales en viéndonos se llegaron a la costa, y saliendo a tierra dejaron la piragua y se metieron al monte. Tomamos la piragua, y metiendo en ella al piloto Hernando Lamero y otros cuatro hombres, pasó el batel adelante hasta otra punta donde aparecía más gente: y llegados allá, no hallamos a nadie sino una sola choza baja y redonda hecha de varas en tierra, y cubierta de cortezas anchas de árboles y cueros de lobo marino, saltaron dos marineros en tierra, y no hallaron en la choza sino cestillos y marisco y redecillas y huesos para arpones de fisgar,* y unos zurroncillos de la tierra bermeja con que se untan todos estos indios el cuerpo: y habiendo recibido al piloto, que quedó en la piragua, y había entrado la tierra adentro con otro hombre a espiar en el batel, y a los demás, dejamos la piragua a los indios, y seguimos el canal al noreste hasta la noche, tres leguas, porque nos detuvimos mucho con la piragua. Fuimos por este canal con pena, porque a cada recodo que hacía nos parecía que no pasaba adelante y que estábamos ensenados.

Martes por la mañana seguimos el canal que desde la dormida volvía al oeste cuarta al sudoeste una legua, y media legua al sudoeste: y aquí salimos a la mar otra vez como una legua de la ensenada de Nuestra Señora de Guadalupe: y al salir, vimos volver otro canal norte. Fuimos por ella una legua, y vimos ser isla la sierra de la Silla; y seguimos al norte. Y en pasando la isla de la Silla hay legua y media de abra llena de bajos, isleos y corrientes, que sale al canal grande de la Concepción; llamóse esta isla de San Martín del Pasaje. En esta legua y media tardamos hasta la noche desde antes de mediodía por causa de las grandes corrientes contrarias que hallamos y viento norte por la proa. La costa del este es brava y tierra alta peñascosa; y de trecho a trecho hay bocas: y la abra por donde atravesamos, que sale a la Concepción, está toda cercada y cerrada de isleos y bajos. Llegamos a las espaldas de la tierra donde tomamos el indio que se nos huyó, y vimos ser isla. Nombrámosla isla de San Francisco; y entrando por el canal, entre ella y la tierra del este, hay seis isleos y bajos a la boca. Hicimos noche en esta isla de San Francisco.

Miércoles 23 del mes partimos de esta isla de San Francisco, que tiene por la parte de este canal, muchas caletas y anconcillos, que son buenos reparos para bateles y bergantines, y a las entradas muchos herbazales; y la costa de la otra banda tiene tres abras a trechos. Sigue el canal al norte a legua poco más y menos de ancho por toda ella; y la tierra

* "Fisgar". Pescar con la fisga, que es una especie de arpón con que se cogen peces grandes.

quebrada, que es la costa del este de este canal, sigue al norte dos leguas, y de allí vuelve al este noreste la vuelta de la angostura que adelante se verá;[38] y desde donde escota la costa, mudando derrota siguen unos islotes bajos montuosos una legua norte-sur; y la costa de la isla de San Francisco corre norte-sur hasta llegar en paraje de unos arrecifes que están a la punta de los islotes, este-oeste cuarta de noreste-sudoeste, un cuarto de legua de canal entre uno y otro. Llamamos a la postrera punta de esta isla de San Francisco, punta de Clara; y a la frontera, de Arrecifes; y al canal por donde veníamos ahora, de Santa Clara.

Desde la punta de Arrecifes vuelve la costa de la tierra quebrada al sur sudeste poco, y luego al sudeste; y entre ella y la cordillera de tierra firme pareció abrir canal. Vimos la boca ancha y clara, la vuelta del este. Por entre estas dos puntas Clara y de Arrecifes se junta el canal de Santa Clara con la grande de Nuestra Señora de la Concepción; y más al norte como un cuarto de legua sale otra punta que tiene un farallón en ella. Entre esta punta del farallón, y la punta Clara se hace un canal que parte la [punta de] Clara en isla, y desde allí vuelve aquella costa al este sudoeste, y hay muchos isleos que van hasta el ancón de Arrecifes, donde comimos cuando salimos de la Anunciada y puerto Bermejo.

Jueves 24 de diciembre salimos de esta isla y punta Clara de San Francisco, aunque venteaba norte; y atravesamos el brazo de la Concepción. Corrían las aguas al noreste con la marea creciente, y tomamos en la otra costa a barlovento de la Anunciada: y con la corriente llegamos muy temprano al puerto Bermejo donde estaban los navíos, ya sin bocado de mantenimiento; que con haberlo moderado muy menudamente, lo que llevábamos para ocho días para trece, esa mañana que llegamos se había acabado, y no se acabara en esos tres días si no nos viéramos tan cerca de los navíos, aunque no había para una razonable comida. ¡Gloria a Dios nuestro señor que todo lo cumple y suple con su santísima gracia!

---

38. No es una de las dos angosturas del Estrecho conocidas como tales, sino una simple estrechura.

Hallamos el bergantín armado del todo, y de un lado entablado y calafateado y breado, y del otro casi; y supimos que mientras el general había ido a descubrir habían venido indios a un monte sobre el puerto Bermejo, y fueron a ellos, y tomaron uno, y lleváronlo a la almiranta, y se huyó.

Viernes 25 de diciembre, primer día de Pascua de Navidad, no se trabajó en el bergantín por la solemnidad de la fiesta, y también llovió tanto que estorbara mucho a los que habían de trabajar fuera del toldo; y venteó norte.

Sábado 26 del mes venteó sudoeste frío y helado, con que aclaró el cielo, porque en esta región los nortes son templados, y llueven mucho; pero son furiosísimos, y lo mismo se dice del noreste: y desde el noreste al sudoeste son muy fríos, y el oeste el más tormentoso de todos; pero dura menos que todos, y abonanza breve: y así se tiene por sabida experiencia, que cuando hay fortuna de norte y noroeste, en saltando al oeste se sabe que va acabando la tormenta, y aclara el cielo y la tierra, aunque con mucha furia y frío.

Como no pudimos hallar puerto bueno, ni pasaje seguro para llevar los navíos, Pedro Sarmiento, con parecer del almirante y pilotos, determinó de ir a tentar la boca que aparecía al este hacia la cordillera nevada de la tierra firme, porque tenía por cierto que había canal que salía por la otra parte del cabo de Santa Lucía; y a ser así, y haber buen pasaje, era lo que convenía para llevar los navíos seguros mientras se acababa el bergantín.

Tercer descubrimiento
con el batel *Nuestra Señora de Guía*

Martes veintinueve del mes de diciembre de 1579 salió Pedro Sarmiento, y con él Antón Pablos y Hernando Lamero, pilotos, y doce soldados marineros en el batel *Nuestra Señora de Guía* con vitualla para diez días de puerto Bermejo, para descubrir el canal que parecía que demoraba la vuelta del sudeste de puerto Bermejo para ver si habría canal y puerto para poder llevar los navíos seguros por no volverlos al mar bravo.

Fuimos a la vela la vuelta del sudeste cuarta del este con viento oeste sudoeste dos leguas, hasta una isla que prolonga de nornoroeste-sur sudeste una legua. Nombróse los Inocentes porque salimos otro día después de su fiesta, y seguimos el canal al sudeste otras cuatro leguas hasta una punta de la costa del este del brazo de la Concepción. Detrás de esta punta, que llamamos punta de San Juan, al norte de ella hace una caleta donde surgimos esta noche, y aquí dormimos con buena guardia, como siempre hacíamos.

Al sur sudeste de la isla de los Inocentes está una boca grande de canal, que, a lo que creemos, es la que sale de la ensenada de Nuestra Señora de Guadalupe, que arriba dijimos.

Y al noreste de los Inocentes está un canal grande donde surgimos y paramos esta noche, que creemos es la que sale de la ensenada y canal de San Andrés, y una legua al noreste de la punta de San Juan está una boca de canal, que debe ser el canal de San Andrés del brazo de la Concepción. En esta caleta donde hicimos noche hay mucho fondo a pique. Es laja.

Miércoles 30 del mes salimos de esta caleta a la vela la vuelta del sudeste; y habiendo navegado legua y media por una abra ancha, embocamos en una angostura de trescientos pasos de ancho; y en esta angostura hay una punta, detrás de la cual, al norte de ella, está una caleta donde hay fondo de veinte brazas, arena, y arrimado a la isla un cable, es piedra. Es abrigo de todos los vientos y mar. Llamóse puerto del Ochavario.

Desde la angostura prosigue el canal más ancho, y va ensanchando poco a poco al sur sudeste dos leguas hasta una isleta que llamamos isla de Dos Canales porque allí se parte este brazo en dos canales; y el brazo que va sobre la mano derecha corre al sur sobre la cuarta del sudoeste tres leguas hasta una punta que llamamos de San Esteban, y el canal de la izquierda va al sur sudeste una legua hasta una punta que se nombró punta de San Antonio. Entre la angostura, e isla de Dos Canales en la costa de la mano izquierda se hace una ensenada llena de islotes bajos con arboleda.

Caminando por este canal de sur sudeste como media legua a mano izquierda, la vuelta del este, abre un canal que entra una legua, y hace un islote en medio: y pasado el islote parte en dos canales grandes: una va la vuelta del este hasta la cordillera nevada, y la otra va al norte, que pienso es la que se parte en el principio del brazo ancho del canal de la Concepción: y al sur del islote hay otra isla grande; y al este de ella se juntan los dos brazos dichos con este del sur sudeste, por donde íbamos navegando. Y como una legua de la punta de la isla de Dos Canales se parte la isla en dos, y hace canal que junta el canal de San Esteban con el del sur sudeste: y a la punta del este en el canal, arrimados a tierra un cable de la isla, hay quince brazas de fondo, roca; y algo más fuera, 40 brazas, puede estar una nao a la plancha apuntalada con las vergas. Desde la punta de San Antonio vuelve la costa al sur cuarta al sur sudeste.

Este-oeste con la punta de San Antón cerca está una isleta que hace una ensenadilla, que medio cable de tierra hay veinte brazas, limpio, fondo arena; y algo más fuera, piedra: y

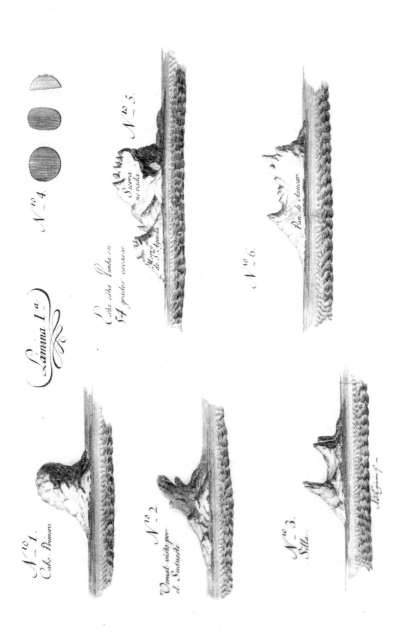

como cincuenta brazas más afuera, cuarenta brazas, limpio: y a la punta de la isleta está una piedra y herbazal, y junto a la piedra hay ocho brazas, piedra; y como medio cable hay doce brazas, limpio: abriga al norte; y poco más fuera hay veinte brazas, limpio, al este de un arroyo de agua dulce que baja por una sierra, abajo; y algo más a fuera como un ayuste de tierra 25 brazas, es limpio. Hase de surgir al sur de la isla, la cual llamamos el Surgidero: y descubriendo el canal por el norte dos ayustes de la isla hay cincuenta brazas, lama.

Una legua y media de la punta de San Antón vuelve la costa al sur cuarta al sudeste, y en este paraje en la costa del este, que es la de mano izquierda, hace una bahía grande de buen fondo, a la entrada, arrimado a las hierbas, cinco brazas, y dentro siete, y ocho, y nueve brazas, limpio, arena y lama. Éntrase a ella por la boca del oeste para el este, y tiene la salida para el sur. Es cercada de playuelas de arena y hierbas. Tiene el canal y salida del sur de este puerto diez brazas: es comedero. Llamamos a esta bahía Puerto Bueno, o bahía Buena, que lo uno y lo otro es.

Desde la bahía Buena sigue la costa de la mano izquierda, y descubrimos una punta al sur cuarta al sudeste media legua, que se llamó punta Delgada, porque es baja: y en medio hay playuelas, y costa baja.

Desde la punta Delgada por la misma costa aparece otra punta, que llamamos de San Marcos, al sur cuarta al sudeste una legua.

La otra costa del oeste sigue la misma derrota: es más alta y tiene algunas nieves. La costa del este es más baja, y tiene más caletas; y antes de llegar a la punta de San Marcos está una boca que sale de [un] gran brazo, y una caleta donde tomamos la altura: Pedro Sarmiento y Antón Pablos en cincuenta y un grados, y Lamero en cincuenta y uno y un cuarto. Llamámosla caleta de la Altura.

Adelante de la punta de San Marcos está una punta que demora al sur tres leguas, que se nombró punta de San Lucas, y en la otra costa del oeste de este canal al oeste cuarta del noroeste, como una legua, está una ensenada grande, que tiene una playa y pareció surgidero: no llegamos a ella. Y al oeste cuarta al noroeste está otra boca, en la costa de la mano derecha donde se junta el canal de San Esteban, y esta boca y abra sale a la caleta del monte de Trigo, este-oeste con él, y de allí sigue al canal del archipiélago.

Y legua y media más al sur cuarta al sudeste está otra punta, que se llamó punta de San Mateo, y desde esta punta al sur demora otra punta de la misma costa legua y media. Llamámosla punta de San Vicente: y entre ambas puntas entra un brazo grande, y al sudeste de este brazo demora una punta larga, y al oeste de ella va un canal a juntarse con esta principal.

Desde la punta de San Vicente aparece otra punta baja al sur, que se llama San Pablo, una legua; y en medio hace abras y dos ensenadas. Este día miércoles hizo norte. Las corrientes iban contra viento la mayor parte del día.

Al sur de ésta demora otra punta de tierra baja dos leguas: llamóse San Baltasar; y en medio hace la costa de la tierra firme ensenada llena de isletas bajas y montuosas. La costa es toda morros gordos de peñascos pardos pelados de medio arriba: y aquí hace una ensenada que llamamos San Melchor; y aquí hicimos noche el miércoles.

Jueves treinta y uno de diciembre partimos de esta ensenada a la vela; y media legua al sur está una punta que llamamos San Gaspar, y en medio están dos islotes.

Desde esta punta sigue la costa de la mano izquierda cuatrocientos pasos al sur donde hace esquina; y desde allí muda derrota. Llamé a esta esquina punta de Gracias a Dios; y enfrente de ella en la otra costa de la mano derecha al oeste de esta punta están dos ensenadas a manera de puertos. Tiene aquí de ancho el canal un cuarto de legua escaso. En esta punta de Gracias a Dios hay fondo 30 brazas limpio, medio cable de tierra; y a un cable no hay fondo.

Desde aquí vuelve el canal nornoroeste-sur sudeste, y toma de la cuarta del sudeste.

Desde la punta de Gracias a Dios aparece otra punta trescientos pasos por la misma derrota. Llamóse San Bernabé; y por la misma derrota está otra punta que se nombró San Bartolomé. Desde Gracias a Dios hasta aquí hay una legua.

Al sudoeste cuarta al oeste en la costa de la mano derecha se hace una ensenada como brazo, y por detrás de ella al mismo rumbo está una islilla algo grande y negra echada de norte-sur, y en medio de ella un monte como pan de azúcar. Llamóse Pan de Azúcar. Tiene por aquí el canal de ancho media legua escasa.

Desde la punta de San Bernabé aparece otra punta por la mano izquierda al mismo rumbo, que llamamos San Benito; y en medio de ambas puntas hace ensenada como arco, y por medio hace abra hasta la cordillera Nevada, la cual parece por esta abra muy alta y con muchos picos; y uno de ellos parece corona que tiene seis puntas, y otra al sur que parece mano de Judas abierta y vista por las espaldas. Hay mucha nieve: la alta es blanca, y la baja azul como cardenillo;[39] y lo que no es nevado es negro. Esta es la cordillera de la tierra firme, porque todo lo demás que está desde allá al oeste, por donde al presente andamos descubriendo, es archipiélago de islas, y tierra despedazada.

Y poco antes de llegar a la punta de San Benito en la costa de mano derecha, entre tres playuelas chiquitas de largo de un batel, un cable de tierra, hay cuarenta brazas: es arena; y cerquita de tierra dos bateladas veinticinco brazas de limpio, cascajo; y arrimado a las peñas hay tres brazas, y enfrente de la playuela que está más al sudoeste, dos bateladas de tierra, hay doce brazas, cascajo. Dentro en la misma caleta arrimado a las peñas, siete brazas, limpio, puede estar el navío a la plancha; y en unas hierbas que están en medio de la caleta y playuela de en medio hay cinco brazas; es piedra. Hay entre la playa de en medio y la postrera, medio cable de tierra, diez brazas, limpio; y enfrente de la playuela tercera hay diecisiete brazas limpio.

En esta punta de San Benito se estrecha el canal dos ayustes. En esta angostura hay cuatro islotes y bajos, hierbazal. Los tres islotes, más arrimados a la punta del este, y el uno a la parte del oeste; y va el canal mayor entre el uno y los tres islotes, más arrimado a los tres islotes, que va sin hierba más ancha. Es canal de seis y siete y ocho y diez brazas,

---

39. *Cardenillo*: mezcla muy venenosa de acetatos básicos de cobre, de color verde azulado.

limpio. Puédese seguir y servir de puerto. Guárdense de las hierbas, que tienen poco fondo, y especialmente donde están espesas a la parte del oeste donde está un bajo entre las hierbas, que sólo se aparecen los mejillones que están sobreaguados en el arrecife.

Desde los arrecifes del hierbazal sigue el canal a la misma derrota dos leguas, y al cabo de ellas sale una punta larga y baja de la tierra de la mano derecha que se nombró punta de Santa Catalina, y tiene ai este una isleta, y al sur una baja. Aquí se juntan el canal que viene desde los bajos de la hierba, arrimada a la cordillera Nevada, y hace un canal de más de cuatro leguas de ancho. Y desde allí desde la punta de Santa Catalina vuelve una ensenada a manera de canal la vuelta del sudoeste que pareció partir tierra, y es así verdad que la parte.

La vuelta del noreste de la punta de Santa Catalina media legua, hay un islote: y al sur de él está un bajo sobre agua, porque entre esta isla y punta va canal hondable, limpio para poder pasar por él. Doblada la punta de Santa Catalina, al sudoeste de ella cerquita hay unas caletas para bergantines y bateles.

Desde estas caletas la vuelta del sudeste cuarta al sur tres leguas, sale una punta y morro de tierra. Fuimos allá a hacer noche. Este día hizo muchas diferencias de temples, el tiempo amaneció claro y el sol muy caliente, y luego anubló y llovió poco con nortecillo bonancible, y luego calmó, y de mediodía arriba venteó sur, y hubo mar. Las corrientes hallamos unas veces al sur, y otras al norte, que andan conforme al viento y mareas. El canal que pasamos desde las caletas de la punta de Santa Catalina al morro donde hicimos noche, tiene de travesía cuatro leguas desde la cordillera Nevada hasta el morro noreste-sudeste, al cual llamamos Año Nuevo, porque llegamos allí su víspera: y el día de la Santísima Circuncisión de Jesucristo por la mañana pusimos en la punta de este morro dos cruces, y Pedro Sarmiento tomó la posesión por V. M. en presencia de los pilotos Antón Pablos y Hernando Lamero y de los demás marineros soldados.

La multitud de islas y tierras despedazadas sigue por esta parte hasta este paraje, porque aquí dimos en la cordillera Nevada de la tierra firme que sale a la mar por este canal; y sea aviso que va mayor canal entre la cordillera Nevada de la tierra firme y las isletas que están entre la punta de Santa Catalina y los bajos del herbazal: verdad es que aquel canal no lo navegamos; mas vimos la entrada y la salida por donde se aparta y junta con este canal por donde fuimos.

Corre el frente de este morro de Año Nuevo por la banda del norte que mira a la cordillera Nevada este-oeste, punta por punta, como media legua: y allí hace arco, caletas y playas de guijarrales. Desde la playa de en medio, donde pusimos las cruces la vuelta del noroeste, cerca como dos ayustes, está un isleo chico, y en medio hay canal hondable, limpio para pasar navíos.

Al sudeste de esta playa de las Cruces como dos leguas sale a la mar (digo al canal) la cordillera Nevada de la tierra firme que tiene cerca de la mar una mancha blanca que parece nieve, y es despeñadero de río que hace espuma,[40] que hay muchos por aquí, y desde el medio hacia arriba tiene una gran chapa de nieve muy azul, que parece turquesa.

Este morro de Año Nuevo por la cabeza de la banda del este va en redondo al sudeste y sur sudeste como una legua hasta la primera quebrada de agua que desciende de la cumbre por un río, y este-oeste con este río aparece una gran boca de canal como de dos leguas. Fuimos allá y hallamos ser ensenada sin salida, y hace cala a la vuelta del norte como una legua; y como nos vimos ensenados, volvimos a salir por donde habíamos entrado con harta pena. Tiene este codo cuatro isletas que hacen canales; y esta ensenada desde las isletas para el oeste va haciendo playa de arena y tierra, playa baja, más de legua y media hasta el morro alto de Año Nuevo. Hay en este pasaje y playa que va haciendo arco hasta el pie del dicho morro, y fuimos hasta él este mismo día, que fue viernes primero de enero del año de mil quinientos ochenta. Pasamos de largo de la dormida, y fuimos a una ensenada que está al oeste del morro; y buscando canal y paso que rompiese, también hallamos ser ensenada sin salida de tierra baja. Aquí hicimos alto esta noche; es playa y tierra baja,

40. Sea metáfora o adivinanza: una cascada. Más adelante Gamboa se refiere a ella como "quebrada de agua".

llana y anegadiza. En esta ensenada hay ocho y diez brazas, buen fondo; hay en esta costa muchas hierbas, y donde quiera que están es bajo: guárdense de ellas donde se vieren.

Sábado dos de enero salimos de esta ensenada, y fuimos a otra que está al oeste de la dicha poco más de una legua, que también es tierra baja, sino es la punta que está entre ambas ensenadas. Aquí envió Pedro Sarmiento dos hombres a la cordillera alta para que viesen si aparecía mar, o canal de la otra parte al oeste, y no vieron cosa de estas. Entramos en esta ensenada, y de ella fuimos a otra cercana, y al cabo de ella es tierra baja; y visto que todo era sin salida, Pedro Sarmiento y Hernando Lamero, piloto mayor de la almiranta, subieron a una cordillera muy alta a descubrir mar y tierra, y a la banda del oeste descubrieron de la otra banda un brazo de mar ancho y derecho que corre nornoroeste-sur sudeste. A esta cordillera llamamos cordillera de la Oración, porque allí nos encomendamos a Dios, y pusimos una cruz; y Pedro Sarmiento tomó posesión por V. M.: y subiendo más arriba descubrimos una ensenada que hace el brazo dicho, y contáronse en ella treinta y tres islotes chicos y grandes, y a la redonda hacía muchos canales y caletas, al parecer angostas: y desde la ensenada donde dejamos el batel a este brazo hace una abra la cordillera, y por ella va un estero, que de pleamar se junta un brazo con otro por aquí, que puede pasar un batel. Hay del uno al otro un tiro de arcabuz, por el cual pasó al otro brazo Antón Pablos mientras nosotros subíamos a lo alto. Este día sábado venteó norte e hizo tanta niebla y oscuridad, que los que estábamos en la cordillera, con estar juntos, no nos veíamos, y con solas voces, y marcándonos con una aguja de marcar nos hallábamos. Todos estos días tuvimos grandes y pesados aguaceros y grandes fríos, y de noche pasábamos mucho trabajo en hacer fuego, y por enjugarnos nos metíamos en el fuego sin sentirlo, y quemábamos las ropas y calzados, porque de otra manera no podíamos vivir, mayormente los marineros, que molidos y cansados de remar, y mojados, llegaban los pobres yertos y pasmados sin tener ropa que poderse mudar, porque en el batel no se podía llevar por ser pequeño, y la comida también era poca, porque siempre la íbamos tasando mucho, y esta vez más;

procurando entretenernos con mejillones y hierbas de la mar, y muchas veces no las hallábamos, así por llegar a costa brava donde no se cría, sino en abrigo, como porque donde llegábamos a repararnos sucedía, estos días que llegábamos con pleamar, que no se podía coger marisco aunque lo hubiera. Toda esta noche llovió mucho e hizo mucho frío, porque venteó oeste.

Domingo tres de enero partimos de esta ensenada de la Oración, y venteó luego oeste frío, y saltó al noroeste, y metió tanto mar, que habiendo caminado como una legua con grandísima fuerza y trabajo de los marineros que bogaban, nos hizo fuerza que volvimos a arribar a popa a buscar donde repararnos por no anegarnos y perecer; y así nos metimos detrás de unas peñuelas que sólo abrigaban el batel, no más de para que pasase aquella primera furia del tiempo. En estas peñas tomamos la altura en cincuenta y dos grados. Llamáronse las peñas de la Altura. En todo este día no fue posible poder salir de allí, porque la tormenta fue tanta que los navíos muy grandes no la sufrieran, y aquí esperamos día y noche.

El lunes cuatro de enero amaneció alguna bonanza de mar, aunque había grandes refriegas de viento oeste y oeste sudoeste; mas con todo arrimándonos a la costa del oeste partimos de aquí atravesando bocas y canales y caletas de punta a punta, unas veces con corrientes, con grandísimo trabajo de los marineros que bogaban en estas travesías fortísimamente, porque así era menester; y, aun con todo, muchas veces volvíamos atrás más que íbamos adelante. Con todo este trabajo anduvimos este día siete leguas con el favor de Dios. Este día no llovió, sino por la mañana poco, con nieblezuelas que venían con refrieguillas del oeste y oeste sudoeste. Desde las nueve del día hizo claro.

Martes cinco del mes partimos de esta dormida, y caminamos al remo por el canal al norte con gran trabajo, y tomamos otro canal que va al oeste, entre el cual y la punta Larga hace un torno de archipiélago de muchas islas pequeñas hasta la punta que declina hacia el oeste, y de allí a una punta que está al oeste una legua: y entre una punta y otra hace una ensenada grande; y entre ella y la punta Larga hay muchas islas de tierra baja y montuosa.

Desde la punta del Oeste a otra punta que sale lejos, que nombramos punta de Más al Oeste, hay una legua. Este día hubo bonanza. Venteó noroeste y oeste sudoeste; pero hácese ordinariamente el viento a los canales: y, así, aunque es un viento, en cada boca de canal aparece otro, conforme a la derrota que corre el rompimiento de la boca y canal.

Desde esta punta del oeste descubrimos un torno de mar y tierra en redondo que llamamos archipiélago, sembrado de muchas islillas chicas, y grandes bajos, que juzgamos haber diez leguas de travesía.

Desde esta punta aparece un cabo de tierra, de mar en fuera, una gran vista al oeste, que es la tierra que se continua con el cabo de Santa Lucía que por la mar brava descubrimos el segundo viaje y descubrimiento.

Este archipiélago hace una ensenada redonda, y desde la punta del oeste vuelve la costa al oeste sudoeste dos leguas, y al cabo de esta distancia sale la boca del canal de nornoroeste-sur sudeste que descubrimos desde el monte de la Oración.

Desde esta punta del Oeste navegamos por medio del archipiélago tres leguas al este, hasta unas islillas donde nos alojamos esta noche entre unos peñascos, donde había muchos lobos marinos, que en toda la noche no hicieron sino bramar como becerros; y, por esto, las llamamos islas de Lobos.

Miércoles seis de enero salimos de estas islas de Lobos con norte y nornoreste, al oeste y oeste noroeste tres leguas hasta un golpe de muchas islillas chicas y grandes; y al norte de ellas cerca de la más foránea, cerca por donde íbamos navegando, está una baja cercada de hierbazal. En viendo la hierba huye de ella. Desde aquí aparece la Mano de Judas, de la cordillera Nevada, que demora al este sudeste. Y desde la postrera islilla que está en la boca de este archipiélago noreste-sudoeste está un cabo gordo y pardo de tierra, que llamamos cabo de Nuestra Señora de la Victoria: es negro, gordo y tajado, y hace unas manchas veteadas de blanco hacia la parte del archipiélago, lo bajo con monte de arboleda, que es lo negro, y lo alto pelado. A los que salen de este archipiélago por este rumbo parece estar la postrera tierra hacia el mar bravo por aquella parte: y, estando en medio canal, demora este cabo de la Victoria con otro cabo que está en la otra costa de la otra parte del canal grande del archipiélago que nombramos cabo de Nuestra Señora de las Virtudes, noreste-sudoeste. Toma de la cuarta del este-oeste cinco leguas; y desde la postrera isla de la boca al cabo de la Victoria, hay legua y media.

Desde esta isla y bajo de la hierba fuimos al oeste noroeste como dos leguas hasta una caleta en la costa, y allí saltamos en tierra: y, porque habíamos abierto ya el mar bravo y visto los cabos de una parte y de otra de las costas que hacen este canal, subieron Pedro Sarmiento, Hernando Lamero y Anton Pablos a una sierra alta de muy mal camino, gateando a peligro de despeñarnos y, desde arriba, marcamos los cabos y ensenadas que pudimos alanzar con la vista de esta manera. Esta sierra donde subimos llamóse de San Jusepe. Desde aquí, con una aguja de marear, marcamos la tierra y cabos.

El cabo de Nuestra Señora de la Victoria demora nortesur cuarta de noroeste-sudeste con el monte de S. Jusepe dos leguas de canal en medio sin recuestas que se aparezcan; y otra más de fuera, que llamamos cabo de Santa Isabel, demora con el monte de San Jusepe noroeste-sudeste cuarta de norte-sur. Toma algo de la media partida, cuatro leguas de canal de mar: y la tierra de Nuestra Señora de la Victoria es isla. Hay canal entre ella y el cabo de Santa Isabel, y en medio hay muchos islotes y bajas.

Desde el monte de San Jusepe demora el cabo que se continúa con el de Santa Lucía, que descubrimos el segundo descubrimiento, al oeste sudoeste cuatro leguas. Hay entre este cabo y el de Santa Lucía dos grandes ancones que tienen muchas islillas y bajas.

Hecha esta marcación, bajamos del monte por un despeñadero tan áspero que, cierto, tuvimos riesgo de nos despeñar a cada paso y Dios nos libró de este peligro y de otros muchos. ¡A él sean dadas infinitas gracias! Amen. Y por ser cuando bajamos a la caleta ya tarde, y venir mojados, hicimos aquí noche.

Aquí entendieron los pilotos que la traza de Pedro Sarmiento y la descripción suya era cierta en cuanto al todo.

Jueves siete del mes partimos de esta caleta de San Jusepe, y con gran tempestad caminamos al remo la vuelta del noreste por el canal como seis leguas entre islas y la Tierra Grande, contra mar y viento norte y corrientes y con muchos aguaceros. Hicimos noche en una caleta al oeste sudoeste de la punta de Nuestra Señora de las Virtudes.

El viernes ocho del mes partimos de esta caleta, y fuimos al remo con mucho viento norte y gran mar y muchos aguaceros y gran frío y, con trabajo, montamos la punta de Nuestra Señora de las Virtudes: y, antes de llegar a ella, hallamos dos grandes ancones llenos de islillas, y bajos, y es toda tierra quebrada. Y, doblada esta punta de las Virtudes, descubrimos otra punta al noreste cuarta al norte dos leguas y, por entre una punta y otra, hay gran ensenada que entra la vuelta del norte con muchas isletas en medio, que es toda esta tierra despedazada, y cada boca echa de sí su viento diferente y las más veces tormentoso. Es costa toda de peñascos, y casi toda brava, y el fondo a pique y malo. Por aquí va el canal a medio canal noreste-sudoeste. Cargó este día tanto mar y viento norte y aguaceros y granizo frío que era imposible ir adelante; y volver atrás era perder mucho. Por no perder lo que tanto trabajo había costado ganar, nos determinamos dar la vela baja y, con ella, navegamos al este noreste como tres leguas; y, no pudiendo ir más a la vela, amainamos, y comenzaron a bogar por doblar una punta para nos abrigar de la tempestad y corrientes: y, con grandísima fuerza de brazos, los buenos y valientes marineros rompieron la corriente, y doblaron una punta que una galera tuviera mucho que hacer en romper; y, como la tormenta cargaba cada vez más, nos fue forzoso meternos en una caleta a repararnos por esta noche.

Sábado nueve del mes salimos de esta caleta, que llamamos del monte de Trigo, porque tiene encima un morro que parece monte de trigo; y antes de salir marcamos el canal de San Esteban, que es el que habíamos dejado a mano derecha en la isla de los dos canales, como arriba se dijo; y salimos de esta caleta, atravesamos a la primera punta, que está norte-sur cuarta de noroeste-sudeste, una legua de la caleta. Llamamos a esta punta de San Blas.

La punta de Nuestra Señora de las Mercedes demora con la de San Blas noroeste-sudeste.

Desde la punta de San Blas vuelve el canal y costa hasta otra punta, que llamamos de San Luis, norte-sur una legua. Por aquí tiene el canal de ancho este-oeste una legua, y tiene unas isletas más allegadas a la costa del este.

Desde el paraje de la costa de San Luis vuelve la costa por ambas partes, y el canal al norte cuarta del noroeste-sudeste.

Desde la punta de San Luis, al norte cuarta al noreste, como media legua, está un morro alto redondo que tiene de la banda del sudoeste una mancha de nieve que hace figura de animal de cuatro pies como que está paciendo, y tiene la cola como zorra, y por esto le llamamos el morro de la Zorra; y en la costa frontera de la Zorra está un ancón noreste-sudoeste, que es surgidero de fondo de piedra en treinta, y veinte, y quince, y diez brazas. Es abrigado del sur y norte y travesía, que en estas partes es el oeste. Este día nos terció el tiempo razonablemente que pudimos ir un rato a la vela. Venteó algún vahaje de sur y sudoeste y oeste, y todo con aguacerillos y frío y algún granizo. Este día vinimos a alcanzar alojamiento tres leguas al sur de las puntas de la isla de Dos Canales. Esta noche llovió y venteó norte furiosamente hasta buen rato de la mañana del domingo. Por aquí vimos muchas corrientes que nos detenían unas veces, especialmente en las puntas, y otras nos ayudaban conforme a las crecientes y menguantes de las mareas.

El domingo diez de enero con todo el mal tiempo que hacía de aguaceros, porque abonanzó la mar con ellos, partimos al remo; y luego, en saliendo, comenzó el norte y noroeste y con mucho frío y aguaceros y corrientes contrarias que hacían ir reventando [a] los marineros, bogando y quebrando los remos, por no arribar un palmo; porque se siente mucho perder lo que cuesta tantas gotas de sangre como estos caminos cuestan que, por no arribar, se ponían muchas veces a peligro y riesgo de ahogarse, y, demás de esto, ya no teníamos comida ninguna porque habían pasado ya seis días más del término para que habíamos llevado ración, y algunos se sentían ya muy flacos y sin fuerzas y, aun marisco, ya no hallábamos porque no se cría sino en abrigos, y lo más de todo esto es costa brava sin fondo. Y,

con todos estos impedimentos y trabajos, este día alcanzamos
unas quebradas de muchas isletas donde en una de ellas
vimos dos nutrias, y una gordísima que no se podía menear.

Lunes once del mes amaneció bonanza y partimos de
esta dormida y fuimos por la angostura, y poco después de
mediodía descubrimos el brazo de la Concepción, y puerto
Bermejo; y, queriendo ir a nos alojar a la isla de los Inocentes con calma, por ser lejos, pareció tarde; por lo cual, y
porque entraba la marea y viento fresco con ella, dimos la
vela, y súbito cargó tanto sudoeste y oeste sudoeste y metió
tanta mar, que un muy gran navío se viera en trabajo y
arribara, si tuviera donde; y, así, nosotros, aunque quisiéra-
mos arribar, no podíamos sin peligro de la vida; y tomar la
isla no era posible; por lo cual, encomendándonos a Dios,
nos aventuramos, confiados en su misericordia, de atravesar
el golfete de la Concepción a la otra banda, teniendo cuenta
los pilotos con las mares, unas veces arribando, otras yendo
a orza; largando y cazando escota, y los marineros achicando
el agua que los golpes de mar metían en el pequeño batel, a
quien guardó Nuestra Señora de Guía, cuyo nombre se le
había puesto; y así, con su favor, vinimos antes que anoche-
ciese a tomar la ensenada que está al noreste del Hocico de
Caimán donde, a puesta de sol, los marineros, habiendo
comido un bocado bien escaso, se determinaron de ir esta
noche a los navíos, que estaban una legua escasamente; y,
tomando los remos, llegaron a Hocico de Caimán; y, queriendo doblar la punta, hallamos tanto sur y mar, que no
fue posible ir adelante. Y, por esto, y por ser muy noche,
nos volvimos detrás de la punta; donde, tentando como ciegos, hallamos un pedregalejo abrigado donde nos recogimos
e hicimos fuego y estuvimos esta noche.

Martes, doce del mes, partimos de aquí con bonanza,
porque las más veces las hay por las mañanas; y, mediante
Dios, llegamos al puerto Bermejo de la Concepción donde
hallamos los compañeros buenos de salud, que ya habían
acabado el bergantín, en lo cual todos habían trabajado muy
bien, y nos regocijamos unos con otros, porque los unos
temíamos que a los otros les sucediese algo, porque como la
tierra es de tiempos tan pesados, los que estaban en los navíos

temían que nos hubiese algún golpe de mar anegado el batel,
y ya trataban de irnos a buscar como debían, sino fuera con
cautela, porque el almirante y algunos de la almiranta decían
que ellos debían de ir, y Hernando Alonso, piloto, que no,
sino él. Y, entendióse, que los del almirante y él no pretendían sino salir y dar una vuelta con el bergantín por la parte
que se les antojase, y de ahí a dos días volverse y decir que ya
era perdido el general, y volverse a Chile; que era una maldad
contra el servicio de Dios Nuestro Señor y de V. M. Y, por
venir este día, no hubo efecto su mala intención.

Y sea aviso, para los que por aquí hubieren de venir,
que traigan los navíos cargados de cables y anclas en muy
mucha abundancia, porque son mucho menester para esta
tierra; porque esta tierra es muy hondable y hay muchos
ratones y tormentas de vientos muy pesados; y hay muchas
corrientes diversas, porque cada canal llama sus corrientes
en todo este archipiélago. Pasóse en este tercer descubrimiento grandísimo trabajo; y el mayor fue no hallar puertos
seguros, y canales claros para poder llevar los navíos, aunque se hizo mucho en descubrir la salida a la mar por el sur
del cabo de Santa Lucía, porque, desde allí, tenía Pedro
Sarmiento por cierto que a la otra salida habíamos de embo-
car en el Estrecho, que era lo que buscábamos.

Llegado Pedro Sarmiento y pilotos y compañeros a los
navíos, visitó los pañoles y despensas de las naos, porque en
su ausencia supo que había habido desorden, especialmente,
el almirante había mandado acrecentar la ración del pan a
los soldados porque se les daba diez onzas de ración y les
mandó dar libra[41] a los que quedaban en el navío, sin tener
consideración a lo de adelante, ni teniendo respeto a la
miseria que el pobre de Sarmiento y sus compañeros pasaban en el batel. Entendióse, por lo que después se supo, que
Juan de Villalobos no pretendía sino consumir y acabar los
mantenimientos brevemente por tener ocasión para que nos
volviésemos a Chile, diciendo que, por falta de comida, se

---

41. Una onza es un dieciseisavo de libra y equivale a 28,4 g. La
ración de pan aumentó de 284 g –diez onzas– a 454,4 g –una
libra–, es decir, a casi el doble.

volvían y que no se podía ir adelante sin ella, y procuraba hacer amigos a costa de las vidas de los que andaban trabajando para que le ayudasen en sus malos propósitos, que después se supieron. Mas, Pedro Sarmiento, entendiendo solo la destrucción de las vituallas de la almiranta, visitóla, y enmendó lo que era necesario, y dio las llaves que tenían despensero y guardián, a una persona sola, que fue al piloto mayor, para que por su mano se distribuyese y, en dando ración, guardase las llaves; y en la capitana quitó las llaves al tenedor de bastimentos, Juan de Sagasti, así por sedicioso, como por dañador de los mantenimientos, y puso otro despensero más diligente y fiel; y mandó que se volviese a dar la ración que antes se daba, porque mucho más vale que digan: "Aquí pasó hambre fulano e hizo lo que era obligado a Dios y a su Rey", que no digan: "Por desordenado se consumió, y no efectuó a lo que fue enviado". Esta reformación fue murmurada malamente, y después llegó a mucho riesgo; pero, en fin, se llevó adelante, porque así convenía al bien y vida de todos, porque Sarmiento siempre tuvo determinado de morir o hacer efecto, con el ayuda de Nuestro Señor Jesucristo y de su benditísima madre Santa María. Y, para esto, viendo la largueza del camino que se le ofrecía por delante, íbase previniendo lo mejor que Dios le daba a entender y hacía orejas sordas a palabras locas.

En este puerto, Pedro Sarmiento hizo una línea meridiana en tierra, y marcó las agujas de marear; y se cebaron y adobaron y aderezaron, cebándolas y reparándolas;[42] porque con las tormentas y humedades habían recibido mucho daño. Y sea aviso a todos, que las que estaban bien cebadas nada nordesteaban, ni noroesteaban, sino sólo aquella media cuarta que los aceros están trocados de la punta de la flor de lis: y es opinión de poco experimentados afirmar que hay nordestear, o noroestear si la aguja está bien cebada y afinada; y cuando se halla algún defecto que parece tirar a esto en la aguja, es otro el secreto, que tiene remedio; y no es de aquí, por ser experiencia manual.

42. *Cebar*: pasar una piedra imán por las agujas, para imantarlas; *adobar*: carenar; *aderezar*: enderezar.

Arriba se dijo que cuando la primera vez se llegó a este puerto Bermejo se tomó posesión por V. M. y olvidábase de decir cómo después se volvió a tomar con escribano cuando la armada estuvo aquí surta; cuyo testimonio es el que sigue.

Posesión de puerto Bermejo

En veintisiete del mes de diciembre, día del señor San Juan Evangelista de este presente año de mil quinientos setenta y nueve, el ilustre señor general Pedro Sarmiento, estando esta armada real surta en el puerto Bermejo de la Concepción de Nuestra Señora, en presencia de mí el escribano infrascrito y testigos de sus contenidos, dijo: que aunque a veintiséis del mes de noviembre próximo pasado, habiendo venido a descubrir en el batel con los pilotos Antón Pablos y Hernando Lamero, y otras personas, había tomado y tomó la posesión de este dicho puerto y tierra comarcana; pero porque a la sazón no había escribano presente que de ello diese fe, y al presente lo hay, dijo: Que tomaba y tomó, aprehendía y aprehendió la posesión realmente y con efecto de este dicho puerto, a quien había nombrado y nombró puerto Bermejo de la Concepción de Nuestra Señora, y de toda la tierra comarcana, canales, golfos, puerto, bahías, salidas y entradas y navegaciones, y lo subrogaba y subrogó debajo del dominio, señorío y propiedad del muy católico y muy poderoso señor don Felipe Segundo, rey de Castilla y de León, y sus anexos, y de sus herederos y sucesores, como cosa que es suya propia, que realmente y verdaderamente les pertenece, que está debajo, incluso y dentro de la demarcación de los ciento ochenta grados que tiene en su conquista y descubrimiento por la Bula del muy santo padre Papa Alejandro Sexto, como en ella más largamente se contiene, a que se refiere. La cual dicha posesión tomó sin contradicción de los naturales de esta dicha tierra,[43] ni de otros algunos; y en señal de posesión arboló y plantó una grande cruz de madera en el arrecife y peñascos de la dicha playa Bermeja, e hizo un mojón grande de piedras al pie de ella, a lo cual ayudaron todos los presentes; de lo cual pidió a todos los presentes fuesen testigos, y a mí el dicho escribano se lo diese por testimonio en manera que haga fe en pública forma, para en guarda del real derecho; y que este puerto está en cincuenta grados y medio largos al sur de la equinoccial. Fueron presentes por testigos a lo susodicho el almirante Juan de Villalobos, el padre vicario Fray Antonio Guadramiro, el alférez Juan Gutiérrez de Guevara, el sargento mayor Pascual Xuárez. De todo lo cual doy fe y verdadero testimonio, y me hallé a todo ello presente, fecho *ut supra*. =Pedro Sarmiento. =Ante mí = Juan Desquíbel, escribano real.

Y como ya no teníamos que aguardar, por estar el bergantín acabado, y era necesario determinar por qué canal habían de llevarse las naos más seguramente, y por donde con más certeza se descubriese el Estrecho, Pedro Sarmiento juntó al almirante y pilotos para platicar sobre ello; de lo cual se hizo el testimonio que se sigue:

En este puerto Bermejo de la Concepción en la nao capitana, nombrada *Nuestra Señora de Buena Esperanza*, domingo diecisiete del mes de enero de 1580 años el ilustre señor Pedro Sarmiento, general de esta armada del estrecho de Magallanes, hizo congresar en esta dicha nao capitana al piloto mayor Hernando Lamero, y a los pilotos de esta nao capitana Anton Pablos y Hernando Alonso en presencia de mí el escribano infrascrito; y estando presente, asistiendo a ello el dicho señor general, y el almirante Juan de Villalobos, les propuso que, como bien saben, se ha salido tres veces con los bateles a descubrir las costas y canales de estas comarcas de mar y tierra, desde el puerto del Rosario, que está en cincuenta grados hasta en cincuenta y dos grados al sur,

---

43. Los lugareños indígenas no eran reconocidos como propietarios de la tierra. En el segundo Concilio de Lima (1567-1568), la iglesia católica dictaminó que los indígenas del Nuevo Mundo eran menores o neófitos en cuestiones de fe.

para buscar pasaje seguro y puertos por donde poder llevar estos dos navíos de Su Majestad con el menor riesgo que fuese posible para hacer el descubrimiento del Estrecho, a que fueron enviados por el excelentísimo señor don Francisco de Toledo, virrey del Perú; y que los dichos pilotos Hernando Lamero y Antón Pablos, piloto de esta dicha nao capitana, han visto y experimentado por vista de ojos los inconvenientes y utilidades que puede haber en el camino de los canales por el archipiélago, o por la costa brava. Y como a personas prudentes les encarga le digan su parecer en Dios y en su conciencia de cuál camino de los dos les parece mejor y más seguro para llevar los dichos navíos en demanda de dicho Estrecho, y qué día les parece será bueno salir de aquí, porque conforme a lo que les pareciese así se pondrá en ejecución. = Pedro Sarmiento.

Respuesta del piloto mayor

Y luego incontinente el dicho Hernando Lamero, piloto mayor dijo y respondió a lo que por el señor general le era mandado: Que su merced había ido en estos tres descubrimientos, y había visto los fondos y canales y los riesgos que podía haber por el un camino y por el otro; y asimismo es cosmógrafo, y ha dos meses que estamos en este archipiélago y canales, y ha visto y hecho experiencia en los tiempos; y de ocho o diez días a esta parte su merced ha visto la diferencia que hasta aquí ha hecho en los tiempos, haciendo heladas y venteando los vientos sudoeste: por lo cual su merced ha dicho le parece que entra el verano en esta tierra, y es el principio de reinar estos tiempos: lo cual me parece a mí ser ello así cierto, por lo que hemos visto desde que aquí entramos hasta ahora, por la diferencia de tiempos que ha hecho. Y así dijo y dio por su parecer, en virtud de lo que el señor general manda, y de lo que Dios le daba a entender, y en su conciencia para la seguridad de la gente y armada de Su Majestad le parecía y pareció: Que saliese el bergantín desde puerto en busca del Estrecho; y visto y tanteado y mirado el canal del dicho Estrecho de cincuenta y dos grados y medio, y mirando algún puerto dentro de él, y mirando señas, se viniese por los navíos a este puerto, y de aquí se llevase la dicha armada por la mar ancha, y no por archipiélagos, ni canales, por la diversidad que hay de corrientes y pocos surgideros en el canal que el señor general vino de ver. Y si esto a su merced no le estuviere bien, por la dilación del tiempo y no alejarse de los navíos, o por otra cosa, debería su merced de mandar salir la armada mañana lunes, si hubiese tiempo para ello, o el día primero que hiciere tiempo para ello, por este canal que tenemos abierto de noreste-sudoeste, arrimados al cabo de Santiago, e ir en demanda del Estrecho con los navíos y bergantín y tentar el canal, habiendo tiempo para ello. Dice el canal de cincuenta y dos grados y medio; y no dando el tiempo lugar, buscar el de cincuenta y cuatro escasos. Y esto dijo y dio por su parecer, y firmólo de su nombre. Fernando Gallegos Lamero.

Respuesta de Antón Pablos

Y luego incontinente el dicho Antón Pablos, piloto de esta nao capitana, dijo: Que daba por su parecer que los navíos fuesen por el canal por más seguridad, asegurando de puerto en puerto hasta meterlos en el Estrecho por la experiencia que se ha tenido de los tiempos que ha hecho desde el día que se tomó tierra hasta hoy, por haber muchas diversidades de tiempos y travesías, y por haberse tomado muy pocas veces el sol, y la poca costa que se anduvo el segundo descubrimiento, y ser muy sucio y haber muchos bajos, y no haber puertos, y cerrarse con oscuridad la costa. Y el Estrecho es necesario buscarlo por altura como cosa no vista de ojos; y por no poder tomar la altura todas las veces, habría mucho riesgo así de los navíos, como de la primera noche de travesía y cerrazón, perder el bergantín y la gente que en él fuere. Y por estos peligros le parecía en Dios y en su conciencia ir por el canal descubierto de la mano derecha. Y lo firmó de su nombre. Antón Pablos Corzo.

RESPUESTA Y PARECER DE HERNANDO ALONSO, PILOTO

Y luego incontinente Hernando Alonso, piloto de esta nao capitana dijo: Que daba y dio por su parecer que no había visto los canales y costa que el batel había descubierto las dos veces postreras; y que para en cuanto a ir por la una parte, o por la otra, le parece que sería bueno para seguridad de los navíos que fuésemos por el canal descubierto de mano izquierda al puerto bueno que dicen haber allí; y de allí el bergantín saliese a descubrir el Estrecho hasta cincuenta y dos grados y medio que dicen está el dicho Estrecho: y cuando no se hallase en los dichos cincuenta y dos grados y medio, se fuese con los navíos a buscarle más adelante; y que hallado con el bergantín, se llevasen los navíos a la boca del Estrecho: y que sobre todo se remite al parecer del señor general, como hombre que lo ha visto y experimentado. Y firmólo. Hernando Alonso. Ante mí: Juan de Esquíbel, escribano real.

Vistos estos pareceres por Pedro Sarmiento y tanteando los pocos puertos que en los canales había, y que era menester tiempo muy concertado y medido, bajo pena de perderse por las corrientes y otros muchos impedimentos y variedades de tiempos; y por no dejar los navíos al albedrío de gente poco amiga de trabajar, que hiciesen alguna locura de volverse a Chile, determinó salir por la mar, aunque se temía (y con mucha razón) tormentas y muchos peligros, por ser la mar de esta tierra la más tormentosa y de más pesados vientos que se puede imaginar en lo que se navega del mundo; y si acaso hay un día de serenidad luego le siguen otro y otros, y ocho, y diez días más de tormenta; y en ningún tiempo se puede tener certidumbre de buen tiempo más de la hora que acaso se viere de presente. Lo cual determinó así Sarmiento por lo arriba dicho; y lo más principal porque lo hizo fue porque entre la gente de la almiranta, especialmente el almirante y Pascual Suárez, sargento mayor que con ningunas diligencias no nos podíamos valer, sino por momentos creíamos perecer; y la almiranta se iba metiendo en tierra donde no podía dejar de correr riesgo por los bajos malos que hay en aquella costa por donde iba corriendo contra la orden que tenía del capitán superior, y podría ir muy bien la vuelta que llevaba la capitana, que era lo más seguro, a la mar. Así que anocheciendo cargó muy pesadamente la tormenta, y la capitana hizo farol con mucho cuidado a la almiranta para que siguiese su vía y no se perdiese, y la almiranta respondió con otro farol, el cual de allí a poco le vieron por popa, que según se juzgó iba arribando la vuelta del cabo de Santiago, o de la bahía de puerto Bermejo. Y en la capitana se iba con grandísimo trabajo y peligro llamando a Dios nuestro señor, y a su benditísima madre, y a los santos que intercediesen por nosotros con nuestro señor Jesucristo que hubiese misericordia de nosotros. Era el viento de refriegas, y esa poca vela que llevábamos en el trinquete nos la hizo pedazos, que a no llevar otra velilla de correr, quedábamos sin vela de trinquete. Entraba la mar por un bordo y salía por otro, y por popa y proa, que no había cosa que no anduviese debajo del agua: y como el bergantín era pequeño, y la nao daba muchos estrechones,[44] corría grandísimo peligro, y cada golpe de mar lo arrasaba, y los que iban dentro iban dando voces que los socorriesen de la nao, que hacían grandísima lástima oír los gritos que daban y lástimas que decían, y más viendo que no los podían socorrer por ser de noche, y nos pusiéramos todos a riesgo de perdernos: y animábanlos desde la nao diciendo que presto sería día, y los recogerían en la nao. Y en siendo de día, la nao fue puesta de mar en través, las velas tomadas

44. *Estrechones*: sacudidas que dan las velas cuando cesa el viento que las hincha.

con harto peligro, por tomar y socorrer la gente del bergantín; y tirando de la guindaleza con que venía amarrado lo
llegaron a bordo del navío, y con los mares grandes embestía
con el espolón el costado del navío que temimos ser desfondados
con los golpes: y cierto se pensó ser verdad, porque un marinero subió de debajo de cubierta diciendo que estábamos
desfondados; y diciéndole que no había agua en la bomba,
dijo que se embebía el agua en el pañol del bizcocho; y a
prima faz se creyó, y causó harta confusión en muchos, hasta
que se fue a ver, y pareció no ser así, con que todos volvieron
a cobrar nuevo ánimo, y a encomendarse a nuestra señora de
Guadalupe: y echamos un romero con limosna para aceite a
su santa casa, y luego comenzamos a echar cabos y tablas y
boyas a la gente del bergantín para que se aferrasen a ellas y
los metiésemos dentro de la nao. Y como la mar era tan
soberbia, y los balances del navío ahorcaban el bergantín (que
en esto tenían tanto y mayor peligro que en la tormenta de
mar) nunca pudieron aferrar las sogas, ni tablas que les habíamos echado; y dábamosles voces desde el borde del navío que
se animasen y se encomendasen a Dios a que los salvase, y así
lo hicieron: y uno de los marineros llamado Pedro Jorge se
arrojó a la mar y se aferró del timón del navío, y asiéndose
del varón y de la cámara de popa le echaron un cabo, y dióse
mala maña y soltó el cabo, y fuese a fondo y se ahogó. Los
demás, unos guindados por las cabezas con lazos, medio
muertos; otros arrojándose a las cintas y mesas de guarnición,
fueron metidos dentro, y los salvó nuestro señor Jesucristo. A
él sean dadas infinitas gracias. Algunos de ellos venían lisia-
dos de los golpes que habían recibido, y Hernando Alonso
fue milagro escapar, porque estuvo debajo de la quilla del
bergantín, y escapóle Dios con su misericordia. Esto fue viernes por la mañana; todo este día fue creciendo la tormenta
unas veces de viento norte, otras de travesía, que es oeste en
esta región, la cual es tan soberbia y mete tanta mar, que no se
le puede mostrar el costado, y levanta el navío del agua: y por
esto estábamos en mayor peligro, porque por estar cerca de
tierra no podíamos correr a popa, que es lo que se suele
hacer para huir de la tormenta de la travesía; porque, si
corriéramos a popa, en muy poco tiempo diéramos en tierra

donde nos perdiéramos; y, así, no osando ponernos del todo
mar al través, por no abatir sobre la tierra, y por ser navío
peligroso de mar en través, íbamos con poquita vela del trinquete a orza por traer siempre vivo el navío: en lo cual el
piloto Antón Pablos trabajó como muy buen piloto y hombre
de mucha vigilancia y cuidado, sin descansar de día ni de
noche; y sobre todo el trabajo era el agua y el frío grande, con
que los marineros se sentían muy fatigados, y así vinieron a
punto de pasmarse todos; pero favoreciólos Dios, e hiciéronle
como muy hombres de bien, y grandes trabajadores, acudiendo a lo que el piloto les mandaba con presteza. Duró la
tormenta todo este día viernes y su noche; y Dios por su
santísima misericordia aplacó el viento y vimos tierra por la
banda del este sábado por la mañana 23 de enero menos de
dos leguas de nosotros, donde había muchos arrecifes, y bajos, que si Dios no nos alumbrara era imposible escapar. Y
viniendo sobre tierra, que es una isla, a la cual nombramos
Santa Inés porque salimos de puerto Bermejo su fiesta. Así
que, yendo hacia tierra, calmó el vahaje, y esto nos dio más
temor, porque estábamos muy cerca de tierra, y la mar de
leva que venía del oeste sudoeste que había quedado de la
tormenta pasada temíamos que nos arrojase sobre las peñas: y
encomendándonos al Espíritu Santo consolador, y a la
gloriosísima madre de Dios, súbitamente por su misericordia,
nos vino un vientecito claro y bonancible, con que salimos de
aquel peligro, y fuimos doblando el cabo de la isla de Santa
Inés. Llamamos al cabo el Espíritu Santo[45] por la merced que
nos hizo sobre este cabo; y así como fuimos entrando de la
parte de adentro del cabo y cabeza de la isla de Santa Inés,
reconoció Pedro Sarmiento que quedaba la vuelta del norte el
cabo de Santa Lucía diez y ocho leguas, que el segundo y
tercer descubrimiento de los bateles habíamos descubierto, y el
canal noreste-sudoeste del archipiélago del tercer descubrimiento.

---

45. Antes y después de Gamboa fue más conocido por cabo Deseado, como lo llamó Magallanes. Parker King lo renombró como
cabo Pilar, y así se lo conoce actualmente (no confundirlo con el
actual cabo Espíritu Santo, que está en la entrada atlántica del
Estrecho, sobre la costa fueguina).

Y doblando el cabo del Espíritu Santo, apareció claro un canal ancho claro y seguida la vuelta del sudeste: y porque era noche procuramos buscar surgidero, y así en la primera ensenada que hallamos, como dos leguas canal adentro, surgimos en quince brazas. Llamamos a esta ensenada el puerto de la Misericordia, por la que nuestro señor Dios usó con nosotros en salvarnos de tantos peligros, como los que pasamos en esta tormenta y tormentas. Esta noche estuvimos como sordos en bonanza, la cual no duró mucho, porque luego domingo por la mañana amaneció tanto viento y mar y tantas refriegas del norte y de travesía que surtos nos comía la mar: y luego se nos comenzaron a romper las amarras y a garrar las anclas; y por abrigarnos más en tierra quisimos atoarnos, y para echar las toas fue tanto lo que se trabajó, que se acabaron las fuerzas de los marineros; los mandadores cansados y roncos de dar voces y trabajar, y los marineros hechos pedazos y tullidos del frío y agua y golpes y heridas; y fue tanto el temporal que aquí sobre las amarras y toas tuvimos por ocho días, sin darnos una hora para nos amarrar en abrigo; que aquí, más que en la mar, tuvimos por cierta nuestra perdición. Mas, con el favor de la santísima madre de Dios, al cabo de ocho días, que fueron treinta de enero, nos amarramos cerca de tierra, y el viento y mar abonanzó. Y domingo treinta y uno de enero salió Pedro Sarmiento y Antón Pablos, piloto, en el batel, y fueron a la cordillera que está como media legua del puerto de la Misericordia, y subieron a una cumbre alta; desde la cual Pedro Sarmiento y el piloto ojearon y marcaron un gran canal que proseguía la vuelta del sudeste, y lo marcaron, y otras muchas islas grandes e islotes y bajíos la vuelta del este y noreste. Tomóse posesión, y se volvieron al navío. Este puerto de la Misericordia está en cincuenta y dos grados y medio cumplidos, y tiene buen tenedero de barro blanco, que con gran trabajo y a fuerza de cabrestante zarpábamos las anclas dentro de este puerto. Hay muchos herbazales, y tiene tres islotes al norte juntos, que ayudan a abrigar si están surtos muy en tierra. Tiene al oeste una caleta por donde salen refriegas que levantan el agua del mar y la llevan por los aires que parece nubes de humo. Este domingo hubo eclipse de luna; y aunque Sarmiento lo observó e hizo la noche clara, y apareció la luna al oriente en poniéndose el sol, cuando salió redonda deseclipsada del todo, aunque se echó de ver la rojez y negrura que hizo el cielo cuando asomaba por el horizonte oriental cuando se iba deseclipasando del todo; y en cierta manera se pudo juzgar el punto cuando se deseclipsó, aunque no tan precisamente como si clara y patente se viera; y, si a esto damos crédito, colegiremos de aquí que el meridiano de este puerto está más occidental que el de Lima, y la cantidad que es la diré adelante.[46]

Lunes primero de febrero de 1580. Pedro Sarmiento salió en el batel y con él Antón Pablos, y con algunos marineros, a descubrir canal y puerto, y así fueron tanteando hasta mediodía como tres leguas al sudeste por donde va la costa de esta isla haciendo arco sobre el sur, y entramos en una ensenada, y subimos a una cordillera alta con agujas de marear y cartas, desde donde marcamos lo que vimos, que fueron muchas ensenadas; y Pedro Sarmiento descubrió lo que desde allí pudo marcar, que sería como diez leguas de canal al sudeste. Y de allí, tomando la posesión, nos volvimos al navío; y a la vuelta hallamos muchos herbazales que con la bonanza habían sobreaguado:[47] Sondámoslos y hallamos algunos de ellos peligrosos; y finalmente, de cualquiera manera que se vean herbazales se guarden de ellos, que uno tiene seis, y otro diez brazas de fondo, y otros tienen mucho menos; y cuando no sea tan bajo que toque el navío, es gran peligro para los timones, que los embarazan; y son tan recias algunas ramas de estas hierbas que podrían arrancar el timón si el navío fuese con viento fresco. Por tanto, guárdense de ellas como de cualquier otro peligro.

---

46. Los eclipses totales de Luna se caracterizan por verse en todo el mundo, aunque no a la misma hora. Debido al sentido de giro de la Tierra, la trayectoria aparente de los astros es desde el este hacia el oeste; cuanto más hacia el oriente se encuentra el observador, antes observará el eclipse.

47. *Sobreaguar*: andar o estar sobre la superficie del agua. Los herbazales podrían ser unas algas llamadas *cachiyuyos*, que se acumulan en parte de la costa patagónica austral.

Cuando llegamos al navío hallamos que un soldado, llamado Bonilla, había intentado cierta sedición grave, y el general lo prendió y después lo castigó como convenía al servicio de V. Majestad.

Ya se hizo relación como la almiranta respondió al farol que se le hizo a media noche. Es ahora de saber que en todo este tiempo que estuvimos en este puerto de la Misericordia, nunca vino la almiranta, ni tuvimos nueva de ella, ni rastro, y todo el trabajo que se ha dicho que aquí pasó, y más que no se dice, sufrimos, no tanto por estarnos quedos, como por aguardar a la almiranta, conforme a la orden que Pedro Sarmiento le había dado al almirante de que cualquiera que llegase primero a la boca del Estrecho esperase quince días al otro navío; y visto que no venía, echábanse juicios. Unos decían que había dado en los bajos de la Roca Partida, porque descargó en vela mucho sobre ellos; otros decían que aquello había sido de malicia y concierto por apartarse y derrotarse de la conserva de la capitana, y en esto se afirmaban los más, y a esto se ha dado más crédito por lo que se ha sabido después acá de los que se escaparon en el bergantín de la almiranta y de otras personas que sobre ello han dicho sus dichos; y lo que se ha averiguado es que siempre el almirante Juan de Villalobos trató de volverse a Chile y a Lima y, juntamente con él Pascual Suárez, sargento mayor, y otros de la nao almiranta; y decía el almirante, que si Pedro Sarmiento se quería ahogar, que él no se quería ahogar, y quería vivir y volverse a Chile; y que, saliendo a la mar, cada uno iría por donde quisiese, que fue dar claro a entender lo que después hizo. Y Pascual Suárez decía que hiciesen con Pedro Sarmiento que arribase a Chile, haciéndole entender que allí se abastecerían de nuevo y volverían al descubrimiento y que, llegados a Chile, harían un requerimiento al general para que no tomase la costa de Chile, diciendo que no convenía gastar más hacienda de Su Majestad y, así, pasarían de largo a Lima. Y Lamero el piloto dijo, tratando de volverse, que pidiesen a Pedro Sarmiento la fragua y que con ella irían a parte donde hasta los negros y mulatos fuesen muy prósperos; y diciéndole otros ¿dónde podéis ir para eso sino es a la China?, respondió: Pues allá. Por cierto esta gente se le acordaba mal de la

obligación que tenían y tienen a Dios nuestro señor y a V. M.
que es su soberano señor rey natural, y a las honras que de
vuestro virrey habían recibido, y de las buenas obras y amista-
des que Pedro Sarmiento, su capitán, les había hecho. Sólo sé
decir que fue de grandísimo daño su quedada y apartada: lo
demás júzguelo Dios nuestro señor y V. M. a quien incumbe
saber estas cosas.[48] Así que visto que no venía la almiranta y
que este puerto de la Misericordia no era seguro, habiendo
estado en él diez días, nos pareció irnos con el navío al otro
puerto que dejábamos descubierto tres leguas más adentro,
porque parecía mejor puerto, y allí acabarían de esperar los
quince días del plazo ordenado: y determinóse esto porque el
capitán Pedro Sarmiento estaba bien satisfecho ser aquel el
Estrecho que buscaban, aunque los demás no tenían esta confianza, antes estaban muy dudosos e incrédulos, y estaban
todos desconfiados; y, si algunos concedían con Sarmiento
cuando él los animaba a que creyesen ser aquel el Estrecho,
era en presencia, y después cada uno hablaba lo que su corazón le administraba: y, sobre esto, no convino rigor sino
sufrir porque padecían los pobres, así marineros como soldados, grandes trabajos.

El segundo día de febrero, que fue fiesta de Nuestra
Señora de la Candelaria, nos levamos, y al zarpar las anclas se
nos quebró una amarra, y nos hicimos a la vela de este puerto
de la Misericordia para seguir el canal del Sudeste; y, en
saliendo, cargó tanto norte que no nos dejó dar la vela mayor;
y, mientras más iba entrando el día, más iba cargando; y
llevábamos el batel por popa. Y, en fin, poco después de
mediodía llegamos a este puerto, que el día antes habíamos
descubierto, al cual el capitán superior nombró de Nuestra

48. Según contó después Lamero, el temporal duró tres días y
fueron a la deriva hacia el oeste hasta los 56" (latitud del todavía
desconocido cabo de Hornos). Conforme a los mapas de la época,
deberían haber encontrado la *Terra Australis Incognita* –Antártida–;
sin embargo, sólo hallaron agua. En vez de regresar al Estrecho,
aproaron hacia Valparaíso, adonde llegaron el 21 de febrero. Aunque Villalobos y Lamero ayudaron al corregidor, Francisco de
Herrera, a combatir contra los indígenas, ambos fueron castigados
después por el virrey, Francisco de Toledo.

Señora de la Candelaria; y, en dando fondo, garró el ancla, y luego dimos fondo a otra, y también garró; y en un instante cargaron las refriegas tan furiosamente que reventaron dos cordones de la amarra mayor y mejor: y porque no se acabase de quebrar la hizo el piloto Antón Pablos largar por la mano con boya y, quedando sobre un calabrote, reventaron otros dos cordones y quedaron dos cordones del calabrote sanos, tan gordos como un dedo pulgar cada uno, los cuales con la ayuda de la sacratísima Virgen María madre de Dios señora nuestra de Guadalupe nos tuvieron la nao que no fuese al través sobre las peñas y nos perdiésemos, no habiéndonos podido tener una muy gruesa amarra que antes y después nos había tenido en grandísimas refriegas. Tuvímoslo todos por milagro que Dios y su benditísima madre hizo con estos pecadores siervos suyos que la llamaban de corazón, y los valió. ¡Gracias infinitas le demos por siempre jamás! Amen. Tuvimos este caso por tan grande, que guardamos el calabrotillo para colgarlo en el templo de la serenísima Reina de los Ángeles; y quien lo viere la alabe por las mercedes que hace a las criaturas de su preciosísimo hijo Dios verdadero y señor nuestro. Al cabo nos amarramos allegándonos más en tierra y dando proís en ella a costa de mucho trabajo de la gente de mar y soldados, que en todas partes ayudaban en todo lo que se ofrecía muy bien, porque así convenía.

El miércoles tres de febrero vinieron algunos indios naturales de esta tierra; y desde un cerro alto que está sobre este puerto nos dieron voces, y nosotros les respondimos con otras voces y con señas llamándolos. Ellos pusieron una bandera blanca, y pusímosles otra, y vinieron bajando a la costa, y por señas nos llamaron que fuésemos donde ellos estaban. Por lo cual Pedro Sarmiento envió al alférez, y al piloto Hernando Alonso con solos cuatro hombres que fuesen remando, porque no se huyesen viendo mucha gente, que no eran más de cuatro o cinco: y a los que fueron se les dio chaquiras,*

* "Chaquiras". Argensola dice que son cuentas de vidrio; pero Herrera, que son de hueso. Herrer. Dec. IV. lib. 2. cap. 8: "Y cuentas de hueso menudas, que llaman chaquiras, cosa entre ellos muy estimada... Y le echó al cuello una sarta de chaquira". Y más adelante, Dec. V. lib. 1. cap. 2: "Y cuentas que llaman chaquira, joya de ellos muy estimada".

cascabeles, peines, zarcillos y cañamazos para darles y tratar amistad con ellos. Fueron los nuestros, y los indios no se osaban llegar al batel: por esto salió uno solo de los nuestros en tierra, y éste les dio lo que llevaban para darles; y llegáronse a él por verle solo, y poco a poco se osaron fiar; y salieron en tierra el alférez y Hernando Alonso, y los halagaron y les dieron más cosas de los rescates que se llevaban para este efecto, mostrándoles, por señas, de qué servía cada cosa, y para dónde era: con lo cual ellos se regocijaron mucho, y luego mostraron a los nuestros unas banderillas de lienzo que traían en unas varas. Eran las banderillas unas tiras angostas de ruan, angeo y holandeta;[49] de lo cual conjeturamos que habían comunicado con gente de la Europa que por aquí habrían pasado: y luego ellos mismos sin se lo preguntar nos dieron a entender por señas muy patentes que hacia la parte del sudeste estaban, o habían venido, o estado, dos navíos como el nuestro de gente con barbas, vestidos y armados como nosotros. Con lo cual, y con el lienzo les dimos crédito y sospechamos debían ser los que decían los navíos de los ingleses que habían el año pasado entrado por allí con Francisco Draquez: y con esto y con decir por señas que otro día volverían y nos traerían refresco, se fueron; y los nuestros se volvieron a la nao y dieron relación a Sarmiento de lo que había pasado en tierra con los indios: y desde el navío se parecía y juzgaba muy bien, porque estaba muy cerca de tierra.

Y este mismo día en la tarde Pedro Sarmiento saltó en tierra, y tomó la posesión de la tierra en forma: y de ello se hizo el testimonio siguiente.

---

49. *Ruán*: tela de algodón estampada en colores que se fabricaba en la ciudad francesa de Ruán (Rouen); *angeo*: tela basta; *holandeta*: lienzo usado generalmente para forros de vestido.

POSESIÓN

En la isla ahora de nuevo llamada Santa Inés, habiendo esta nao capitana surgido en este puerto de nuevo llamado Nuestra Señora de la Candelaria, por haber llegado a él su fiesta: el ilustre señor Pedro Sarmiento, general de esta dicha armada, saltó en tierra y tomó la posesión de este puerto, tierra y su comarca, sin contradicción de los naturales de ella, por el muy católico y muy poderoso señor don Felipe Segundo, rey de España y de las Indias y sus anexos, nuestro señor y rey natural, a quien Dios guarde por muchos años, y de su real corona, herederos y sucesores suyos; y en señal de la dicha posesión plantó una cruz, la cual adoraron los que presentes estaban, siendo presentes por testigos el padre Fray Antonio Guadramiro, vicario de esta armada, y Hernando Alonso, piloto de esta nao capitana, y Gerónimo de Arce del Arroyo, soldado de ella, y Pedro de Bahamonde en presencia de mí el escribano infrascrito; de lo cual doy fe y verdadero testimonio para que en todo tiempo y parte haga fe para en guarda de la justicia y derechos de los muy altos y muy poderosos y católicos señores reyes de Castilla y León: la cual dicha posesión tomó como de cosa que pertenece por derecho a la corona real de los dichos señores reyes, por cuanto cae dentro de su jurisdicción y demarcación. De todo lo cual doy fe, como dicho es, que es fecha esta carta de posesión a tres de febrero de mil quinientos ochenta años. = Pedro Sarmiento.= Ante mí =Juan de Esquíbel, escribano real.

Otro testimonio

Otro sí, yo Juan de Esquíbel infrascrito doy fe y verdadero testimonio que este dicho día mes y año susodicho, en este dicho puerto aparecieron ciertos indios naturales de esta tierra en un monte cercano de este dicho puerto, y por voces y señas pidieron a la gente de esta nao capitana: a lo que se entendió, que fuesen allá que querían hablar con ellos. Y Pedro Sarmiento, general, envió al alférez Juan Gutiérrez de Guevara y cinco soldados marineros en el batel, para que les hablase y les diese algunas cosas de donas.*[50] El cual fue y habló con ellos en amistad, y les dio lo que llevaba: y según se entendió de las señas que hacían daban a entender que habían visto otros dos navíos con gente que tenían barbas y dagas como el dicho alférez llevaba. A lo cual se pudo dar crédito porque traían unas tiras de lienzo de ruan, con costuras y pespunte a nuestra usanza, lo cual no pudieron haber de otra parte sino de la gente y navíos que habían visto en este Estrecho. El cual dicho lienzo yo el dicho escribano lo vi y lo tuve en mis manos, y de ello doy fe y testimonio para que haga fe. Fecho *ut supra.* = Juan Desquíbel, escribano real.

Este día hizo alguna bonanza y de noche tormenta. Viernes cinco de febrero amaneció bonancible y venteó oeste y sudoeste, y aclaró algo el día, y granizó; y a mediodía vinieron

* "Donas". Mujeres.
50. También está documentado el uso de "donas como regalos", según anota Ángel Rosenblat.

los indios como lo habían prometido, y Pedro Sarmiento envió a tierra al alférez y a Hernando Alonso con seis hombres y con algunas cosas de rescates para darles, con instrucción que, si pudiesen, tomasen algunos para lenguas, y para nos informar de cosas de la tierra, y de lo que habían dicho de los dos navíos que habían visto. Fueron los nuestros; y no queriéndose llegar los indios, hicieron las mismas señales que el día antes; y viendo los nuestros que no se querían llegar a ellos, ni ir al navío para nos informar, arremetieron seis de los nuestros a ellos y se abrazaron dos hombres con cada uno de los indios, y así tomaron tres, los cuales por se soltar dieron puñetazos a los nuestros por los hocicos; pero no lo pudieron hacer, aunque tienen grandes fuerzas; y los nuestros no les quisieron hacer mal, aunque recibieron muchas puñadas, considerando que cada preso quiere ser suelto, y los trajeron al navío donde el general los trató con mucho amor; y les dio de comer y beber, y comieron y bebieron, y tanto les regaló que les hizo perder el temor y enojo y se rieron: y preguntándoles por señas por lo que habían dicho el día antes, y mostrándoles las tiras de lienzo, señalaban con la mano una ensenada donde habían estado los que se lo dieron, y que eran barbados y tenían dos naos como la nuestra, y que traían flechas y partesanas, y uno de ellos mostró dos heridas, y otro una, que les habían dado peleando con ellos.

En este puerto se vio Pedro Sarmiento más atribulado de espíritu que en todos los trabajos pasados, porque vio toda la gente tan cansada y mohína con tantas tormentas, que del todo estaban desconfiados de poder descubrir el Estrecho, estando ya, como estaban, dentro de él: y como los cables que teníamos eran tan pocos y molidos y hechos pedazos, parecíales que conforme a los tiempos que hacían no podíamos dejar de peligrar por falta de cables y anclas si íbamos adelante: y en corrillos decían y trataban que Pedro Sarmiento los llevaba a ahogar, y que no sabía donde iba, que mejor sería volverse a Chile a repararnos; pero no se lo osaba decir nadie a Pedro Sarmiento, aunque él sabía muy bien lo que pasaba, e iba poniendo remedio en ello: y llegó el negocio a tanta desconfianza, que los dos pilotos Antón Pablos y Hernando Alonso entraron en la cámara de Pedro Sarmiento, y le dijeron: "Que mirase que había hecho más que todos los descubridores del mundo en llegar allí, y que la almiranta era vuelta, y estábamos solos; y que si algún peligro nos sucediese ningún remedio teníamos, sino que pereceríamos donde jamás se supiese de nosotros; y que no teníamos anclas, ni cables, ni jarcia, y que los tiempos eran de tal condición, como se había visto, que era imposible poder ir adelante, sin esperar a la perdición de todos por momentos; que nos volviésemos a Chile, y de allí avisaríamos al virrey". Esto dijo Antón Pablos en nombre de ambos; y sospecho que de todos, que se lo habrían rogado que lo tratasen: y no era de espantar, que todo lo que decían era verdad y todos los hombres del mundo temieran lo mismo si lo vieran. Mas Pedro Sarmiento, como tenía determinado, con la confianza que tenía en Dios y en su gloriosísima madre, de perseverar hasta el fin en acabar el descubrimiento, o la vida en él, respondió a Antón Pablos: "Que aunque se había hecho mucho en llegar allí, que todo era nada si de allí nos volviésemos; que se espantaba, que siendo hombre de tan buena determinación, ahora que era menester le faltase, y más teniendo en él tan grande confianza como tenía; que mirase las mercedes que Dios nos había hecho, y esperase que no nos desampararía, sino que antes nos las había de hacer mayores; y que estas palabras las decía como amigo, y no le tratase él, ni nadie, más de aquel negocio". A lo cual Hernando Alonso dijo al general: "Que lo mirase bien, que lo que Antón Pablos decía era lo que convenía, y querer perseverar en ir adelante era tentar a Dios". A esta palabra Sarmiento, no pudiéndolo ya disimular, le quiso castigar rigurosamente; pero porque lo dijo simplemente y con pecho de hombre llano, y con solo temor de ahogarse, lo disimuló y se reportó, diciéndole: "Yo no quiero, ni pretendo tentar a Dios sino confiar en su misericordia, haciendo de nuestra parte lo que fuera posible a nuestras fuerzas; y lo que él decía era desconfiar; y no me trate más de esta materia, que al que de ello me tratare le castigaré poderosamente: y con esto no tengo más que decir, sino que luego nos hagamos a la vela". Y no convino entonces más rigor por muchas causas. Esto era viernes en la noche, y por esto no nos pudimos hacer a la vela.

Otro día sábado por la mañana, por la misericordia de Dios nuestro señor, amaneció bonanza y salimos de este puerto, habiendo esperado los quince días que el general había dado por orden al almirante para que el navío que se hubiese derrotado y llegase primero a la boca del Estrecho aguardase quince días al otro, y pasados, siguiese su camino a España, no viniendo el otro, conforme a lo mandado por el virrey del Perú. Salidos, pues, de este puerto de Nuestra Señora de la Candelaria, seguimos el canal como una legua al sudeste cuarta al este, y en este paraje hacían señas los indios que en un ancón por donde íbamos pasando habían estado los barbados que nosotros creemos ser ingleses del año pasado; y dábannos mucha prisa para que llegáramos con la nao. Llegamos cerca; no vimos más de una ensenada la vuelta del sudeste, y habiendo andado tres leguas vimos una boca de puerto limpio, y dos leguas más adelante al este sudeste vimos un puerto que entraba la vuelta del oeste, y más adentro iba una ensenada al sur. Aquí nos dijeron los indios que llevábamos,[51] que allí habían estado los barbudos, y habían tomado agua. En este puerto entramos a las tres después de mediodía: las aguas corrían aquí para el noroeste a la mar del sur, y más en el reflujo que en la creciente, y con viento fresco rompíamos con dificultad las corrientes. Nombróse a este puerto de Santa Mónica. Tiene veinte brazas de fondo bueno, arena, y veintidós brazas. Es abrigado de todos vientos. Aquí tiene el canal de ancho tres leguas, que es desde este puerto la vuelta del noreste hasta una isla que está al noreste, que se nombró isla de Santa Ana, que es punta en remate de la ensenada de San Gerónimo.

Domingo siete de febrero partimos desde puerto de Santa Mónica en el nombre de la Santísima Trinidad; y con viento este noreste y mar bonanza, navegamos por este canal más arrimados a la costa de la mano derecha, la cual iba al este sudeste como tres leguas, hasta una punta, que llamamos punta de San Idelfonso; y en medio de esta distancia hace la costa ensenada en arco, y muchas caletas y abras, donde parecía

51. Se refiere a los tres que habían "tomado para lenguas" y que llevaban a bordo.

haber puertos; pero no entramos en ellos por no perder tiempo. Es toda esta isla pelada y de peñascos. La primera ensenada nos dijeron estos indios que se llamaba Puchachailgua en su lengua, y la segunda ensenada se llama Cuaviguilgua. Aquí dicen estos naturales que los barbudos pelearon con ellos, y mostraban las heridas que les dieron. La tercera ensenada es grande y va la vuelta del sur, y la llaman Alguilgua. En la costa contraria de la mano izquierda al noreste se llama Xaultegua.[52] Este día hizo muy claro sol y bonanza. Tomamos el sol en cincuenta y tres grados largos. La ensenada llamada Xaultegua está en esta altura. Por esta ensenada Xaultegua entra una boca y brazo que va a raíz de la cordillera Nevada de la tierra firme; y dos leguas más al sudeste de donde se tomó la altura surgimos en un puerto que nombramos puerto Angosto. Tiene veintidós brazas de fondo limpio, un ayuste de tierra. Medio cable fuera, y proís en tierra. Luego que surgimos esta misma tarde subió el general, y con él Antón Pablos y otros dos hombres a una cordillera a descubrir el canal, y descubrieron gran cantidad de canal la vuelta del sudeste cuarta al este. Este día hizo claro y sol caluroso, y vientos bonancibles oeste noroeste: corrientes contrarias. Descubrimos otras muchas abras y caletas a barlovento y a sotavento. En lo alto de la cordillera hizo mucho calor. Pusieron aquí una cruz en un monte sobre la mar, y Pedro Sarmiento tomó aquí posesión por V. M., y en señal puso un gran mojón de piedras que hizo él y Antón Pablos, y en él puso una cruz; y otra cruz hizo poner en otro monte más alto a un hombre llamado Francisco Hernández, que envió a descubrir. Esta noche a una hora de noche a la banda del sudeste cuarta al sur vimos salir una cosa redonda bermeja como fuego, como una darga,[53] que iba subiendo por el cielo, o viento. Sobre un monte alto se prolongó; y estando como una lanza alta sobre el monte, se hizo como media luna entre bermeja y blanca. Las figuras eran de esta manera.*

52. Las palabras iluminan el mundo. Las diferencias entre la toponimia española y la indígena alcalufe ejemplifican, en parte, el enorme choque cultural que se estaba produciendo.
53. *Adarga*: escudo de cuero, de forma ovalada o acorazonada.
* Véase la figura número 4 en las láminas (página 197).

El lunes ocho de febrero amaneció calma, y luego refrescó el oeste noroeste claro y bonancible, con el cual hicimos vela de puerto Angosto en el nombre de la Santísima Trinidad, y navegamos por el canal de este Estrecho la vuelta de sudeste cuarta al sur; y de allí a tres cuartos de legua, por la costa de la mano derecha descubrimos una ensenada grande, que tiene una isla grande a la boca, que se llama Capitloilgua, en la costa llamada Caycayxixaisgua. Hay mucha nieve y muchos picos nevados. Tiene por aquí el canal legua y media de ancho.

Andadas tres leguas al sudeste cuarta al este, por la costa de la mano derecha, hay una gran ensenada, que entra más de dos leguas la vuelta del oeste sudoeste, y tiene en la boca una isla. Llamámosla Abra, porque no la vimos cerrada; y al noreste de esta abra, en la otra costa de mano izquierda hay otro puerto y playa parda, y tiene una isla que la abriga. Llamóse la playa Parda. Dentro de la abra es tierra baja y amogotada. Media legua adelante de la abra hay un ancón en la costa de la mano derecha, y al este noreste de este ancón en la otra costa una legua de travesía está otra caleta que hace puerto, que llaman los naturales Pelepelgua; y el ancón llaman Exeaquil.

Desde este ancón una legua al sudeste cuarta al este está una anconada grande que entra la vuelta del sur dos leguas hasta unas sierras nevadas. Llamóse ensenada de Mucha Nieve. Desde allí vuelve la costa: al este sudeste legua y media ambas costas de mano izquierda y derecha hasta una punta que sale de la costa del este y va la vuelta del sur: con la cual punta desde una legua antes que lleguen parece que se cierra la una y la otra tierra, lo cual fue causa de harta tristeza y desconfianza en muchas personas de este navío, pensando que no había salida, y en esta distancia de legua y media hace una gran ensenada en la costa de la mano derecha, y por allí hace rompimiento y boca la vuelta del sur. Así que como fuimos siguiendo fue abriendo la punta, y hallámonos en una anchura que en la dicha punta hay, menos de una legua de ancho de tierra a tierra: y desde esta punta aparece otra punta una legua este-oeste cuarta de noroeste-sudeste, y enfrente de esta punta en la otra costa sale otra punta que cierra la una por la otra, que antes de llegar a ellas parece que la tierra se cierra. Entre estas puntas en este compás de legua hacen ambas costas dos ensenadas grandes, y en la de la mano izquierda la vuelta del norte está una abra y boca que hace canal, que va arrimada a la cordillera Nevada de la tierra firme. A esta boca sale el canal que comienza en la ensenada Xaultegua frontero de puerto Angosto; y la tierra que queda entre este canal de la cordillera, y la que nosotros navegamos es isla, llamada Cayrayxayiisgua. Es toda un peñasco pardo sin hierba; y acabada esta boca que dicho tengo aquí, fuimos favorecidos de la corriente que iba para adentro; y en estas angosturas hallamos muchos remolinos de corrientes que fue menester ir arribando y a orza, huyendo de ellos y dándoles resguardo, porque no hiciesen al navío dar alguna vuelta. Acabada esta isla comienza luego la tierra firme con llanos a la mar y valles entre loma y loma. Desde las puntas dichas sigue el canal y costas al sudeste cuarta al este, legua y media por la mano derecha, y dos por la izquierda; y por la izquierda es todo playas a la mar, y algunos herbazales que salen mucho fuera; y por la derecha sigue legua y media como es dicho; y desde allí sigue por esta banda al sudeste y al sur sudeste dos leguas. Y al sudeste cuarta al este de esta punta están cuatro islillas pequeñas en espacio de tres leguas a medio canal, unas por otras este sudeste-oeste noroeste; y entre la primera y la segunda hay cuatro farallones de una banda y de otra. Este día surgimos en la primera isla de la banda del este en catorce brazas, buen fondo, un ayuste de tierra con proís* a las peñas; y luego vimos humos en la costa, y los indios que llevábamos comenzaron a llorar: y lo que pudimos entender fue que lloraban porque temían que aquellas gentes de los humos los matarían, que significaban que eran grandes hombres y tenían flechas y peleaban mucho; y consoláronse con decirles por señas que nosotros les defenderíamos y mataríamos a los otros: y aconsejábannos que fuésemos allá de noche y los prendiésemos y matásemos. En surgiendo salimos a la isla Pedro Sarmiento, y Anton Pablos, piloto mayor, y algunos soldados, y marcamos el canal grande, que va la vuelta del sudeste cuarta al este muy ancho, y

---

* "Proís". Aquí se toma esta voz por el mismo cable con que se asegura la nao en el proís. Véase la nota de la página 175.

volvimos a ver el humo de la gente grande,[54] cuya tierra llaman en su lengua Tinquichisgua, y marcamos el canal que va al noroeste. Esta isla primera donde subimos tendrá dos leguas de boj:[55] es llena de unas frutillas como uvillas negras y coloradas y murtilla,* manjar de aves. Por entre esta isla y la tierra del oeste va canal de media legua de ancho. En esta isla puso Pedro Sarmiento cruz, y tomó posesión por V. M. Púsosele nombre isla de la Cruz. Aquí apercibimos la artillería y arcabucería por la sospecha de los corsarios, como por los naturales, y se hizo siempre guarda con las armas en la mano. Aquí se vieron ballenas y muchos lobos marinos, y bufeos,[56] y vimos grandes pedazos de nieve andar sobreaguados por la mar, que salen de las islas nevadas que están al sur de esta isla de la Cruz tres leguas, y las tormentas del viento despedazan la nieve, y la echan y sacan a la mar.

Martes nueve de febrero amaneció bonanza: levamos de esta isla, y con viento oeste hicimos vela por el canal que va entre esta isla de la Cruz y la costa de la mano izquierda del norte, y luego calmó el viento, y tuvimos corrientes contrarias: y a las dos del día el agua comenzó a estar estoa, y con el batel

54. Debían de ser los patagones, individuos de gran estatura y corpulencia en comparación con los españoles. Algunos opinan que Magallanes los llamó así debido a las enormes huellas que dejaban sus pies envueltos en pieles, otros defienden que éste rendía homenaje a Patagón, el gigante de la novela de caballería *Palmerín y el héroe*: muy inteligente, gran amante de las mujeres, con figura de perro, enormes orejas colgantes, dientes grandes y patas de ciervo. La balanza argumental parece inclinarse en favor de estos últimos.
55. Por el uso que se le da más adelante –leguas de box–, se refiere al perímetro de la isla. De todos modos, el boj es también un arbusto de hoja perenne cuya madera, muy dura y blanca, es buena para la carpintería.
* Parece debe leerse todo este lugar así: "Está llena de unas frutillas como uvillas negras y coloradas, y de murtilla, manjar de aves". Poco más adelante, en la página 246, se encuentra la palabra "murtiña", que Sarmiento define "Fruta colorada como cerezas". Parece es lo propio que "murtilla", y que ambas voces se tomaron de la portuguesa *"murtinhos"*, que significa las bayas de la murta. "Murtiña" conserva la terminación de su origen; "Murtilla" toma la castellana.
56. *Bufeos*: delfines.

fuimos remolcando la nao, y llegados a la isla tercera, que es la mayor, oímos voces de gentes que iban atravesando de una isla a otra. Envié allá a Hernando Alonso, piloto, y a Juan Gutiérrez con gente en el batel con armas, para que viesen qué gente y tierra era aquella. Los cuales entraron en un buen puerto que tiene la isla donde vieron una población y gente crecida que habían anegado las piraguas; y ellos se habían puesto en la montaña con sus armas; y desde el bosque llamaron a los nuestros que saliesen en tierra, y los nuestros a ellos que viniesen a la mar. Los isleños estaban emboscados con arcos y flechas para matar a los nuestros en saliendo a tierra; y entendiendo esto los nuestros, tiraron a tierra algunos arcabuzazos; y unas mujeres comenzaron a dar grandes voces, por lo cual los nuestros dejaron de tirar más arcabuzazos. Entre tanto la nao andaba barloventeando de una vuelta y de otra sobre la boca del puerto esperando el batel, y cuando oyó Sarmiento la arcabucería hizo arribar para el puerto y aprestar una pieza; y el batel vino luego con una piragua amarrada por popa, y dijeron lo arriba dicho, y que habían visto cantidad de gente y buen puerto y tierra apacible. Llamamos a ésta, isla de la Gente. Aquí tomamos la altura en cincuenta y tres grados y dos tercios. Tiene esta isla de la Gente arrimada otra a sí, la vuelta del sudeste, que le abriga el puerto. Ésta es la postrera de estas isletas.

Legua y media al este de esta isla está una ensenada que llamamos la Playa, porque la tiene grande. En esta ensenada en la misma altura dicha, y al sur sudoeste de ella en la costa del sur de la mano derecha tres leguas, está una gran ensenada, que llamamos bahía de San Simón. Desde esta bahía de San Simón va la costa al este tres leguas hasta una punta que se llama Tinquichisgua. Desde esta punta va la vuelta del sudoeste una gran bahía donde está un monte muy alto agudo delante de unas sierras nevadas. Este monte es el que llaman las relaciones antiguas la Campana de Roldán.[*][57]

* "Campana de Roldán". Véase el testimonio de Herrera en su "Descripción de Indias", que se copia entre los que preceden a esta Relación como apéndice al prólogo.
57. Monte avistado por Roldán, artillero que viajaba con Magallanes.

Toda esta bahía de la Campana es cercada de sierras altas y nevadas: y las tres leguas de tierra que se dijo haber entre la bahía de San Simón y la punta de Tinquichisgua es toda tierra despedazada, alta y nevada. Aquí son las islas nevadas que dice las relaciones viejas, y no las cuatro que están en medio del canal del Estrecho.

Por la bahía de San Simón entra un brazo la vuelta del sudeste. Por aquí tiene el canal de este Estrecho tres leguas de ancho, y la costa de la banda del norte es de mejor vista, y tiene faldas y llanadas a la mar, y valles y ríos; y la costa del sur es toda peñascos e islas nevadas hasta la bahía de San Simón. Toda población que hasta aquí se topó se halló de la banda del sur.

Desde la playa de 53 grados y dos tercios sigue un cuarto de legua la costa al sudoeste hasta una punta que se nombró San Julián, y luego detrás de ella entra un río por una playa que va la vuelta del nornoreste como una legua, y desde allí vuelve al este. Es todo esto playa y tierra baja a la mar, y va un valle por este río arriba, y parece abrigado; a lo menos hoy, a la hora que esto escribo, hace calor de estío y calma, y sabe muy bien el agua fría con estar cercados de sierras nevadas y balsas de nieve por la mar en cincuenta y tres grados y dos tercios, donde en muchos meses no suele verse el sol. Este día hizo poca corriente hasta la puesta del sol ni en flujo, ni reflujo, y la calma y calor fue grande, que no pudimos caminar sino obra de tres leguas, y lo más de ello con el batel al remolque fuimos a surgir.

Este día se puso el sol al oeste cuarta al sudoeste a las seis horas y cuatro minutos, de manera que este día, que es nueve de febrero, tuvo el día trece horas y media y un décimo de hora, que son seis minutos de hora, y la noche tuvo diez horas y dos quintos de hora en este río hondo en cincuenta y tres grados y dos tercios en este Estrecho, ahora de nuevo nombrado por el general Pedro Sarmiento estrecho de la Madre de Dios, estando el sol en veintinueve grados y cincuenta y siete minutos de acuario.

Este día anduvimos poco más adelante por las calmas y corrientes. Anduvimos cuatro leguas, y lo más fue remolcando la nao con el batel lo más del día y toda la noche, y nunca pudimos llegar a la costa, o a parte donde pudiésemos hallar ningún fondo.

El miércoles diez de febrero amaneció el cielo claro y el viento en calma; y como no habíamos surgido, no tuvimos que levarnos. Fuimos al remolque hasta que comenzó a ventear viento sudeste bonancible. Duró poco; calmó luego: y de esta manera un rato al remolque, y otro con viento o vahajuelos del sudeste, íbamos unas veces adelante y otras descayendo. Este día tomamos la altura en cincuenta y tres grados y tres cuartos, y de allí a poco después de mediodía comenzó el vahaje del sudeste y atravesamos a la otra costa de la banda del sur, y por ella vimos dos grandes boquerones, junto uno de otro, y muchas caletas y puertos, y mucha cantidad de hierba cerca de la costa. Calmó el viento, y con el remolque nos llegamos a la costa del sur, y dimos fondo desabrigados y frontero de una caleta de agua dulce: y aquí salimos en tierra Pedro Sarmiento y Antón Pablos con algunos soldados arcabuceros y rodeleros, y subimos a un alto a marcar y explorar: y estando en lo alto vimos refrescar el norte y bajamos aprisa y nos embarcamos, y zarpando el ancla para nos hacer a la vela para surgir detrás de una punta que parecía adelante calmó el viento, y por esto volvimos a dar fondo; y aquí estuvimos esta noche surtos y con gran cuidado y guarda. Refrescó una vez al noroeste, y luego calmó. Tiene por aquí el canal de ancho cuatro leguas. Llamóse esta caleta de Agua Dulce.

Esta parece buena tierra; pero no vimos barrial.

Jueves once de febrero hicimos vela en nombre de la Santísima Trinidad, y seguimos la costa de la mano derecha, que es la del sur desde la caleta de Agua Dulce dos leguas, hasta legua una punta que nombramos de San Bernabé; y media legua de la caleta de Agua Dulce hay un brazo ancho que va la vuelta del sur hasta topar en un frente de tierra más de cinco leguas, y al cabo por una parte y por otra hace brazos. Tiene una isla grande y dos farallones a la boca. Llaméla bahía de San Pedro. Tiene de boca y ancho casi media legua, y desde aquí va la costa haciendo arco, y en medio tiene una gran caja, y al norte de la punta de San Bernabé en la otra costa parte la cordillera que está sobre la mar hasta la mar, y por aquí aparece gran valle la tierra adentro. Llamóse Gran Valle. Tiene de ancho el canal por aquí dos leguas. Desde la punta de San Bernabé va la costa al sur sudeste, y desde la misma punta de San Bernabé arrimando a ella entra una bahía la vuelta del sur cuarta al sudeste tres leguas, y vuelve con un brazo la vuelta del sudoeste, y lejos aparece una cordillera nevada. Nombróse este brazo bahía de San Fernando. Tiene por aquí el canal tres leguas de ancho de norte-sur.

De la punta de San Fernando la vuelta del noreste tres leguas que es la travesía del Estrecho, está una punta que se llamó punta de Santa Águeda.[58] Esta punta hace un morro alto gordo nevado, y una quebrada entre él y la sierra Nevada, de esta manera.*

Desde la punta de San Bernabé vuelve por aquella parte de la tierra del sur la costa al este sudeste seis leguas hasta una cordillera, que es de mucha nieve, que está tendida llana; y antes de ella está un morro alto con un pico como vernal, y en medio de este vernal y de un monte que parece pan de azúcar está otro morro con tres puntas. Este vernal, o Pan de Azúcar, tiene figura de campana. De la una parte de los morros hay una boca y de la otra hay otra: la figura es esta.**

Desde esta punta y morro de Santa Águeda por la costa del norte vuelve la costa al norte sobre la cuarta del noreste hasta una punta, que se llamó punta de Santa Brígida, una legua. Es punta delgada y baja. En esta legua hay muchas playuelas de arena. Este pedazo de tierra es montuosa, y tierra alta, y la punta de Santa Brígida es toda playuelas desde el Pan de Azúcar de los boquerones hasta esta punta. Demora el uno por el otro noroeste-sudeste cuarta de norte-sur seis leguas. De esta ensenada de la mano derecha, donde está el

---

58. Cabo Froward, el punto más austral del macizo continental americano. Doblarlo significa abandonar la navegación entre costas escarpadas, de aspecto desolador y con grandes rompientes, bajo lluvias y fuertes vientos inesperados, para adentrarse en una zona de tierras bajas, con pastos y clima algo más benigno.
* Véase la figura número 5 en las láminas (página 197).
** Véase la figura número 6 en las láminas (página 197).

Pan de Azúcar y vernal, van dos brazos y canales grandes uno la vuelta del sur, que llamé el canal de la Magdalena, y otra al sudeste, que se nombró canal de San Gabriel; y al oeste de la punta de Santa Brígida está una gran bahía toda de playales de arena. Tiene río y en medio de la bahía un farallón. Llamóse bahía de Santa Brígida y Santa Águeda, por estar ambas juntas y más arrimadas a la de Santa Brígida. El río hace un gran valle entre dos sierras, y va un trecho al nornoroeste, y de allí parecía volver al noreste. Llamámosle río del Valle Grande. La punta de Santa Brígida es isla pequeña algo prolongada, y hacia la banda del sur es tajada, que parece cortada, con unos árboles ralos y solos en lo alto de ella.

Desde la punta de Santa Brígida está otra punta delgada este noreste-oeste sudoeste. Llamé a esta punta de San Isidro que hace al remate un mogote* como a manera de farallón. Entre estas dos puntas hay dos ensenadas grandes. Desde la punta de San Isidro a la costa del sur de la otra banda y costa de la mano derecha están dos sierras y en medio de ellas un valle hondo este sudeste-oeste noroeste, cuatro leguas de ancho de Estrecho y canal de la punta de San Isidro. Llamámoslo valle Hondo. Aquí hallamos escarceo y grandes hileras de corrientes, que es encuentro de mareas. Desde la punta de San Isidro a un morro alto que está de la otra banda en la otra costa la vuelta del sudeste tiene por aquí el canal del Estrecho de ancho cuatro leguas. Llamóse morro de Lomas: y desde este morro de Lomas, siguiendo la costa al este noreste, comienza la tierra baja y de buen parecer de lomas; y acabada la punta del Morro, sobre la tierra baja hace una gran ensenada, y por aquí tiene de ancho el canal ocho leguas este sudeste-oeste noroeste.

---

* "Mogote". Propiamente llaman así los cazadores a los cuernos de los venados y gamos desde que empiezan a nacer hasta que tienen un palmo de largo. Y metafóricamente se aplica este término en la náutica a las puntas de las peñas que sobresalen. De "mogote" se formó el adjetivo "amogotado", que se lee repetido en varios lugares de esta obra. Don Francisco de Seixas y Lovera en su "Descripción Geográfica y Derrotero de la Región Austral Magallánica" usa esta voz "mogote" en el Cap. VII. Tit. XXIX. Fol. 56. Sus palabras son las siguientes: "Con dos farallones, o mogotes".

La punta de San Isidro está en cincuenta y cuatro grados escasos. Desde esta dicha punta vuelve la costa firme del norte hasta una punta larga llamada punta de Santana, nornoreste-sur sudoeste: y junto a la punta de San Isidro está una playa de arena a manera de ensenada. Aquí vimos gente en tierra, y desde la playa nos dieron voces: por lo cual la llamamos la playa de las Voces. Desde aquí va entrando la ensenada hasta la punta de Santa Ana; y dos leguas de esta punta de Santa Ana al sudoeste en medio de la ensenada surgimos en siete brazas, buen fondo, que toda esta ensenada es de buen fondo; a lo menos esto que nosotros sondamos.[59] Aquí tomamos agua y leña; y estando nuestra gente en tierra, vinieron a ellos los naturales que nos habían dado voces, como se dijo antes, y abrazaron a los nuestros y comenzaron a tratarse familiarmente unos con otros; y como Pedro Sarmiento lo vio desde la nao, les envió sartas de chaquiras, peines y cascabeles, bizcocho y carne; y estuvieron sentados con el alférez y Hernando Alonso y con los demás cristianos, que eran diez, en buena comunicación por señas, y dieron a entender estar contentos con nuestra amistad con lo que se les había dado, y dijeron que se querían ir a dormir, y que mañana volverían; y quedando, a lo que pareció, muy nuestros amigos, se fueron a sus chozas. A esta bahía se llamó bahía de la Gente, y al río que había allí, río de San Juan. En este río tomamos la altura en cincuenta y tres grados y dos tercios.

Desde este puerto y río de San Juan aparece una abra y boca de canal entre dos tierras la vuelta del este cuarta al noreste ocho leguas; y la tierra que esta abra tiene al sur llamamos punta de San Valentín, y la que tiene al norte se nombró punta del Boquerón. Tendrá este boquerón de ancho media legua. La tierra del cabo de San Valentín es continuada hasta el morro y ensenada de Lomas antes dicha; y desde la ensenada de Lomas va descendiendo la tierra,

59. Aquí levantaría Gamboa en el viaje siguiente, el 25 de marzo de 1584, la Ciudad Rey Don Felipe. Thomas Cavendish renombró el lugar como Port Famine, Puerto Hambruna o, más comúnmente, Puerto del Hambre (el nombre da idea de la magnitud del desastre allí ocurrido).

haciendo llana y adelgazándose hasta que en la punta de San Valentín se viene a hacer tan llana como la mar; y la chapa que desciende de esta tierra hacia el canal del Estrecho es tierra blanca como arenales blancos. Es tierra buena, sombrada y apacible a la vista y en la costa del norte hay buenos valles y ríos de buen agua, y muy buena madera, y buenos puertos y surgideros. Este día tuvimos viento oeste bonancible hasta las diez, todo lo que duró la menguante de la mar, y desde las once venteó sur fresco claro toda la creciente de la marea. Las corrientes de aquí son con las mareas.

Desde este puerto y ensenada, y desde el canal adentro la vuelta del sur, se ve un volcán nevado[60] que hace una sillada de dos puntas en la cumbre; y al norte del volcán nevado aparecen el Vernal y Pan de Azúcar, que por esta parte hacen esta figura.*

Cuando el que viniere entrando por este Estrecho desde la Mar del Norte para desembocar a la del Sur verá estos volcanes y montes de la figura aquí pintada, y por medio un gran canal y boca que parece mayor que la principal, podríase engañar y ensenarse, y errar el paraje y camino. Por tanto, sea aviso que no vayas por el canal que va entre los montes, sino que, en llegando a descubrir estos dichos montes todos tres, se descubre un canal a mano derecha de los dichos montes, la vuelta del noroeste cuarta del oeste, y aquel es el buen canal, y por allí se ha de ir, y dejar a la mano izquierda todos los dichos tres montes; y el que viniere de la Mar del Sur los ha de dejar a la mano derecha.

Viernes doce de febrero salió la gente nuestra en tierra para acabarnos de apercibirnos de agua y leña, y a cortar madera para fortalecer la nao, que tenía mucha necesidad de ello para tan largo camino como se esperaba; y entretanto que hacían esto en tierra, Pedro Sarmiento fue en el batel fuera a descubrir, y llevó consigo al padre vicario y a Antón Pablos, piloto de la capitana, y siete compañeros marineros, y fueron a la punta de Santana, que está dos leguas y media

---

60. En 1826, Philip Parker King, compañero de Fitz Roy, propuso que se llamara monte Sarmiento.
* Véase la figura número 7 en las láminas (página 268).

del río; y legua y media del río sale una punta de tierra de
arena muy baja, y de ella un placel que va saliendo más de
media legua a la mar, y más de una a luengo de costa: y entre
esta punta de placel, y la de Santana hay una gran ensenada.
En todo esto hay gran suma de madera echada a la costa en
las partes que bate el sur, que debe ser aquí tormentoso en
invierno, porque el norte viene aquí por sobre la tierra. Llegamos a la punta de Santana, y subimos a una mesa[61] alta
donde hay grandes rasos y cabañas de muy buena hierba para
ganado, y vimos dos venados grandes y muy gordos: y un
arcabucero mató el uno, y el que se huyó tenía grandes astas.
Aquí reconocimos el canal y altura y marcamos la tierra.

Desde esta punta de Santana demora la abra de San
Valentín al este cuarta al noreste seis leguas; y desde esta
punta de Santana vuelve la costa al norte cuarta al noreste
hasta una punta que llamé de San Antonio de Padua, diez
leguas; y, en medio, hace cinco ancones; y en la punta del
cuarto ancón sale una restinga que tendrá una legua de
largo la vuelta del sudeste; y tomamos con Sarmiento y
Antón Pablos la altura en tierra en cincuenta y tres grados y
medio largos, y pusimos una cruz grande en esta punta: y el
general Pedro Sarmiento tomó solemnemente la posesión
por V. M. y puso al pie de la cruz, dentro de un gran mojón
de piedras, una carta en unos cascos de botija breados y con
polvos de carbón, por ser incorruptible, y en el palo de la
cruz escrito de letras cavadas: CARTA AL PIE. "En esta
carta se daba aviso a todas las naciones y gentes como esta
tierra es de V. Majestad, y como se tomó la posesión por la
corona de Castilla y León para que no pretendan ignorancia,
y como este estrecho en nombre de Su Majestad le fue puesto
nombre estrecho de la Madre de Dios, a quien Pedro Sarmiento tomó por abogada en este viaje y descubrimiento: y
mándase al almirante, si acaso por aquí llegase, que con la
relación de lo hecho, y con saber como esta nao capitana, y
Pedro Sarmiento en ella iba delante, se volviese al Perú a dar
aviso a su excelencia". Y firmaron esta carta Pedro Sarmiento
y el padre vicario, y el piloto Antón Pablos, y volvimos al

61. *Mesa*: se refiere a una meseta.

navío de baja mar, donde hallamos que el placel descarna aquí mucho en la menguante, que hubimos menester meternos a la mar con algún trabajo de los bogadores para poder montar el placel.[62] Púsose fuego a la cabaña con el fuego que se hizo para derretir la brea y, según después supimos, a este tiempo habían venido los indios adonde estaba nuestra gente haciendo agua y leña con sus hijos y mujeres y, estando en gran conversación, vieron el humo del fuego que salía del monte que se quemaba, y luego se fueron, que no los pudieron detener, creyendo que eran aquellos humos de los gigantes con quien deben de tener guerra, y deben ser más poderosos que ellos. Trajeron de presente un pedazo de carne de lobo marino hediondo, y pájaros niños de mar, y murtiña, fruta colorada como cerezas, y unos pedazos de pedernal, pasados, y pintados de margarita de oro y plata: y preguntándoles que para qué era aquello, dijeron por señas, que para sacar fuego; y luego uno de ellos tomó unas plumas de las que traía, y sirviéndole de yesca, sacó fuego con el pedernal. Paréceme que es caxa* de metal de plata u oro de veta, porque es al natural como el curiquixo de porco[63] en el Perú.

Cuando hicimos fuego en esta punta respondieron con otros muchos humos en la otra isla de enfrente, que se llamó de S. Pablo.

Desde el río de San Juan demora la punta de Santana al noreste cuarta al norte dos leguas y media. El sábado trece de este mes se dijo misa en tierra y se puso la fragua en tierra, y se hizo la pernería que fue menester para corbatones y llaves, y fortalecióse la proa con corbatones y reatas. Aquí en este río de San Juan, Pedro Sarmiento tomó la posesión, e hizo un gran mojón de piedra y en él arboló una cruz alta que se aparecía desde todo el canal del Estrecho, y se puso una carta que es la siguiente.

62. *Montar el placel*: doblar la punta de arena o superar el bajo de arena.
* *Caxa*. Quizá deberá leerse aquí *carsta*.
63. *Curiquixo de porco*: curiquixo procede del quechua y significa "limadura de oro". Porco era uno de los cerros peruanos de donde los españoles extraían oro, plata y otros metales.

Posesión del río de San Juan y del estrecho de la Madre de Dios. Jesús, María

En el nombre de la Santísima Trinidad, Padre, Hijo y Espíritu Santo, tres personas y un solo Dios verdadero todopoderoso, que de nada creó el cielo y la tierra y todas las demás cosas, en el cual yo creo y todo fiel cristiano debe creer firmemente, y de la sacratísima siempre virgen María madre de Dios, abogada nuestra y particularmente de esta armada, etc. Sea notorio a todas las vivientes, gentes y naciones de todo el mundo, así fieles como infieles, como hoy jueves doce días del mes de febrero de mil quinientos ochenta años, habiendo llegado a esta ensenada, ahora de nuevo llamada De la Gente, estando surta en esta aguada[64] y río de San Juan de la Posesión la nao nombrada *Nuestra Señora de Esperanza*, que es capitana de la armada, que el muy excelente señor don Francisco de Toledo, virrey, gobernador y capitán general de los reinos y provincias del Perú despachó desde la Ciudad de los Reyes del Perú al descubrimiento del Estrecho a once de octubre de 1579 años. Y habiéndose apartado la nao almiranta, nombrada *San Francisco*, de la capitana antes de la boca del Estrecho, esta dicha capitana, con el favor de Dios, sola entró por él y lo descubrió, en la cual nao capitana vino por capitán superior y general de la armada por el cristianísimo señor rey don Felipe, nuestro señor y rey natural, a quien Dios guarde

64. *Aguada*: lugar donde hay agua potable.

por muchos años con acrecentamiento de mayores estados y reinos, para amparo y defensa de la Santa Iglesia Católica Romana nuestra madre, Pedro Sarmiento, el cual habiendo tomado la posesión en muchas y diferentes partes del archipiélago y de este Estrecho, la tomó en este río llamado San Juan de la Posesión, que está en cincuenta y dos grados y dos tercios; hoy sábado trece de febrero. Y ayer doce del dicho, tomó la posesión en la punta de Santana, arriba nombrada, que está en cincuenta y tres grados y medio: lo cual avisa en este escrito e instrumento para que sea notorio a todos, y ninguna persona de ninguna nación bárbara, ni política, católico o no católico, fiel o infiel pueda pretender, ni pretenda tener excusa por ignorancia, ahora, ni en algún tiempo, ni se atreva temerariamente, sin particular y expresa licencia del muy poderoso señor rey de Castilla y León, y sus herederos y sucesores a entrar, asentar, ni poblar en estas regiones y tierras de este Estrecho, vulgarmente llamado de Magallanes, por causa de comercio, ni por otra causa, creyendo que son tierras vacías que no tienen señor, ni rey propio a quien pertenecen; porque, como es dicho, son del muy poderoso y muy católico señor don Felipe Segundo, rey meritísimo de las Españas con sus anexos, y de las Indias, y de la navegación y descubrimiento de la mitad del mundo, que son ciento ochenta grados de longitud, conforme a la donación y concesión del beatísimo Sumo Pontífice Romano Alejandro Sexto, conforme a la cual concesión, donación y bula *proprio motu* despachada, estas dichas tierras caen y se incluyen dentro de la demarcación y límites contenidos en la dicha bula, en la cual su santidad prohíbe a todos generalmente, que ninguno se entremeta por ninguna vía a venir por ninguna ocasión a estas partes sin expresa licencia de los señores reyes de Castilla por estas palabras formales: Y del todo inhibimos a cualesquiera personas de cualquier dignidad, aunque sea real o imperial, estado, grado, orden, condición, bajo pena de excomunión *latae sententiae*,[65] en la cual

---

65. *Latae sententiae / eo ipso incurram*: la expresión correcta es *latae sententia*. La traducción de este pasaje podría ser: "aquéllos que incurran en tal falta están condenados a la excomunión inmediata".

contrario hicieren, que no presuman ir por haber mercaderías, o por otra cualquier causa sin especial licencia vuestra y de los dichos vuestros herederos y sucesores a las islas y tierras firmes halladas y que se hallaron, descubiertas, y que se descubrieron hacia el occidente y mediodía, fabricando y componiendo una línea desde el Polo Ártico al Polo Antártico, ora las tierras firmes e islas sean halladas y se hayan de hallar hacia la India, o hacia otra cualquiera parte, la cual línea diste de cualquiera de las islas, que vulgarmente llaman de las Azores y Cabo Verde, cien leguas hacia el occidente y mediodía, como queda dicho, no obstante constituciones y ordenaciones apostólicas y otras cualesquiera. Y dice al cabo de la bula plomada así: Que a ningún hombre sea lícito quebrantar, o con atrevimiento temerario ir contra esta carta de nuestra encomienda, amonestación y requerimiento, donación, asignación, constitución, diputación, decreto, mandado e inhibición y voluntad: y si alguno presumiere intentarlo, sepa que incurrirá en la indignación del omnipotente Dios y de los bienaventurados San Pedro y San Pablo. Dada en Roma en San Pedro a cuatro de mayo de la encarnación de mil cuatrocientos noventa y tres años, en el primer año de nuestro pontificado.

La posesión tomada es tomada aquí en todo el Estrecho y archipiélago por ambos mares de Sur y Norte por el dicho rey mi señor, de Castilla y León, y descubierto a su costa y por su mandado y orden.

Yo el dicho Pedro Sarmiento, capitán superior de esta dicha armada, de parte de la majestad del rey mi señor, mando al almirante Juan de Villalobos y Hernando Lamero, piloto mayor, y a Pascual Juárez, sargento mayor, y a todos los oficiales, soldados y marineros de la dicha nao almiranta, llamada *San Francisco*, que si por aquí aportaren o llegaren y vieren esta cruz y carta, luego incontinente se apresten y, se vuelvan al Perú a la Ciudad de los Reyes a dar cuenta y razón al excelentísimo señor don Francisco de Toledo, virrey del Perú, y a los señores oidores de la Real Audiencia de la dicha Ciudad de los Reyes, llevando esta carta juntamente con las relaciones de las cosas sucedidas hasta este lugar y río de San Juan de la Posesión; y dirán como esta nao capitana, *Nuestra*

Señora de Esperanza, llegó a este dicho río, con el favor de Dios, y habiendo descubierto el canal adelante desembocó el Estrecho, y pasó a la Mar del Norte, y va la vuelta de España a dar cuenta a su majestad, como su excelencia manda por su instrucción, y que toda la gente que salió de Lima en este navío van vivos, gloria a Dios, y más otros cuatro que eran de la almiranta que tomamos en el bergantín. Los nombres de los que van son: Pedro Sarmiento, capitán superior; el padre Fray Antonio Guadramiro, vicario de esta armada; Juan Gutiérrez De Guevara, alférez; Antón Pablos, piloto mayor; Hernando Alonso, piloto, su compañero; Juan de Esquibel, escribano real de esta armada; Juan De Sagasti, tenedor de bastimentos; Pedro De Hojeda, contramaestre; Baltasar Rodríguez, lombardero;[66] Pedro López, calafate; Gaspar Antonio, guardián; maese Agustín, carpintero. Los soldados son: Álvaro de Torres, Francisco Gares De Espinosa, Pedro de Aranda, Gerónimo del Arroyo, Gabriel de Solís, Antonio del Castillo, Cristóbal de Bonilla, Andrés de Orduña, Pedro de La Rosa, Pedro de Bahamonde, Francisco de Mazuelas, Pedro Martín. Los marineros, fuera de los oficiales arriba puestos, son: Pedro Pablo, Ángel Baltolo, despensero; Domingo Bajaneta, Juan Antonio Corzo, Sancho de Larrea, Diego Pérez, portugués; otro Diego Pérez, Francisco Hernández, Pero Márquez, Simón De Abreu, Luis González, Gaspar Gómez, Francisco Pérez Rocha, Francisco de Urbea, Mateo Andrés, Jacome Ricalde, Manuel Pérez, Pedro de Villalustre, Pero Álvarez, Pero González. Falta uno llamado Pedro Jorge, que se ahogó en la tormenta que tuvimos un día después de haber salido de puerto Bermejo. La demás gente del servicio, mulatos, negros e indios van buenos, y la nao aderezada. Lo cual mandó al dicho almirante, y a la demás gente de la almiranta cumplan y guarden de la manera arriba dicha, porque así conviene al servicio de su majestad, y a la ejecución de lo mandado por el dicho excelentísimo señor virrey; y llevaran la relación del viaje y descubrimiento que hubieren hecho; con las tres relaciones

---

66. *Lombardero*: soldado que dispara las lombardas, esto es, las bombardas, cañones que se podían cargar con piedras o con balas de pólvora.

que yo les di de los tres descubrimientos que hice en tres viajes con los bateles por los archipiélagos con esta misma carta, dejando en este mismo lugar un traslado autorizado (porque será de mucha importancia para el derecho del rey nuestro señor en los tiempos de adelante) para que su excelencia sepa como se cumplen sus mandamientos, y provea lo que fuere servido que más convenga al servicio de su majestad, lo cual así cumpla y cumplan el dicho almirante Juan de Villalobos y los demás de la dicha almiranta, bajo pena de caer en mal caso, y de las penas en que incurren los desobedientes a los mandatos de sus capitanes, que en nombre de su señor y rey natural les mandan cosas tocantes a su servicio.

Ítem, hago saber a todos, que para hacer este viaje y descubrimiento tomé por abogada y patrona a la serenísima señora nuestra reina de los ángeles Santa María madre de Dios siempre virgen, conforme a la instrucción de su excelencia. Por lo cual, y por los milagros que Dios nuestro señor por su intercesión ha usado con nosotros en este viaje y descubrimiento, y en los peligros que en él hemos tenido, puse por nombre a este estrecho De la Madre de Dios, puesto que antes se llamaba estrecho de Magallanes; y espero en su majestad, siendo, como es, tan devoto de la madre de Dios, le confirmará este mismo nombre en sus escritos y provisiones, pues yo en su real nombre se lo puse, para que siendo patrona y abogada de estas regiones y partes, interceda con su preciosísimo hijo Jesucristo nuestro señor por ellas, alcance de su benditísima majestad misericordia de las gentes de ellas, y les envíe su santo evangelio, para que sus ánimas se salven; de lo que resultará suma honra y gloria a los reyes de España que lo hicieren y fueren ministros de ello, en este mundo y en el otro; y a la nación española que lo ejecutare no menos honra y provecho y acrecentamiento.

Púsose esta cruz a doce de este dicho mes, y esta carta a trece, habiéndose dicho misa este dicho día en este dicho puerto y río de San Juan de la Posesión; y firmélo de mi nombre y mano. —Pedro Sarmiento, capitán superior y general de su majestad. —En fe lo cual yo el escribano real de esta armada escribí esta carta, y pasó ante mí, e hice aquí mío signo. A tal. En testimonio de verdad. Juan de Esquível, escribano real.

Los días que estuvimos en este río de la Posesión hizo calor y venteó sur fresco desde las ocho de la mañana hasta las cinco de la tarde, y a esta hora calmaba, y toda la noche era calma: las noches hizo muy serenas, cielo claro, las estrellas claras de muy buen color, el aire sin sereno dañoso. Aquí se vieron papagayos y catalinas, que es otra especie de papagayos menores, que tienen medias cabezas coloradas. Oyéronse cantar sirgueritos, y otros pájaros suave canto, que es indicio de tierra templada. Viose rastro de tigres y leones. Este día embarcamos la herrería y la leña y agua que nos faltaba, que fue sábado trece de este mes.

Domingo catorce de febrero partimos de este río de San Juan de la Posesión con bonanza, y fuimos la vuelta de la isla de San Pablo, y cabo de San Valentín; y antes de llegar en el paraje de la punta de Santana calmó el viento, y así anduvimos al rebalaje de las corrientes, una vez descayendo, y otra ganando; y de esta manera estuvimos sin surgir, porque no pudimos tomar tierra por nos tomar la calma a medio canal, y por no decaer mucho fuimos casi toda la noche al remolque.

Lunes por la mañana amaneció calma y como a las siete vino un vahajuelo del oeste y con él llegamos a ponernos este oeste con la punta de San* de la isla de San Pablo. Este día tomamos la altura en cincuenta y tres grados y medio, que la dicha punta de esta dicha isla está en esta altura, que está este-oeste con la punta de Santana: y de mediodía arriba calmó el viento, e hizo este día y el día antes tanto calor como en Lima por Cuaresma, y como en España por julio.

Martes dieciséis de febrero como a las nueve del día comenzó a ventear sur, y mientras más entró el día más fue refrescando el viento; y fuimos a popa la vuelta del noreste llegándonos a una tierra baja de barrancas y pelada en la costa del sur: y a media legua de tierra sondamos en diez brazas; y con recelo de que no diésemos en algún banco íbamos la vuelta de la mar (digo del medio del canal): y como a las dos de la tarde cazamos a popa siguiendo la costa al nornoreste y al noreste hasta una punta que estará seis leguas de la isla de San Pablo a nornoreste, y en medio hace ensenada en arco de

* En el original se nota el mismo blanco que aquí.

unas barrancas y tierra baja y pelada de hierba blanca, porque a este tiempo estaba agostada. En medio de esta ensenada se tomó la altura en cincuenta y tres grados y un sexto.

Pasada la punta dicha, que llamamos punta de Gente Grande, aparece otra punta como cinco leguas al nornoreste, y pasada la punta de Gente Grande hace la tierra una ensenada, o brazo la vuelta del este: y porque ya era tarde surgimos en medio de la boca de este canal del este en doce brazas, buen fondo. Aquí corren las aguas más que en todo lo que hasta aquí hemos andado de este estrecho de la Madre de Dios. Y, en surgiendo, apareció gente en la costa y nos dio voces: y para ver qué era y para tomar alguno de esta provincia para lengua, Pedro Sarmiento envió allá al alférez y a Hernando Alonso con algunos arcabuceros en el batel; y llegados a tierra, los naturales de aquella provincia, que era gente grande, comenzaron a dar voces y saltar hacia arriba las manos altas y aleando y sin armas, porque las habían dejado allí junto; y el alférez hizo las mismas señas de paz, y los gigantes se llegaron a la playa cerca del batel, y el alférez saltó a tierra con cuatro hombres, y los naturales les hicieron señas que dejase el alférez la jineta, y se fueron retirando hacia donde habían dejado sus arcos y flechas. Y visto esto el alférez dejó la jineta[67] y les mostró rescate que llevaba para darles: lo cual visto, los gigantes se detuvieron y volvieron, aunque recelándose. Y como los nuestros vieron que se iban, apercibiéronse para que arremetiesen, y así arremetieron diez hombres que habían salido del batel con uno de los indios, y asiéndole, apenas le podían tener, y entre tanto los demás arremetieron donde habían dejado los arcos y flechas, y volvieron con tanta presteza contra los nuestros flechándolos, que no se habían podido meter en el batel, y al fin los nuestros se embarcaron con el preso, y cargaron con muchos flechazos sobre ellos, y los hicieron echarse a la mar; y ayudándole a subir entró en el batel, y los naturales de esta tierra disparaban muchas flechas, y con una hirieron

---

67. *Jineta*: lanza corta. También puede ser una espada –espada jineta– utilizada por los españoles a partir del siglo XV y derivada de una espada curva hispanoárabe.

por un ojo al tenedor de bastimentos: y al embarcarse se cayeron dos arcabuces a la mar. Y trayendo al preso se volvieron a la nao, y el preso aunque lo regalamos (que él recibía de buena gana) no se podía asegurar, ni quiso comer ese día, ni noche. Es crecido de miembros.

Esta tierra es llana y sin monte: barrial muy poblado de esta gente, a lo que entonces vimos. Desde aquí hallamos la gente grande. Vieron los nuestros en tierra madrigueras de conejos como los de Castilla, y los naturales traían unas mantas de pellejos de vicuñas, que son de las del Perú que se llama en lengua natural *neuxo*, y calzados abarcas:[68] y pareció aquí tierra de buen temple para poderse poblar. Es gente temida de la gente que está más hacia la Mar del Sur, y como gente valiente tiene la mejor tierra de la que hasta aquí vimos. Tiene gesto y apariencia de la tierra del Callao: parece muy buena para ganado, hay lomas y, entre ellas, valles donde vimos muchos humos por estar allí la población, y debe allí ser lo más templado.

Miércoles de ceniza, 17 de febrero, envió Pedro Sarmiento a Hernando Alonso, piloto, a descubrir si había abrigo detrás de una isleta que está en medio de la bahía de la Gente Grande, porque nos temimos del norte; y, no hallando buen surgidero, se volvió a la nao y, en comenzando la marea a vaciar, hicimos vela para proseguir nuestro viaje, y mientras duró esta marea fuimos algo adelante, porque el viento era poco y calmaba muchas veces, y el que había era nornoroeste y norte y nos hacía ir bordeando: y en medio del canal nos calmó el viento, y comenzó la creciente y fuenos forzoso ir el batel remolcando la nao; pero, como la corriente era grande y cabeza de aguas, no nos podíamos sustentar, y así decaímos buen pedazo de camino y, por no estar en parte que convenía, ni podíamos surgir, nos estuvimos así hasta que vino la marea y un fresco del noroeste: y siendo ya noche, nos fue forzoso ir a buscar fondo donde surgimos en quince brazas, obra de una legua más adelante de donde habíamos salido

---

68. *Abarca*: calzado de cuero crudo o de caucho que cubre sólo la planta de los pies, con reborde alrededor y que se asegura con cuerdas o correas sobre el empeine.

este día por la mañana. Este día no pudimos descubrir canal claro, antes parecía ensenada cerrada a muchos del navío, por lo cual hubo variedades: unos que habíamos de volver atrás a otra abra, otros que aquellas corrientes, siendo de la jusente,[*] no podía ser que fuesen para ancón o ensenada sin salida, y toda la noche estuvimos experimentando con la sonda si crecía la marea o menguaba, y hallóse que menguaba cuando iba la corriente hacia lo que nos parecía ser ensenada, lo cual nos dio esperanza que por allí había salida, porque realmente parecía cerrado todo; pero la experiencia del reflujo, y ver por encima de la tierra baja otra cordillera más alta que hacía como valle entre una y otra, que iba de este noreste-oeste sudoeste, nos dio codicia de irlo a ver por no dejar cosa sin tener de que nos pudiésemos quejar ni arrepentir después.

El jueves siguiente 18 de febrero salió Pedro Sarmiento, y llevó consigo a Antón Pablos, piloto mayor, en el batel con ocho marineros soldados, y fueron a la vela con la corriente la vuelta del norte hasta un morro de barranca, barrial alto, como dos leguas y media del navío y tres y media de la bahía, y llegados allí descubrimos el canal que va al este noreste. A este morro y barranca nombró Pedro Sarmiento cabo de San Vicente, hasta el cual hace ensenada la bahía de la Gente Grande. Desde este cabo de San Vicente demora en la otra

* "Jusente". La marea que baja. Es voz tomada de la portuguesa *jusante* o *juzante* que significa lo mismo, y explica Bluteau en su Vocabulario en los términos siguientes: "*Juzante, ou jusante. Deriva-se de juso, ou yuso, palabra castilhana anticuada, que val o mesmo que "abaixo"; e assi no Bispado de Cuenca ha duas provoaçoes a que os castelhanos chamao, Valera de Suso, e Valera de Tuso, ou Juso: id est, Valera de riba, e valera de abaixo. A juzante: a maré que baixa, ou vaza. (Vide Vazante.) Ancoras com cadeas de ferro tao compridas que chegavao ao fundo dagoa, tres a montante, e tres a juzante. Damiao de Goes, 70. col. 3*". Sarmiento, así como adopta la palabra portuguesa "jusante", usa también en el discurso de este Derrotero, página XX, la voz "montante", que en aquel idioma equivale a la marea que sube; y aún hoy en día se usa en la costa de Cantabria "montante" y "jusente" por flujo y reflujo, o creciente y menguante. Como la nación portuguesa emprendió tantas navegaciones nuevas, y llegó a ser no menos experimentada que famosa en la náutica, no es extraño haya dado tantos términos a la marina española.

costa de la tierra del norte otro morro y cabo de barranca alta y barrial pardo una legua noroeste-sudeste, y toma de la cuarta del este-oeste. Ésta es la mayor angostura que hallamos desde que llegamos a la tierra baja. Llamóse esta punta Nuestra Señora de Gracia. Aquí en estos dos cabos se pueden hacer fortalezas para defender esta entrada de ambas partes.[69]

Desde este cabo de San Vicente pasamos con el batel adelante como una legua por la costa, que se corre este noreste-oeste sudoeste que por toda ella hay playales de callao. Aquí dejando guarda en el batel saltamos en tierra con nuestras armas: subimos a lo alto de la barranca; subimos hasta un morro de barranca la más alta que allí hay donde muda derrota la costa. Allí marcamos el canal, cabos, puntas y costa cuanto pudimos juzgar con la vista y con dos agujas de marear; y así marcaron Pedro Sarmiento y Antón Pablos lo que allí se vio. A este morro y barranca donde nos pusimos a marcar llamamos barranca de San Simón, y desde esta barranca de San Simón aparece una punta de barranca algo alta en la costa de la otra parte de la tierra del norte noreste-sudoeste cuarta de norte-sur cuatro leguas. Llamóse esta punta de San Gregorio, y en la misma costa del norte sale otra punta delgada, que demora con la barranca de San Simón noreste-sudoeste; toma de la cuarta del este. A esta se llamó Nuestra Señora del Valle. Desde aquí vimos muy gran boca de mar la vuelta del este noreste. Sobre la costa de la tierra del sur vimos una gran vista una tierra larga y delgada: y hecha esta demarcación, y vista esta tierra, que es como dehesas de Castilla, de unas matas de hierbas de buen color como tomillos salseros de Castilla, y con muchos agujeros y bocas como ratoneras; y esta tierra es de lomas. Y notado, nos volvimos al batel: y por ambas costas nos hicieron los naturales muchas y grandes ahumadas; y sin más detenernos

69. La actual segunda angostura, que va de Punta Arenas a Puerto Porvenir. Aquí viene delimitada por la punta de Nuestra Señora de Gracia y la punta de San Gregorio, sobre la parte continental, y la punta de San Isidro sobre la costa de Tierra del Fuego. Entre las dos primeras puntas queda el Ancón de Santa Susana. La barranca de San Simón está sobre el lado fueguino de la angostura.

dimos vela en el batel, y con marea creciente vinimos al navío, porque comenzaba a ventear norte. Y tomamos aquí la altura en cincuenta y tres grados y tres minutos. Este día a las tres de la tarde la marea estuvo estoa y sin correr al Estrecho ni a la mar; y en comenzando a menguar nos hicimos a la vela con la nao por probar a desembocar la angostura del cabo de Nuestra Señora de Gracia, y el viento comenzó a variar del oeste al noroeste, y las corrientes y reservas a impedirnos, de manera que ganábamos poco: y yendo por esta bahía bordeando por salir de ella y meternos en el canal, los remolinos y reversas que hace por encima de estos placeles nos fueron grivando de manera que nos echaron sobre unos bajos, que aunque reventaban los mares, creían ser remolinos de corrientes, porque había muchos y por esto no se recelaban; pero en llegándonos cerca echaron la sonda y halláronse en seis brazas, y volviéndola a lanzar otra vez dio en cinco, y luego en cuatro y media, y cada vez que se echaba iba haciendo menos fondo; y aunque arribamos a la banda para salir de ellos, calmó el viento de manera que la corriente nos iba echando sobre los bajos, que aunque reventaban no aparecían. Y viéndonos en tan gran peligro, encomendámonos a Nuestra Señora del Valle, y Pedro Sarmiento se ofreció de ser su romero,[70] y se sacó ofrenda para su santa casa en Sevilla, suplicándole nos librase de aquel peligro: y súbitamente la reina de los ángeles madre de Dios y de misericordia nos envió un vientecito fresco, con que la nao fue saliendo y cortando la corriente, aunque fuimos prolongando las restingas de estos bajos que tienen una legua, y prolongan este-oeste, tres leguas del cabo de San Vicente. La mitad de ellos está norte-sur del cabo de San Vicente, y el remate de ellos del este demora norte-sur cuarta de noroeste-sudeste con el dicho cabo de San Vicente, y el otro remate de estos bajos de parte del oeste demora con el cabo de San Vicente norte-sur cuarta de noreste-sudoeste. El que por aquí viniere tenga aviso que no se llegue a las bahías de tierra baja si no con la sonda en la mano, porque

70. *Romero*: Peregrino que acude en romería hacia una ermita o santuario erigido en nombre de alguna virgen o santo católico.

como hay bonanza no revientan los placeles, que es todo aplacelado, y en muchas partes es tan alta y más la mar que la tierra, que sino es estando muy cerca de tierra no se ve, y piensa el que lo mira que es todo mar hasta que se halla zabordado. Hase de navegar con tiempo concertado y con marea, y llevar las anclas prestas, que en toda esta tierra, desde el río de San Juan de La Posesión, en toda parte hallarán fondo, aunque sea a medio canal, que la mayor hondura no sube de cincuenta brazas. No se lleguen mucho a tierra sin sondear por aquí, y el batel por delante.

Salidos que fuimos de este peligro de los bajos, fuimos con viento oeste fresco amurados de estribor: y porque la noche vino y la marea comenzaba a estoar, surgimos a medio canal en quince brazas entre dos islas pequeñas, que la una por la otra están noreste-sudoeste una legua la una de la otra. A la del sudoeste llamamos la Magdalena, y a la del noreste Santa Marta. La Magdalena es redonda; tendrá media legua de box y Santa Marta prolonga de noroeste-sudeste media legua, y a la parte del sudeste tiene una punta baja con la mar que sale mucho como restinga.

Entre estas dos islas sale una punta de tierra firme de barranca algo alta que llamé punta de San Silvestre, entre la cual y las islas hay gran canal de mar. La tierra firme que está entre el cabo de San Antonio de Padua[71] y punta de San Silvestre, hace gran ensenada de tierra baja, y nombramos ensenada de Santa Catalina, y entre la punta de San Silvestre y la de Nuestra Señora de Gracia hace la tierra firme otra ensenada muy grande la vuelta del oeste sudoeste. Llamámosla bahía de San Bartolomé: y en la boca de esta bahía hay un placel que revienta la mar en él. Guárdense de él. Después que esta noche surgimos, en anocheciendo calmó el oeste, que había refrescado, y toda la noche hizo calma.

Otro día viernes por la mañana diecinueve de febrero en comenzando la marea nos hicimos a la vela con un vahaje de viento este llevando el batel delante a la vela, y en él el piloto Hernando Alonso con marineros sondando: y siempre fuimos por veinticinco y treinta brazas, algunas veces

71. La actual Punta Arenas.

poco más, y otras algo menos: y a las nueve del día, llegando cerca de la angostura, nos calmó el viento, y llamamos al batel para que remolcase la nao, y así la llevó buen rato hasta entrar por la angostura, porque aquí son los peligros grandes por las corrientes cuando calma el viento. Y yendo por el embocamiento, comenzó a refrescar el este, y dejamos el remolque: y porque la marea acababa de vaciar nos arrimamos hacia la costa de la tierra del norte sobre un ancón que hace a aquella parte, que nombró Sarmiento ancón de Santa Susana, y allí surgimos en ocho brazas de baja mar, buen fondo, media legua de tierra. Todo el canal de esta angostura tiene fondo de treinta y cuarenta brazas. Es piedra, aunque las costas y barrancas y las playas, callao. Con la marea de montante* refrescó el viento este templado y caliente, y con él llovió poco. Este viento ventea pocas veces. En la otra costa del Mar del Sur por donde anduvimos desde que entramos en la bahía de la Trinidad, lo que hace el norte es ser caliente y húmedo, y llueve con él. Eso hace aquí el este, aunque allí siempre fue tormentoso, y este otro bonancible.

Desde la barranca de San Simón arriba, nombrada en la tierra del sur, vuelve la costa al este cuarta al sudeste. Está una punta baja y delgada que llamamos punta de San Isidro.

La punta de Nuestra Señora de Gracia con la punta de San Gregorio demoran la una por la otra este norestoeste sudoeste.

Sábado veinte del mes de febrero nos levamos por llegarnos más en tierra de la banda del norte, porque aquí estábamos en medio de las fuerzas de las corrientes de las mareas; y de allí a una hora surgimos en ocho brazas como una legua al oeste de la punta de San Gregorio; y creyendo que estábamos bien surtos estábamos alegres, y en un instante que se echó la sonda nos hallamos en tres brazas de agua, y la marea iba menguando, que nos dio pena; pero con la buena diligencia de pilotos y marineros y soldados se echó una toa hacia el canal, por la cual nos fuimos jalando hasta que nos pusimos en quince brazas, y allí dimos fondo a dos anclas, y allí nos pareció que estábamos seguros, aunque peligroso por las corrientes.

* Véase la nota de la página 255 sobre la palabra *jusente*.

Y por esta causa, por huir del ímpetu y furia de las corrientes del medio de este canal, Pedro Sarmiento fue en el batel a descubrir si había puerto detrás de la punta de San Gregorio, y llevó consigo al padre vicario y a Hernando Alonso y siete soldados arcabuceros y ocho hombres de mar, buenos hombres de mar y tierra. Fueron a tierra y saltaron en ella; y puestos en orden fueron por lo alto de la barranca hasta lo más alto de la punta donde se descubrió la mar de la otra mar detrás de la punta de San Gregorio y Pedro Sarmiento marcó la tierra, puntas y bahías que desde allí aparecían de la manera que abajo se dirá: y en lo más alto pusimos una cruz pequeña, porque no hubo madera para más, por ser tierra pelada y sin selvas ni arboleda; y Sarmiento tomó la posesión por V. M. de toda aquella tierra, y ratificó las posesiones.

Este cabo de San Gregorio es poblado de naturales; y porque vimos que comenzaba a entrar viento fresco poniente, que suele ser furioso no se quiso detener Sarmiento más, sino volverse al navío, porque no corriese riesgo: y cuando nos volvimos vimos una loma larga que corre noroeste-sudeste, entre la cual y esta punta de San Gregorio hay unas llanadas bajas y llanas como valles y a manera de sementeras, unas verdes y otras agostadas, y una laguna de agua dulce, por donde y por la apariencia de la tierra, entendimos no haber por aquí ríos, sino lagunas y manantiales de que beben estos naturales. Esto pudimos juzgar, porque pisando la tierra podrá ser hallarse aguas corrientes.

Embarcados en el batel, fuimos al navío sondando; y sea aviso que toda la bahía que está como dije desde la bahía de San Gregorio, y punta de Nuestra Señora de Gracia para tierra, es placel de dos hasta cuatro brazas. No se arrime a esta costa el navío que por aquí embocare, porque correrá riesgo; antes surja a medio canal, o a lo menos no surja de doce brazas abajo, porque en siendo en ocho, a un cumplidor[72] de dos bateles dará en tres y en menos, y de baja mar quedará en seco. Y apenas hubimos llegado al navío con el batel cuando se levantó un viento oeste furioso, y como la marea crecía contra el viento había mucha mar, y como

---

72. *Cumplidor*: distancia.

teníamos experiencia de la furia de este viento, deseábamos levarnos y no podíamos, por la furia de la corriente y viento que traía el navío dando guindas de una parte a otra: y por esto esperamos a que la corriente fuese estoando, y en comenzando a ser menos, viramos al cabrestante las amarras, y virábase con tanta facilidad, que todos creían que habían reventado las amarras y perdido las anclas, que nos fue causa de grandísima pena y temor de peligrar; pero perseverando con buen ánimo unos a una labor y, otros a otra, y Pedro Sarmiento marcando la tierra para ver si íbamos afuera o adentro, conoció estar sobre las anclas, y mirando las amarras conoció que el navío hacía por ellas, y que la corriente que daba en la popa al navío le hacía virar el cabrestante tan fácilmente, y estar los cables en banda: y diciéndolo a voces altas la gente se consoló y animó mucho sabiendo que estábamos amarrados; y al fin, aunque con mucho trabajo de brazos, con grandes golpes de mar, que nos hizo quitar el mastelero de gavia, fue Dios servido que zarpásemos las anclas sin reventar los cables; y al virar, con las corrientes se atravesó el navío, y lo llevaba sobre los bajos, hasta que un papo de vela tomó viento y encaminó: y así con poca vela fuimos a descubrir la punta de San Gregorio, detrás de la cual descubrimos una buena bahía la cual habíamos visto cuando vinimos a descubrir por tierra, como arriba se dijo; y yendo a orza nos fuimos metiendo en la bahía o ensenada, hasta que cerramos la punta y cabo de San Vicente con la de San Gregorio, y dimos fondo en veinte brazas, cascajal y callao menudo.

El domingo veintiuno de febrero amaneció claro y bonancible, mas en apuntando el sol a salir comenzó el viento este a ventear, y mientras más el sol fue subiendo, tanto más el viento fue tomando fuerza. Y luego por la mañana aparecieron naturales sobre la costa, y nos dieron voces e hicieron fuegos. Respondímoles con bandera blanca en señal de paz; y estando apercibido Pedro Sarmiento para ir en tierra a darles algunas cosas y hablarles, creció tanto el viento que no convino ir en tierra entonces. Este día tomamos todos tres la altura en cincuenta y tres grados, en los cuales está esta bahía y punta de San Gregorio. Desde el cabo de San Gregorio se ve otro cabo la vuelta del noreste cuarta al este, cinco

leguas, que es la que arriba se nombró Nuestra Señora del
Valle en la costa del norte, y entre una punta y otra se hace
una grande ensenada en arco, que se nombró ensenada de
las Once mil Vírgenes. Y desde la punta de San Gregorio
aparece otra punta en la otra costa del sur, que llamamos
punta de San Isidro, noroeste-sudeste (toma de la cuarta del
sur) cuatro leguas. Hoy hasta mediodía hizo frío mientras el
cielo estaba sereno y claro, y de mediodía adelante se turbó
el cielo e hizo menos frío. En esta ensenada no corren tanto
las aguas de creciente, ni menguante. Así como sigue esta
ensenada de punta a punta, y aun desde la punta de Nuestra
Señora de Gracia hasta el cabo, o punta de Nuestra Señora
del Valle, una legua la tierra adentro se tiende una cordillera como loma, no muy alta, ni tampoco muy baja, igual,
pelada, que tendrá más de ocho leguas, y va adelgazando y
aguzando sobre la punta de Nuestra Señora del Valle, que
hace esta figura.*

Este mismo día domingo ya tarde abonanzó algo el
viento y se asentó la mar, y luego aparecieron otra vez naturales en tierra dando voces y capeando; y por ver qué querían, y saber algo de aquella tierra, Pedro Sarmiento fue en
el batel y otros dieciocho hombres. Y llegados a tierra, se
mostraron solos cuatro indios con arcos y flechas en las
manos, y hechas señas de paz, alzando las manos, y diciendo
axijtote, que quiere decir "hermanos", saltamos en tierra; y
los naturales tomaron un alto, y por señas entendíamos que
decían enviásemos uno, y así se envió uno solo sin armas,
con algunos dones de cuentas cristalinas y cascabeles y peines, y les dio; y luego dijeron que aquel bajase, y así lo hizo,
y subió otra vez el alférez solo, y con él les envió el general
más dádivas, y lo recibieron; y con todo no se quisieron
asegurar. Y visto esto, Pedro Sarmiento mandó al alférez que
se bajase, y así lo hizo. Y como ni por dádivas, ni halagos los
indios no se querían asegurar, determinó Sarmiento dejarlos
y subir a lo alto de la barranca por diferente parte de donde
estaban los indios, por no escandalizarlos, para sólo explorar
la loma y llanos y canales: y puesta la gente en orden subió la

* Véase en las láminas la figura 8 (página 268).

barranca por una ladera arriba, y antes que llegásemos a la cumbre de la barranca vinieron los cuatro flecheros, y sin darles ocasión alguna y habiendo recibido los dones, comenzaron a desprender muchos flechazos en el general, que iba delante, y en el piloto mayor y alférez, que iban a su lado, y diéronles a cada cinco o seis flechazos fuertemente dados y con gran presteza; y al general dieron uno en la frente entre los ojos que fue a soslayo, y le hizo poca sangre, y otra en el lado derecho, que le defendió una cuera de anta,[73] y las demás en la rodela; y al alférez le pasaron la ropa y capelete,[74] y le metieron otras en la rodela, y al piloto le dieron por el cuerpo y brazos y rodela, y fue herido un soldado en el ojo. Nombrábase el soldado Pedro de Aranda, el cual como fue herido, dijo: muerto me han;[75] y el alférez como lo oyó dijo que se volviesen abajo; y el general de tropel, diciendo: adelante, arremetió a los cuatro indios, los cuales huyeron con tanta velocidad que por presto que fuimos en lo alto, que estaba muy cerca, ya los indios parecían tan lejos que ningún arcabuz los alcanzara: y puesta la gente en orden seguimos la loma adelante por la tierra adentro por ver la tierra y su disposición. Descubrimos unos grandes llanos entre dos lomas muy apacibles a la vista y de muy linda verdura como sementeras, donde vimos mucha cantidad de bultos como casas, que creímos ser casas y pueblos de aquella gente. No llegamos allá por quedar el navío en condición, por quedar con poca gente y ser menester mucha para valer un navío cuando viene la furia de la tempestad, que aquí siempre se ha de esperar, aunque esta es tierra más

73. *Cuera de anta*: especie de chaquetilla de piel de alce que se usaba sobre el jubón.
74. *Capelete*: gorro.
75. Pedro Aranda no murió y, según indica Ángel Rosenblat, tampoco perdió la visión. Incluso llegó a España, como certifican Gamboa y Desquibel al final del libro. Aranda se ofreció enseguida a embarcar hacia el Estrecho, siempre cumplió las tareas encomendadas y estuvo en las tomas de posesión. Por todo ello, obtuvo una carta de recomendación de Gamboa para conseguir la merced del rey. Ya ascendido a sargento mayor, se embarcó con su mujer y un criado en el fatídico segundo viaje de Gamboa.

templada que las demás pasadas: y con ver esto, nos volvimos por esta causa, y a la vuelta hallamos dos capas de
pellejos de ovejas, con su lana, como las de la tierra del
Perú, y unas abarcas, que como se les dio prisa y huyeron
desatinados, no tuvieron lugar de poder ellas llevar, y nos
volvimos al navío, y el herido fue curado. Esta noche hizo a
ratos bonanza, y de cuando en cuando viento fresco.

Lunes 22 de febrero al amanecer comenzó a ventear
nornoreste con mucha fuerza, y de allí a poco saltó el norte,
y luego al noroeste, que venteó bramando hasta las once del
día. A esta hora saltó al oeste, y luego al sudoeste, y de allí a
poco abonanzó algo: por lo cual nos levamos de allí a la una
del día prosiguiendo nuestro descubrimiento; y porque el
oeste venía cargando, y para correr a popa no teníamos
lugar, por estar cercados de tierra, y no teníamos certidumbre de la derrota que corría el canal para osar arrojarnos a
lo de adelante, y porque es necesario aquí surgir cada noche
temprano, atravesamos a la otra costa de la tierra del sur
cinco leguas a una ensenada nornoroeste-sur sudeste con la
punta de S. Gregorio; y llegando temprano surgimos detrás
de una punta que antes se dijo, nombrada San Isidro, en
una ensenadilla de tierra muy baja de playales de arena en
diez brazas, un cuarto de legua de tierra: y en acabando de
dar fondo se tornó a lanzar la sonda, y ya estábamos en siete
brazas, y el agua vaciaba y no sabíamos lo que allí descarna
la mar, y nos temimos de lo que es ordinario, que en tierra
baja ordinariamente descarna mucho y desplaya el mar en
las menguantes: por lo cual, temiendo quedar en seco, nos
levamos; y rehusando el navío para afuera con el viento
sudoeste que venía de sobretierra, volvimos a surgir en quince brazas, y luego cargó el viento mucho y garraba el áncora
por ser el fondo acantilado, y volvimos a coger el áncora, y
surgimos tercera vez en nueve brazas de fondo parejo arena; y de baja mar venimos a estar en seis brazas. Esta noche
abonanzó algo, aunque de rato en rato venteaba mucho el
sudoeste y oeste sudoeste con algún frío, porque estos vientos son aquí los más fríos; pero esta región es más templada, y hace mejor tiempo que en las pasadas, y bien se echa
de ver, pues sufre tanta población de gente muy bien

dispuesta, y ganado manso y bravo y caza; y según Felipe el indio grande dice hay algodón, que es la mayor prueba de tierra templada, y canela, a que llaman *cabca*.

Aquí el cielo es muy sereno y las estrellas se muestran muy claras, y se dejan bien juzgar, marcar, arrumbar. Aquí es cosa muy provechosa el crucero que está treinta grados sobre el Polo Antártico,[76] del cual nos aprovechamos para tomar las alturas del Polo, como se hace de la estrella norte al septentrión, aunque con diferente cuenta: y porque este crucero no sirve para todo el año sino solamente ciertos meses de él; trabajó mucho Pedro Sarmiento de buscar otra estrella polar, más propincua al Polo, de más breve cuenta, y más general y perpetua. Y como la diligencia hace que la investigación sea fructuosa, fue Dios servido que la descubriese y verificase; y así en muchas noches claras, con muchas experiencias, ajustó las estrellas del crucero y sus guardias, y de otros dos cruceros y de dos polares de muy poca circunferencia, con el favor de Dios, que serán de grande utilidad a los navegantes curiosos que se quisiesen valer y aprovechar de ellas; y serles ha forzoso el tiempo que no pudieron aprovecharse del crucero, que es la mayor parte del año.

De esta observación que a gloria y honra de Dios se hizo, y otras de este género para ciertas verificaciones de alturas de latitud y longitud, se dirá adelante parte, y lo demás en otra parte que será su propio lugar, que ahora no parece buen proceso mezclar astrologías con itinerario y derrotero.[77]

Martes veintitrés de febrero, en saliendo el sol comenzó a ventear el oeste furioso y muy frío; y como esta tierra es baja no nos reparaba ni abrigaba nada, y porque no reventase este cable solo bueno que teníamos; aunque hecho por muchas partes pedazos (pero era todo nuestro

76. La Cruz del Sur.
77. Gamboa fue procesado dos veces por el tribunal de la Inquisición, una en México y otra en Perú. En 1557, en la plaza de Puebla de los Ángeles, Gamboa recibió azotes en público. En 1578, en Lima, lo acusaron de elaborar anillos astrológicos y de realizar prácticas cabalísticas misteriosas; el castigo fue el destierro. No era de extrañar que se mostrara tan cauto.

socorro y salvación después de Dios), al piloto mayor, y a Hernando Alonso les pareció bien que nos hiciésemos a la vela por poder correr todo el día con la marea y contra ella, y así nos levamos y fuimos siguiendo nuestro Estrecho, dejando a la mano derecha una ensenada que entra por la tierra del sur más de seis leguas. Nombróse ensenada de San Felipe adelante de la punta de San Isidro, y fuimos corriendo la vuelta del nornoreste, atravesando el canal así por descubrir una angostura que adelante aparecía: y yendo al nornoreste fuimos entrando en una ensenada en la costa del norte, que fue nombrada ensenada de Santiago, que está norte-sur con la de San Felipe: y estando tan adelante que descubríamos la angostura, íbamos sondando por veinte brazas. De repente dimos en ocho brazas; y apenas se hubo sacado la sonda del agua y vuéltola a echar con grandísima presteza, cuando nos hallamos en menos de tres brazas; y un marinero que iba en el batel que llevábamos por popa, entendiendo que la nao había tocado (según él dijo) metió en el agua un palo de dos brazas y media de largo, y sin acabarlo de lanzar todo llegó al fondo con las dos brazas, y este navío demanda las tres brazas de agua, o muy poco menos. Estábamos todos en confusión mortal, como suelen estar los que esperan ser ahogados y perdidos en tierras o mares donde no hay otro remedio sino del cielo: y acordándonos de éste, encomendámonos a nuestra señora la Madre de Dios de Esperanza, nuestra abogada, cuyo nombre esta nao tiene, y milagrosamente nos libró su precioso hijo por su intercesión. ¡Infinitas gracias le doy a mi Dios y señor y a su preciosísima madre la Virgen María que tantas mercedes nos ha hecho en este descubrimiento, librándonos por momentos de la muerte y de otros infinitos peligros! Y luego dio la nao en ocho y diez y más brazas, y el viento oeste vino cargando furiosamente, y con un papo de vela del trinquete embocamos por la angostura que tiene de ancho menos de media legua, barranca por la una parte y por la otra, y de largo tres leguas. Córtese este noreste-oeste sudoeste. Aquí corre mucho el agua y hay más de cincuenta brazas de fondo arena y callao, y por la barranca de la

tierra del norte hace playa de callao. Esta estrechura fue
nombrada por Pedro Sarmiento angostura de Nuestra Señora de Esperanza,[78] a quien nos encomendamos en el
peligro. A la boca y al cabo de estas tres leguas en la costa
de la tierra del norte hace una punta delgada, que se nombró punta Delgada, y al sudeste echa una restinga de herbazal, bajío, larga a la punta que está en la entrada de la
angostura de Nuestra Señora de Esperanza a la banda del
norte. Nombróse barranca, y a la otra que está enfrente de
ella al sur media legua escasa de travesía fue nombrada
punta Baja. De esta punta Baja sigue la costa por esta parte
del sur derecha al este cuarta al noreste cinco leguas y
media hasta una punta muy baja, que llamé punta Anegada. Esta punta Anegada, con la punta Delgada demoran la
una por la otra noreste-sudoeste cuarta de este-oeste tres
leguas. Al norte de esta punta Anegada, junto a ella, está
un bajío de hierbas que sale a la mar de un tiro de arcabuz
de largo (prolonga norte-sur). En llegando a la punta Delgada donde ya la angostura tiene más de una legua de
ancho, cargó tanto el tiempo del oeste, que procurábamos
abrigarnos, así por el peligro de la nao, como por no
perder el batel y un marinero que iba en él gobernándole
con mucho peligro. Y así como pasamos de la punta Delgada, descubrimos una gran ensenada a la parte del norte,
que llamé Nuestra Señora del Remedio; y queriendo entrar
en ella vimos un isleo y una restinga de bajos, y herbazales
muchos; por lo cual no osamos llegarnos a ella, y pasamos
de largo hasta otra punta que está este noreste-oeste sudoeste con la punta Baja diez leguas. Llamó el capitán a esta
punta Punta de Consolación, y todo lo que hay entre una
punta y otra es bahía y ensenada en arco, y por cima de
ella va una loma baja. Y antes de llegar a la punta de la
Consolación, yendo por veinte brazas, dimos en cuatro brazas, media legua de tierra, que también nos vimos en harta
fatiga, y también la madre de Dios nos consoló con sacar-
nos de ella: y por esto llamé a esta punta de la Consolación.

78. La actual primera angostura, desde Punta Delgada a Bahía Azul.

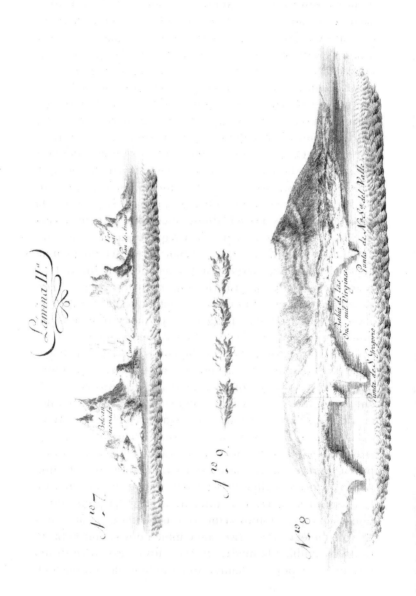

Esta punta de la Consolación demora con la punta Anegada nornoreste-sur sudoeste tres leguas de canal en medio.
Cuando llegamos a esta punta de la Consolación tomamos
la altura en cincuenta y dos grados y medio largos. Desde
esta punta de la Consolación descubrimos otra punta baja
en la costa del norte que demora al este cuarta al noreste
cuatro leguas. Llamé a esta punta el cabo de la Virgen
María; y en medio de este cabo y el de la Consolación hace
la tierra costa derecha algo cercada de barranca alta; y
desde la punta Anegada es costa la costa del sur, y va la
vuelta del sur, y hace una gran ensenada, que se extiende y
ensancha por aquí la boca del Estrecho más de diez leguas,
y todo lo que pudimos determinar fue una tierra norte-sur,
con el cabo de la Virgen María diez leguas. Llamé al cabo
de aquella tierra cabo del Nombre de Jesús, y a la ensenada
que hace entre este cabo y la punta Anegada llamamos
ensenada de Lomas, porque por toda esta ensenada prolonga una loma, tierra más alta que la de la banda del norte; y
porque no veíamos tierra adelante la vuelta del este, y nos
temimos que podríamos topar en alguna tierra baja, como
a cada rato la topábamos, y sin verla nos hallábamos en
muchos peligros: por lo cual el piloto mayor mandó tomar
los penoles del trinquete, y amainado con solo un papo de
vela, fuimos, para solo gobernar, navegando, por andar
poco, sino solo de parte de aquello que veíamos y se había
determinado desde los topes de los mástiles. A prima noche[79] fue servido Dios que abonanzó el viento y mar. Metimos el batel y marinero en la nao de noche con el favor de
la madre de Dios, y como a las nueve de la noche comenzamos a gobernar al este noreste, e íbamos por veinte y veintidós brazas; y al cabo de una o dos horas dimos en siete
brazas y media, tres leguas del cabo de la Virgen María,
teniéndolo al noreste: y amuramos la banda de la diestra, y
fueron a la orza la vuelta del sur y del sur sudoeste buscando más fondo, y fue creciendo el fondo hasta cuarenta
brazas y más, y de allí volvieron a gobernar al sudeste, y

79. El primero de los cuatro turnos de guardia, desde las ocho de
la tarde a las once de la noche.

con grandísima zozobra toda la noche. Los pilotos Antón Pablos y Hernando Alonso en toda la noche no hicieron sino sondear, que cuando amaneció tenían las manos pasmadas ellos y los marineros que los ayudaban, de echar y jalar la sonda del agua y frío. Toda esta noche hubo bonanza de mar, y viento oeste y oeste sudoeste.

Miércoles veinticuatro de febrero amaneció claro; pero luego anubló el cielo. Este día salimos y desembocamos del estrecho de la Madre de Dios. Desde aquí se había de volver la nao almiranta, sino se hubiera apartado antes, porque hasta aquí no se cumplía con lo que la instrucción del virrey manda, y demás de ir contra el servicio de Dios y de V. M. y contra su pleito homenaje y mil otros juramentos, órdenes e instrucciones, usó de poca amistad, y menos caridad con sus compañeros, e hizo gran mal, y pudiera ser mayor: y dejóse de hacer mucho que se pudiera hacer si la almiranta viniera con la capitana. Lo primero, si vinieran ambas naos no venían a tanto peligro si acaso topáramos al enemigo, y si alguna peligrara en los peligros que tuvimos, pudiérase salvar y recoger la gente a la otra nao; y cuando salíamos en tierra fuera más copia de gente, y quedara en los navíos la necesaria para los guardar de enemigos y tormentas, y pudiéramos saber más secretos de la tierra. Menester es que en tales cosas no se pase por ellas, porque se excusen semejantes deservicios de que suelen resultar grandes daños y pérdidas.

Tiene el estrecho de la Madre de Dios desde el cabo del Espíritu Santo hasta el de la Virgen María ciento diez leguas del Mar del Sur al Mar del Norte, y las cosas que se han de advertir más substanciales para el intento que el virrey pretendió, y para lo que conviene de principal intento, adelante se dirá.

Este miércoles que salimos del Estrecho venteó el norte mucho y con él fuimos al este una hora, y a este tiempo estábamos seis leguas del cabo de la Virgen María, y nos demoraba el cabo al noroeste. Aquí tomamos fondo en doce brazas de arena: y para mejor salir de estos placeles largaron los penoles, e izaron el trinquete, y fuimos al este cuarta al noreste dos leguas. Aquí sondamos en trece brazas, estando este sudeste-oeste noroeste con el cabo ocho leguas; y arribando al este sudeste, media legua sondaron en cuatro brazas; y volviendo al este, guiñando sobre la cuarta de noreste como media legua, sondaron en cuarenta y nueve brazas, y desde este paraje gobernamos al este noreste una hora una legua. Aquí sondó el piloto mayor en sesenta brazas. Todos estos fondos son de arena parda menuda.[80]

El que por aquí viniere tenga mucho aviso de traer la sonda en la mano, porque es muy peligrosa navegación, porque hay muchos bajos y bancos del agua, y todo se excusara si los que por aquí antes pasaron hubieran sido diligentes en hacer derroteros y avisar con buenas figuras y descripciones ciertas, porque las que hicieron, que hasta ahora hay y mandan vulgarmente, son perjudiciales, dañosas, que harán peligrar a mil armadas si se rigen por ellas, y harán desconfiar a los muy animosos y constantes descubridores, no procurando hacer otra diligencia. Dios nuestro señor sea loado y su bendita madre Santa María que nos guió y encaminó y dio sufrimiento para ir adelante sin rendir el ánimo al demonio y a sus lazos, que hartos procuró tender, porque este viaje no hubiese buen fin. Confío en la Divina Majestad que ha de resultar en gran servicio suyo, plantando en estas tierras su santa iglesia católica para que estos naturales y ciegos gentiles sean instruidos en la santa fe católica de nuestro señor Jesucristo, y sus ánimas se salven.

El que hubiere de entrar en este estrecho de la Madre de Dios por la boca de la mar del norte no se llegue mucho al cabo de la Virgen María, porque es bajío dos leguas desviado del cabo. De veinte brazas para el sur va el canal por cincuenta y cuarenta brazas. Procuren con mucho aviso darle resguardo y no se arrime a la tierra de mano derecha de la banda del norte sino la sonda en la mano y con mucho tiento.

Estando ya de mar en fuera en sesenta brazas de fondo este-oeste con el cabo de la Virgen María como nueve leguas del cabo, el cual es tierra baja de una barranca parda a la mar, y por la tierra adentro aparece la loma que arriba

80. Este banco de arena, a la entrada atlántica del estrecho de Magallanes, lleva el nombre de Sarmiento.

dije que venía sobre la punta de Nuestra Señora del Valle,
en el nombre de la Santísima Trinidad comenzamos a gobernar al noreste cuarta al este con viento noroeste fresco
con el trinquete bajo, porque el tiempo era pesado, y llevaba el navío dos cinturas a los mástiles, y jaretas falsas a las
jarcias y la entena mayor prolongada de popa a proa y sin
gavias ni masteleros por los grandes balances que daba el
navío con la mucha mar que había y habiendo andado por
este rumbo una legua se sondó en cincuenta y tres brazas,
arena, y siguiendo el mismo rumbo, de allí a media hora
escasa, medida por ampolleta de arena, volvimos a sondear
en setenta brazas, arena roja. Y siguiendo la derrota, de allí
a dos horas, que habríamos andado dos leguas, se tomó
fondo sesenta y tres brazas, arena roja; de allí a tres horas,
por la misma derrota, tres leguas, se sondó en setenta
brazas, arena menuda, y toda la noche fuimos con trinquete y mesana con oeste bonancible, y toda la noche al noreste
cuarta al este: y al amanecer se sondó en setenta y cinco
brazas de fondo arena. De manera que desde el miércoles
por la mañana hasta el jueves a las siete de la mañana
anduvimos por el noreste cuarta al este quince leguas por
el arbitrio. Desde el jueves veinticinco de febrero por la
mañana se gobernó al noroeste, y a mediodía se tomó la
altura en cincuenta y un grados y un tercio. Por aquí vimos
algunas ballenas grandes. Desde el jueves al viernes veintiséis de febrero por la mañana fuimos al noreste, y a mediodía tomamos la altura en cincuenta grados y treinta y siete
minutos, 30 leguas. Desde la boca del Estrecho aquí hay
cuarenta y seis leguas. Jueves y viernes hasta esta hora hizo
buen tiempo y temple, sin frío ni calor notable, viento y
mar bonanza.

Desde el viernes a mediodía fuimos a popa y al pajaril
con todas velas cuatro horas al noreste y al noreste cuarta al
este dos horas, dos leguas, y al este cuarta al noreste cuatro
leguas; y de allí a dos horas de noche venteó sudoeste y sur
sudoeste, y fuimos al noreste cuarta al norte hasta sábado
veintisiete de febrero a mediodía que tomamos el sol en
cuarenta y nueve grados, tres minutos, que son treinta y una
leguas por el noreste cuarta al este.

Desde el sábado a mediodía 27 del mes hasta domingo a mediodía 28 del mes, con viento sudoeste al noreste dieciocho horas, y seis horas al este cuarta al noreste. Sale todo el camino al noreste cuarta al este treinta y cuatro leguas. Tomóse este día la altura en cuarenta y ocho grados.

Desde el domingo 28 de este mes con viento nornoreste fuimos al este tres horas y tres leguas, y a las tres de la tarde viramos de la vuelta y fuimos al noroeste seis horas seis leguas, y a esta hora íbamos al noroeste cuarta al oeste, y el viento era fresco y metía gran mar y sospechábase que las aguas nos habrían echado sobre tierra; por lo cual los pilotos mandaron tomar las velas y nos pusimos mar al través. Y el lunes siguiente como a las diez del día dieron el trinquete y mesana y fuimos al* con rocío y blandura, porque en esta región austral estos dos vientos norte y noroeste son húmedos y turbios, no fríos. Fuimos por este rumbo seis horas seis leguas. A esta hora cargó el viento con mucha furia, y levantó gran mar y tormenta, y tomóse la vela mayor y mesana, y sacóse la vela del trinquete, y amainóse bajo a dos puños, y había tanta mar, que eran cuatro hombres al timón, dos arriba y dos abajo, y no se podían valer, y toda la noche estuvimos en oración y plegarias, y los pilotos ambos al timón, mandando y trabajando grandemente. Eran grandes los golpes de mar que entraban en el navío. Fuimos por este rumbo hasta martes primero de marzo hasta las dos de la tarde que anduvimos treinta leguas. Desde esta hora fuimos al noreste cuarta al este con el mismo viento y tormenta hasta el miércoles dos de marzo, y este día tomamos la altura en cuarenta y cinco grados y dos tercios, y Antón Pablos en cuarenta y cinco y un sexto, de manera que anduvimos desde domingo hasta este punto sesenta leguas de altura.

Desde el miércoles al jueves al noreste con el mismo tiempo y mar hasta jueves a mediodía, que tomamos la altura, Pedro Sarmiento en cuarenta y cuatro grados y seis minutos, Antón Pablos y Hernando Alonso en cuarenta y tres y cincuenta minutos, anduvimos treinta y seis leguas.

* Parece que debe suplirse aquí "oeste noroeste".

Este día izaron una vara más del trinquete, porque abonanzó la mar tanto cuanto, pero siempre llevábamos fortuna.

Desde el jueves a mediodía comenzó a cargar mucho el viento sudoeste y levantar la mar mucho más que hasta allí. La tarde hizo asperísima de turbiones con aguacerillos de agua y nieve. Estos traían delante mucha furia, y en pasando dejaban alguna bonanza, y luego volvía el viento con la violencia de antes: tanto fue que nos hizo amainar el trinquete sobre la cubierta, y de esta manera fuimos toda la noche con mucha tormenta y turbiones de viento y aguanieve hasta otro día por la mañana, y a esta hora cargó más la tormenta, y por esto el piloto mayor sacó el papahígo del trinquete, y metió dentro otro menor cinco paños, y de menos decaída para correr con él más seguramente.[81] De esta manera y con este tiempo fuimos hasta viernes a mediodía al noreste guiñando sobre la cuarta del este: y este día a mediodía tomamos la altura Pedro Sarmiento y Hernando Alonso en cuarenta y tres grados y veinte y dos minutos, y Antón Pablos en cuarenta y dos grados cincuenta y dos minutos. Eché la derrota[82] entre el noreste y la cuarta del este. Suman dieciocho leguas.

Desde el viernes a mediodía abonanzó el sudoeste y la mar algo, y diose la vela de gavia en el mástil mayor, y a dos horas de noche sacaron la vela de gavia y dieron la mayor, y fuimos toda la noche al noreste guiñando sobre la cuarta del este; y el sábado al amanecer venteó noroeste furioso, que nos hizo preparar para tormenta, y luego nos hizo tomar la mayor, y quedamos con el papahígo del trinquete de correr. Anduvimos desde viernes hasta sábado cinco del mes treinta leguas por fantasía.

---

81. Al haber tormenta, Gamboa reduce el velamen desplegado para evitar que la embarcación se desvíe demasiado del rumbo debido a la acción de las corrientes y los vientos. De ahí que ordene cambiar el papahígo –vela– del trinquete por uno más pequeño.
82. Estimar el rumbo. Con la tormenta que habían sufrido (o estaban sufriendo) no debía de haber mucho sol para orientarse con el astrolabio.

Desde sábado al domingo 6 del mes fuimos con esta tormenta al noroeste y oeste noroeste hasta las cinco de la tarde. A esta hora abonanzó y alargó el viento al sudoeste, y esta noche dimos la vela mayor y fuimos al noreste hasta el domingo a mediodía que tomamos el sol en cuarenta y un grados largos, y Antón Pablos en cuarenta grados y treinta y cuatro minutos. Anduve por mi punto desde el viernes a mediodía hasta este punto cincuenta y cuatro leguas.

Desde el domingo a mediodía hizo calma y calor, y a puesta de sol venteó noreste y nornoreste, y fuimos toda la noche al noroeste cuarta al norte ocho leguas: y desde que el sol salió el lunes hasta las once del día siete de marzo, al noroeste cuatro leguas. Desde esta hora fuimos al noroeste cuarta al oeste una hora una legua. Hizo este día muy cerrado de neblina, y todo el día cayó rocío de la niebla, por lo cual no se pudo tomar el sol. Desde la una del día venteó norte, y fuimos al oeste noroeste hasta una hora de noche seis horas, seis leguas. A esta hora rindió el viento al noroeste, y fuimos al noreste cuarta al norte hasta medianoche cinco horas cinco leguas. Desde la tercera guardia gobernamos al noreste franco hasta martes a mediodía ocho de marzo, que tomamos el sol en treinta y nueve grados y cuarenta y seis minutos Sarmiento y Antón Pablos; Hernando Alonso en 39 grados 48 minutos.

Desde martes a mediodía hasta miércoles a mediodía nueve del mes gobernamos al noreste con viento sur fresco. Tomamos la altura Pedro Sarmiento en treinta y ocho grados y medio, Antón Pablos en treinta y ocho grados, y Hernando Alonso en treinta y ocho y un quinto. Este día hizo claro, y la noche serena. Son leguas las que anduvimos treinta y cuatro por altura.

Desde miércoles a mediodía navegamos hasta las seis de la tarde a popa con sur al noreste. A esta hora saltó el viento al noreste y nornoreste fresco, y fuimos al noreste hasta jueves diez de marzo. Tomamos el sol en treinta y siete grados, que son treinta y dos leguas; hizo claro y calor, por que el viento fue caluroso.

Desde jueves a mediodía hasta viernes a mediodía once de marzo fuimos amurados de babor con el mismo viento noroeste al noreste seis horas ocho leguas de fantasía, por que el viento era fresco; y toda la noche al nornoreste y al noreste cuarta al norte más de ocho horas diez leguas: y hasta mediodía el viernes al noreste. A esta hora tomamos la altura el capitán y Hernando Alonso en treinta y cinco grados y treinta y seis minutos, y Antón Pablos en treinta y seis grados largos. Son leguas de altura 31.

Desde el viernes a mediodía fuimos con bonanza del viento noroeste la vuelta del noreste hasta las tres de la tarde. A esta hora vino un aguacerillo del sudoeste que nos dejó el viento a popa bonancible muy poco, y fue calmando, y fuese luego al sur calma. Fuimos con todos estos vahajuelos al noreste hasta sábado a mediodía doce del mes que tomamos la altura todos en treinta y cinco grados y un quinto. Son doce leguas de singladura.

Desde sábado a mediodía hasta domingo a mediodía trece de marzo fuimos con la misma bonanza del sur al noreste dos horas, y saltó al noroeste algo más fresco, y fuimos al noreste dos horas; y a boca de noche[83] rindió al sur un aguacerillo y cazamos a popa con todas velas, y desde entonces fuimos al noreste cuarta al norte hasta el domingo a mediodía con viento muy fresco. Caminamos 35 leguas por arbitrio. No se tomó la altura.

Desde este paraje de 35 grados[84] hizo algún calor, y los vientos de todas partes venían calientes, a cuya causa el agua del mar lo estaba tanto que parecía haberla calentado al fuego, o a lo menos a un grandísimo sol.

Desde domingo por la mañana saltó el viento sudeste, y fuimos al pajaril al noreste cuarta al norte hasta seis horas después de mediodía con viento fresco. A esta hora rindió al sur sudeste otras cuatro horas, y todo lo demás de la noche venteó sur ocho horas: y lunes por la mañana 14 del mes volvió al sur sudeste hasta el mismo lunes a mediodía, y siempre gobernamos al noreste cuarta al norte. Singlamos 36 leguas por fantasía, porque no se tomó altura.

Desde el lunes a mediodía 14 de este mes venteó este sudeste, y gobernamos al noreste cuarta al norte hasta mar-

---

83. *A boca de noche:* al anochecer.
84. Están ya, más o menos, a la altura del Río de la Plata.

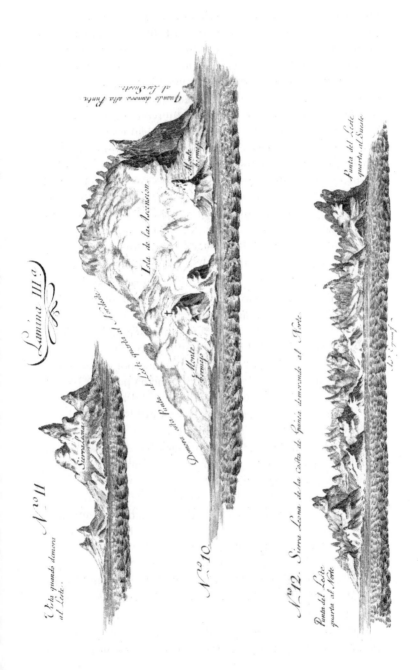

Lamina III.ª

N.º 11

Vista quando demora al Leste.

Sierra Leona.

N.º 10

Demora esta Punta al Leste quarta al Sudeste.

Monte Bermejo.

Isla de la Ascencion.

Monte Bermejo.

quando demora esta Punta al Sud-Sueste.

N.º 12. Sierra Leona de la costa de Guinea demorando al Norte.

Punta del Leste quarta al Norte.

Punta del Leste quarta al Sueste.

tes 15 del mes, unas veces alargando, otras escaseando. Tomamos la altura martes yo y Antón Pablos en treinta y dos
grados y dos tercios, que suman noventa leguas desde el
sábado a mediodía hasta esta hora.

Desde martes a mediodía con viento este sudeste fuimos
al noreste, y en anocheciendo cargó mucho este sudeste que
nos hizo sacar la vela de gavia: y miércoles por la mañana
nos hizo sacar las bonetas mayor y del trinquete, e íbamos
con los papahígos bajos: y el miércoles a mediodía tomé la
altura en veintinueve grados y un tercio largo, y Antón
Pablos en veintinueve y medio. Anduvimos veintiocho leguas. Este día mientras más fue bajando el sol del meridiano
para el poniente, más fue cargando el este sudeste, y causó
alguna tormenta, aunque no de mucha mar, porque los
vientos eran calientes, livianos y sobreaguados; pero con toda
su bondad nos hizo calafatear los cuarteles del puente, porque entraban dentro del navío muy buenos golpes de mar;
más como veníamos habituados a tantas tormentas como las
pasadas, ésta no la teníamos por tal.

Desde el miércoles a mediodía dieciséis del mes hasta
jueves a mediodía 17 del dicho con el mismo viento fuimos
al noreste y al nornoreste. Hicimos el camino por el nornoreste
entre la cuarta de hacia el noreste y la media partida. Tomóse
la altura en 27 grados y 3/4. Anduvimos 28 leguas.

Desde el jueves a mediodía hasta viernes a mediodía 18
del mes, con el mismo este sudeste mucho y muy fresco y
mucho mar fuimos con los papahígos bajos, unas veces al
noreste cuarta al norte y al nornoreste y al norte cuarta al
noreste, y por los grandes mares que nos daban en el costado diestro echamos el camino al norte cuarta al noreste por
el abatimiento; y el viernes a mediodía tomamos el altura en
26 grados y medio. Anduvimos 22 leguas. Este día abrió el
cielo, y aclaró por algunas partes.

Desde el viernes a mediodía con el este sudeste y este
fuimos al nornoreste y al noreste cuarta al norte hasta prima
noche seis leguas. A esta hora súbitamente vino un aguacero
del este con tanta furia, que por mucha prisa que nos dimos
a amainar tomó la vela del trinquete por delante y la rompió. El agua duró poco y vino caliente, y no dimos más velas

esta noche. Y sábado por presto que se remendaron las velas ya eran las once, y entonces dimos la vela y proseguimos el mismo rumbo del nornoreste con el mismo este.

Desde el sábado a mediodía 20 del mes[85] fuimos al este noreste y al norte con los papahígos bajos hasta las diez de la noche, doce leguas. A esta hora nos sobrevino un aguacero del este sudeste que nos hizo tomar las velas del todo y ponernos mar al través, y así estuvimos hasta el domingo esperando que abonanzase; y cargó mucho el viento este saltando al este noreste y al este sudeste con aguaceros: y levantó tanta mar que nos vimos en gran confusión, y así nos estuvimos mar el través con mucha tormenta de mar y viento la proa al norte y al nornoreste, abatiendo la vuelta del sudeste hasta el lunes casi a mediodía. Y porque temimos que estábamos cerca de tierra, lunes a mediodía viramos la proa al sur y al sur sudeste, porque lo que abatiésemos y singlásemos fuese apartándonos de tierra, y viéndonos angustiados de tan malos tiempos, hicimos plegaria a nuestro señor Dios y a su benditísima madre Santa María nuestra señora, que nos diese buen tiempo, y Sarmiento hizo cierta limosna particular a Nuestra Señora de la Antigua en Sevilla, y encomendándonos a la advocación de Nuestra Señora de la Consolación, y sacamos romero, que fue el padre vicario Fray Antonio de Guadramiro, y diose limosna para aceite a su santa casa; y también se sacó otra limosna para aceite, a la capilla del Cuerpo Santo, abogado de los mareantes en Sevilla, y plugo a la misericordia de Dios que muy poco después que hicimos esta plegaria abonanzó el viento y mar, y dimos las velas a medio mástil, y fuimos al sur sudeste y otras veces más al este, y algunas más al sur hasta la noche. Echámosle el camino del sur sudeste cinco leguas. Y toda la noche al mismo rumbo y al este sudeste, porque nos fue largando el viento de aquella vuelta hasta la mañana, ocho leguas. A esta hora alargó más el viento, que se hizo sudeste, y viramos de la otra vuelta y comenzamos a navegar al noreste cuarta al este y al este noreste, y así fuimos hasta mediodía

85. Siguiendo la cronología de las anotaciones, debería ser el día 19 del mes.

con viento bonancible casi calma. Tomamos a mediodía el sol en veinticinco grados y medio: de manera que del punto que había echado de fantasía me hallé este día atrás cuatro leguas la vuelta del sur sudeste.

Desde el martes hasta el miércoles 23 de marzo fuimos navegando con sudeste bonancible. Este día hasta la noche fue pardo de noche rindió el viento al sur sudeste y sur fresco. Esta noche tomé el crucero en 25 grados, y por la mañana el miércoles volvió al sudeste, y fuimos al este noreste por montar el placel de abreojo del Brasil,[86] y miércoles a mediodía se tomó la altura en veinticuatro grados y medio, que son de singladura cuarenta y cinco leguas y tres quintos. Todos estos días hizo aguacerillos, respondiendo a las impresiones de nubes bermejas, y entre ellas nubes negras no muy gruesas. Aquí en toda esta costa los vientos del este son travesía, y el oeste y este son húmedos y cálidos, y el sudeste no es tan cálido como el este sudeste, y mientras el viento toma más del sur es más frío, porque viene de región más remota de la tórrida por donde el sol anda.

Desde el miércoles al jueves 24 de marzo navegamos con los mismos vientos sudeste y este sudeste, rindiendo y escaseando con aguacerillos como rocío; y un aguacero alarga, y otro escasea el viento. Íbamos al este noreste y al noreste cuarta al este por veces algo más escaso y más largo. Esta noche tomé el crucero en 24 grados y un cuarto, y el jueves a mediodía tomamos la altura en 23 grados y 53 minutos, que son 27 leguas. Echéle el camino del noreste cuarta al este.

Del jueves al viernes 25 del mes de marzo fuimos al noreste cuarta al norte con viento este noreste largo, y traía algunos aguacerillos de noche, y por las mañanas un aguacero en saliendo el sol de agua como rocío, que así son por este clima, y pocas veces hay aguaceros grandes. A lo menos en este tiempo nosotros vimos esto. Esta noche a medianoche vimos un arco que llaman los filósofos iris blanco

---

86. Se dirigieron hacia el este, a fin de eludir los bancos de abrojos –peñascos afilados a ras de agua– de la costa brasileña.

bajo en contraposición de la luna[87] que se iba a poner, y de la reciprocación de sus rayos, que por antiperístasis[88] herían en las nubes opuestas, se causó. Cosa es tan rara, que ni la he visto otra vez, ni oído, ni leído que otra persona la haya visto tal como éste, sino en la relación de Alberico Bespucio,[89] que dice en el año de 1501 haber visto otro como éste. En este mismo paraje tomé el sol en veintitrés grados largos, que son 15 leguas. Este día estuvimos dentro del Trópico de Capricornio.

Desde viernes hasta el sábado a mediodía 26 de marzo, con viento noreste y este noreste fuimos al noroeste y al norte y al nornoroeste hasta medianoche, fuimos al sudeste y al este cuarta al noreste y al este noreste como el viento se iba mudando, hasta sábado a mediodía que tomamos el sol en 23 grados yo, y Antón Pablos en 22 1/3, y Hernando Alonso 22 y ½.

Desde el sábado a mediodía tuvimos vientos bonancibles norte y nornoroeste, y fuimos al este noreste y al noreste cuarta al este. Echéle el camino del este noreste, y por aquí fuimos hasta domingo a mediodía 27 de marzo. Este día tomó el general la altura en 22 grados 3/4; Antón Pablos en 22 ½. Son leguas 24. Este día nos hacíamos con tierra conforme a la derrota y altura en la costa del Brasil, y lo mismo en la bahía Anegada, por donde fuimos conociendo que las corrientes de los aguajes nos sacaban al este. Desde el día antes comenzamos a sentir mucho calor y calmas.

87. Gamboa parece referirse a un arco iris de luna; sin embargo, podría tratarse no de una irisación sino de un típico fenómeno de halo, producido por la reflexión o refracción de los rayos lunares sobre los cristales de hielo suspendidos en las nubes elevadas.
88. Antiperístasis. Acción de dos cualidades contrarias, una de las cuales refuerza con su oposición a la otra.
89. Américo Vespucio, navegante y cartógrafo florentino al servicio de los Reyes Católicos. En su primer viaje transoceánico exploró las bocas del Orinoco y el Amazonas. En el segundo descubrió Río de Janeiro y llegó hasta la Patagonia sur. En 1507, Martin Waldseemüller, en la reedición latina de la *Cosmografía* de Ptolomeo, usó por primera vez el nombre de América, atribuyendo por error su descubrimiento a Vespucio.

Desde domingo al lunes a mediodía 28 de marzo tuvimos calma y corrientes al sudeste, y de noche hubo algún vahajuelo del nornoroeste y noroeste, y gobernamos al noreste cuarta al este y al noreste y al nornoreste: y al cuarto del alba escaseó, y con el viento noreste íbamos al nornoroeste: andábamos muy poco. El lunes a mediodía tomamos la altura en 22 grados y 25 minutos. Estos días hizo gran calor. Echamos el camino al este noreste: anduvimos seis leguas; y esta misma noche tomé el crucero en 22 grados largos. Toda esta noche hubo bonanza, que casi no anduvimos camino alguno; pero este poco fue gobernando al noreste y al nornoreste y al norte y al nornoroeste, porque nunca el vahaje que hubo fijó en un lugar, y así fuimos hasta martes a mediodía con calmas y gran calor, y martes tomamos la altura en 22 grados largos; y todo este día y su noche tuvimos calma. Esta noche apareció la luna con dos círculos grandes, uno rojo que cercaba la luna, y otro verdinegro que cercaba el rojo: y la luna se puso muy roja, y juzgóse por señal de viento futuro breve.[90] Fuimos con calmas bonanzas hasta el miércoles a las cuatro de la tarde, y entonces comenzó un vahajuelo del sudeste, y fuimos la vuelta del noreste al pajaril, y luego se cambió al este y fuimos al nornoreste amurados con viento y mar bonancible. Así fuimos toda la noche, y al noreste y al noreste cuarta al este. Esta noche tomé el crucero y la estrella Polar del triángulo en veintidós grados menos un octavo.

Y el jueves 31 de marzo tomé el sol en 21 grados y medio. Echéle el camino del noreste. Anduvimos desde 29 de marzo a mediodía hasta esta hora 20 leguas.

Era grande la perplejidad que teníamos de ver que muchas veces con el punto íbamos zabordando en tierra, y nunca la veíamos: por donde, aunque sabíamos donde estábamos según latitud, que es de norte-sur, ignorábamos la longitud, que es el camino del este-oeste; y para averiguarlo, aunque Sarmiento lo sabía tomar, no tenía instrumento para ello: y la necesidad inventora de las artes hizo que Sarmiento

---

90. Fenómeno óptico de coronas. Son anillos de color, centrados generalmente alrededor de la Luna, que se forman por la interposición de una nube en napa delante del astro.

hiciese un género de báculo o ballestilla con que lo tomase, y con este instrumento con el ayuda de Dios a 31 de marzo al amanecer tomó el general los grados de longitud por la llena de la luna y nacimiento del sol, y halló que estábamos dieciocho grados más al occidente que el meridiano de Sevilla. Por donde claramente entendió que las corrientes que habían ido al este nos habían sacado afuera en el golfo hacia el este más de doscientas veinte leguas hasta aquel punto. Esto comunicó Sarmiento con los pilotos; y como es facultad que ellos no aprenden, no lo creían, y decían ser imposible.

Del jueves al viernes a mediodía primero de abril de 1580 navegamos al noreste cuarta al este y al noreste cuarta al norte y al nornoreste con vientos que nunca fijaban. Esta noche tomé la estrella Polar del triángulo en veintiún grados. ¡A Dios sea gloria y honra! Y le doy infinitas gracias que con su ayuda y lumbre hallé esta estrella, y la altura de este-oeste, y todo bien viene de su mano. De estas dos reglas se podrán aprovechar los navegantes, de que hallarán gran provecho y recreación; y den de ello gracias a Dios nuestro señor. Tomé este día la altura en veinte grados y treinta y tres minutos. Echósele el camino del noreste, y fueron de singladura 23 leguas largas.

Desde viernes a mediodía, una vez con bonanza y otra con este sudeste fresco, fuimos al noreste y al nornoreste hasta sábado dos de abril a mediodía. A esta hora tomamos la altura en diecinueve grados y dos tercios, que son leguas 24 por el nornoreste, salvo las corrientes. Esta noche corrió una exhalación gruesa como centro, y fuese partiendo en pedazos. Vino de hacia el este sudeste, y corrió al oeste noroeste: de color azul y blanca. Fue a prima noche: denotó viento de aquella parte; y así, vino al amanecer. La figura de la exhalación corriente fue de esta manera.*[91]

Desde el sábado al domingo tres de abril, con viento este y este sudeste fuimos al noreste cuarta al norte y al nornoreste. Echéle el camino del noreste cuarta al norte. Tomóse la altura el domingo a mediodía en dieciocho grados y medio. Anduvimos 24 leguas.

* Véase en las láminas la figura número 9 (página 268).
91. Parece la descripción de un meteorito o una estrella fugaz.

Desde el domingo al lunes a mediodía cuatro de abril venteó este y este noreste y noreste cuarta al este claro fresco, con dos o tres aguacerillos. Fuimos navegando al nornoreste y al norte cuarta al noreste y al norte. Echéle el camino del nornoreste. Tomó Sarmiento este día la altura en diecisiete grados y un tercio, que son leguas 25. Este día nos hicimos doblados los bajos y placeles de abreojo conforme a la derrota de latitud, y estábamos más de doscientas leguas de ellos al levante. Salen estos placeles y bajíos de abreojo en la costa del Brasil cuarenta leguas a la mar. Estábamos este día esteoeste con el río del Brasil.

Desde el lunes al martes a mediodía 5 de abril, con este y este noreste, escaseando y alargando, fuimos al nornoreste y al noreste cuarta al norte poco tiempo, y lo más al norte cuarta al noreste. Tomamos la altura a mediodía en quince grados y cincuenta y siete minutos; Hernando Alonso en quince grados y un tercio, que hicimos 24 leguas.

Desde el martes al miércoles a mediodía 6 de abril, con este y entre este sudeste, fuimos, escota larga al nornoreste con viento muy fresco. Dile media cuarta de abatimiento, porque sospeché iban las aguas al este noreste. Tomamos la altura en catorce grados, que son leguas 34.

Desde miércoles al jueves a mediodía 7 del mes con este y este noreste, alargando y escaseando, fuimos al nornoreste franco. Tomé este día el sol en doce grados largos. Anduvimos 37 leguas.

Desde jueves al viernes ocho de abril con el mismo viento fuimos al nornoreste. Tomamos este día laaltura en 9 grados y 32 minutos, que son leguas que anduvimos cuarenta y cinco.

Desde el viernes al sábado 9 de abril, con los mismos tiempos y vientos frescos fuimos al nornoreste. Tomé el sábado la altura en siete grados y doce minutos: Anton Pablos en siete y cuarenta y dos minutos porque por mi punto anduvimos cuarenta y seis leguas.

Desde el sábado a mediodía, con el mismo sudeste fresco y mar bonanza fuimos al este noreste, y algunas veces al noreste cuarta al norte. Este día a las cinco de la tarde vimos una isla alta que nos demoraba al este cuarta al sudeste la punta del norte, y la del sur al este sudeste. Estábamos cuando la descubrimos ocho leguas de ella. En viéndola Pedro Sarmiento, dijo ser la isla de la Ascensión que está en el camino de la India, lo cual dijo por la altura que había tomado el día antes, y por la del este-oeste arriba dicha: y procurando ir a ella se cazaron las escotas, y haláronse más las bolinas, y anocheciónos antes que la pudiésemos tomar; y así esa noche fuimos al noreste cuarta al este, y al este noreste, y de medianoche abajo fuimos al sur, y domingo a las dos de la tarde surgimos en esta isla de la Ascensión, que por donde la vimos hace esta figura.*

Domingo a las dos de la tarde surgimos, como es dicho, enfrente del puerto y playas de arena que están al noroeste. Este día no se pudo ir en tierra por buscar surgidero seguro. Lunes por la mañana envió Pedro Sarmiento gente a tierra a buscar agua, y no se halló, y Hernando Alonso que había ido en tierra, envió unos puerquezuelos y tortugas muy grandes, que para meterlas en el navío fue menester un aparejo de los de meter el batel. De éstas hay muchas. Había muchas cruces, que según después supimos las habían puesto los portugueses que allí se perdieron con una nao viniendo de la India, y así como se iban muriendo, los vivos les ponían cruces, y murieron todos, y también ponen algunas los portugueses cuando vienen de la India, porque se halló clavada en una cruz una tabla que tenía un rótulo que decía de letras grandes: *"DON JOAN DE CASTELL-RODRIGO, CAPITAON MOR, CHEGOU AQUI CON 5 NAOS DA INDIA EN 13 DE MAYO 1576"*. Y tornóse a poner la tabla en su lugar donde se halló, y junto a ella se puso otra tabla escrita por memoria de haber llegado allí la primera nao del Perú que desembocó por el Estrecho de la Mar del Sur a la del Norte en servicio de V. M. enviada por el virrey y el efecto para qué. No se pudo hallar agua, aunque después supimos en la isla de Santiago que había agua de la banda del sur de la isla. Hay aquí mucho pescado, y matóse cantidad, y salóse para nuestro bastimento,[92] y matamos muchos tiburones,

---

* Véase en las láminas la figura número 10 (página 277).
92. *Bastimento*: provisión de alimentos.

porque nos impedían de matar el pescado pequeño. Hay aquí mucha pajarería de que se tomaron algunos, y son tan golosos, que todo lo que ven arremeten a tomarlo; y unos pájaros rabo de junco, y rabihorcados, que así se llaman, arremetieron al sombrero que el alférez llevaba en la cabeza, y por quitarle una carta que llevaba revuelta a la toquilla, le llevaban el sombrero, sino le asiera con las manos; y él teniéndoles, y los pájaros tirando, le sacaron el papel y se lo llevaron: y sobre cuál de ellos lo había de llevar iban por el aire en una gran refriega: y cerca de tierra hay tanto pescado, que desde el batel lo mataban con cuchillo. Es tierra seca y calurosa: hay gran abundancia de tortugas grandísimas. Tomamos aquí el altura surtos en siete grados y medio cumplidos al sur, en los cuales está esta isla de la Ascensión. Tiene el puerto al nornoreste, y después supimos que a la banda del sur tiene otro puerto mejor donde está el agua.

Es mucho de notar, que la altura que el general Pedro Sarmiento había tomado de longitud, o este-oeste, se conoció verdaderamente ser bien tomada, y muy cierta la computación que hizo, porque llevando el punto por la orden atrás referida de tal manera que a la hora que vimos la isla de la Ascensión juzgábamos estar solamente sesenta leguas de Pernambuco,[93] este-oeste con el río de las Virtudes en la costa del Brasil, y hallámonos cuatrocientas leguas al este enmarados, de manera que del punto que llevábamos por la altura de latitud nos engañaron y hurtaron las corrientes trescientas cuarenta leguas, lo cual se conoció por la altura del este-oeste, o longitud: y para comprobación de ello fue la experiencia de la isla que está asentada en el dicho paraje, aunque con algún error, como luego diré. Cuando veníamos navegando sobre la costa del Paraguay y San Vicente, y con los puntos, íbamos embistiendo en tierra y no la tomábamos. Echábamos la culpa a las cartas que estaban falsas y mal pintadas descriptas, y así lo creímos hasta que se tomó la dicha altura: y puesto que en algunas cosas lo están, no es el yerro en estas cosas arriba de

93. Creían estar cerca de Pernambuco, noreste de Brasil; sin embargo, debido a la acción de las corrientes marinas estaban en África, en la isla Ascensión.

tres o cuatro grados de longitud, porque Pedro Sarmiento las examinó con mucho cuidado como cosa que iba en ello acertar, y la vida. Adviértase lo que importa saber esta regla del este-oeste para navegaciones largas y dudosas de descubrimientos, y cuán poco se dan por ello por no trabajar un poco más de lo ordinario. Algún día yo pondré esta regla con ayuda de nuestro señor Dios de manera que se puedan aprovechar de ella los que quisieren, y al cabo pondré alguna notable regla para esta navegación. Satisfecho Pedro Sarmiento de esta altura y regla de longitud, quiso experimentar el sitio de esta isla para verificar lo uno con lo otro, y así a doce de abril tomó la longitud a las seis y un quinto de la mañana; y hecha la suputación,[94] halló que esta isla de la Ascensión está tres grados más occidental que el meridiano de Cádiz, por lo cual ha de estar más al este situada de lo que está en la cartas portuguesas un grado cumplido, que son diez y siete leguas y media. De manera que esta isla se ha de enmendar en su situación de ambas alturas de como la tienen los portugueses en sus cartas, porque se han de situar un grado más al levante, y se ha de bajar medio grado de latitud, porque ella está en siete y medio, y tiénenla puesta en ocho. En lo demás está bien figurada en cuanto a lo que vimos.

Entre tanto que aquí estuvimos remendaron las velas y gavias y masteleros y aparejos, que venían destrozados de las tormentas y malos tiempos, que aunque muchas veces se paraban, no bastaban ya las fuerzas humanas a reparar tanto como se destruía con las tempestades y pudriciones: y así, remendados lo mejor que fue posible, lunes a las dos horas de la noche once de abril con el favor de Dios nuestro señor, en su sacratísimo nombre nos hicimos a la vela de esta isla que es pequeña, y fuimos navegando con el sudeste al norte cuarta al noreste hasta martes 12 de abril. Esta noche tomé el crucero en cinco grados y tres cuartos.

Del martes al miércoles 13 del mes, al mismo rumbo. Tomamos a mediodía el sol en cuatro grados y veintiún minutos: que son todas las leguas desde la isla de la Ascensión cincuenta y seis.

94. *Suputación*: cálculo, cómputo.

Desde miércoles al jueves a mediodía 14 de marzo[95] fuimos con bonanza al mismo rumbo, y jueves desde mediodía tuvimos sur, y fuimos al pajaril hasta viernes a mediodía. Este día tomamos la altura en un grado y veinticinco minutos al sur. Anduvimos desde el miércoles cuarenta y dos leguas y media.

Desde viernes al sábado 16 de abril con sudeste y sur sudeste bonancible fuimos al norte. Tomé este día la altura en dos minutos de la banda del sur de la equinoccial. Anduvimos veinte leguas.

Del sábado al domingo a mediodía 17 del mes con el mismo rumbo anduvimos 17 leguas. Tomé la altura en un grado de la banda del norte. ¡Gloria a Dios Todopoderoso! Hoy hace cincuenta y dos días que salimos del estrecho de la Madre de Dios a esta Mar del Norte, y hoy estamos a la parte septentrional de la equinoccial, y sale un día con otro a grado de disminución de altura.[96]

Del domingo al lunes 18 de abril con el mismo viento al norte anduvimos 18 leguas por la fantasía. Aquí se verificó lo que antes algunas veces he notado de la cualidad del viento del polo antártico que se ha dicho que el sur, sudoeste y sudeste en la parte austral es frío y seco, y aclara el cielo, y aparece el sol, y quita la lluvia: y el norte es caliente y húmedo, y con él se cierra el tiempo, oscurece el cielo y llueve: más desde la equinoccial hacia la parte del norte mudan sus calidades y efectos, que el viento sur es húmedo y caliente, y anubla y llueve, y el norte y noreste es frío y seco: esparce y quita las aguas. Esto será de mucho momento a los que escriben repertorios que escriben en un polo generalmente como para todo el mundo generalmente, y conviene que vayan respetando los cárdines y plagas[97] del mundo cuando de vientos y temples y cualidades, acciones y pasiones ponen reglas, las cuales no deben hacer generales,

---

95. Las anotaciones anteriores correspondían al mes de abril. Por tanto, 14 de abril.
96. Acaban de atravesar el ecuador y se dirigen hacia el trópico de Cáncer.
97. Respetando los puntos cardinales y los rumbos del mundo.

sino conforme a las regiones, pues conforme a ellas son tales cosas. De esto pudiera dar más largas razones y reglas, y escribir muy largo de lo que he notado y observado, junto con el arte, en muchos años, en muchas y varias regiones: pero no de este lugar. Si Dios fuere servido algún tiempo lo haré para provecho de mis prójimos.[98]

Desde el lunes al martes 19 de abril con sur sudeste bonancible y sur fuimos al norte seis horas; y así fuimos hasta puesta de sol, y como a las diez de la noche llovió un gran aguacero, del cual se tomó alguna agua, que fue gran consuelo, porque el calor era excesivo, y el agua que teníamos era poca y la ración muy tasada. Estuvimos esta noche amainados, y por la mañana martes dimos vela, y fuimos al nornoroeste; y a mediodía tomamos la altura en dos grados y dos tercios. Anduvimos diez leguas.

Del martes al miércoles 20 de abril fuimos al nornoroeste con aguaceros, calmas y vientos bonancibles, y de cuando en cuando con viento fresco, hasta el miércoles a la tarde, que con un aguacero acabó de calmar el viento, y con vahajuelos del sur y sudoeste y noreste fuimos al norte y al norte cuarta al noreste hasta las nueve de la noche. A esta hora tomé el crucero en cuatro grados y medio largo al norte. Andúvose 20 leguas la vuelta del norte y nornoroeste.

El jueves 21 del mes con muy poco viento oeste noroeste fuimos al norte tres horas dos leguas con aguaceros y calmas. Este viento volvió al este noreste, y cargaron tantos aguaceros de todas partes, que acabó de calmar el poco tiempo que había. Tomé esta noche el crucero en cinco grados, que fueron siete leguas las que anduvimos, y dos son nueve.

Del jueves al viernes fuimos, como se dijo en la cláusula antes de esta, hasta medianoche; desde medianoche hasta el viernes a mediodía con oeste noroeste y con aguaceros fuimos al norte media cuarta más y menos; y de mediodía

---

98. Leonardo de Argensola le atribuye a Gamboa un libro aún "inédito", y por el que todos sus lectores contemporáneos estaríamos dispuestos a cometer locuras: *Tratados de las Navegaciones, Fundiciones de artillería y balas, Fortificaciones, y Noticia de Estrellas.* ¿Estaría pensando en él Gamboa?

arriba anduvo el viento variando hasta que a puesta de sol calmó: y a medianoche se tomaron las velas. Echéle este día de singladura seis leguas por arbitrio.

El sábado 23 de abril al salir el sol venteó un vahajuelo del noreste, y fuimos al noroeste cuarta al norte. Hace por aquí terrible calor. Este día no hubo aguaceros ni su noche; pero hizo calma. La altura se tomó por el sol en cinco grados.

Del domingo al lunes 25 de abril con poco viento oeste noroeste y sudeste y sur sudeste bonancibles; y la noche del sábado hubo calma y aguaceros, y con ellos algún viento a ratos. Fuimos los dos tercios al norte, y un tercio al norte cuarta al noroeste. Tomamos el lunes a mediodía el sol, Pedro Sarmiento en cinco grados y cincuenta minutos, y Hernando Alonso en cinco y dos tercios. Anduvimos quince leguas.

Del lunes al martes 26 de abril fuimos al norte con calmas y aguaceros con los vientos antes dichos; cada aguacero traía su viento diferente; pero con todos fuimos al norte con algunas guiñadas a la cuarta del noroeste. Tasósele el camino del norte a la mitad sobre la cuarta del noroeste: y el martes a las diez del día vino un aguacero del este sudeste con mucho viento tan repentinamente que nos tomó con las velas arriba y quebró la entena de la mesana, y nos vimos en trabajo en tomar las demás velas. A estos aguaceros llaman los portugueses en esta Guinea *torboadas*: son pesados, peligrosos y espantables, si no se tiene gran recato; y con todo han peligrado muchos navíos con ellos, y por huir de ellos han dejado de venir por esta vía las naos de las Indias que solían venir por aquí. Con todo este trabajo nos hacían algún bien, que nos daban agua que cogíamos, con que suplíamos lo que sin ellos no pudiéramos sin otro daño mayor. Aquí comenzó a enfermar alguna gente, porque este paraje es muy enfermo. Después de pasado este aguacero o turbonada, se enmendó la entena, dimos las velas y seguimos el camino al norte, unas veces a la bolina, y otras a popa hasta el miércoles 27 de abril, que a mediodía tomamos la altura Sarmiento y Hernando Alonso en siete grados y un cuarto. Anduvimos desde el lunes 25 leguas.

Desde el miércoles al jueves 28 de abril, con las diferencias de vientos de los días pasados fuimos al norte hasta el jueves al amanecer. Entonces se hizo el viento al nornoreste, y fuimos al noreste cuatro horas; y desde las diez a las once al noreste cuarta al este, y de las once a las doce al este noreste. Tomé a mediodía el sol en ocho grados y medio; Hernando Alonso en ocho y un quinto. La cuarta parte del camino eché al norte cuarta al noreste, y las tres cuartas al norte. Caminamos 22 leguas. Este día a las dos de la tarde, porque por el punto nos hacíamos con tierra, y la mar parecía agua de fondo, echóse la sonda y halláronse quince brazas de fondo de arena, estando a esta hora más de quince leguas de tierra; y de allí a una hora, yendo al mismo rumbo, se volvió a sondear en catorce brazas y no aparecía tierra: y de allí a dos ampolletas volvimos a sondear en quince brazas. Hay por aquí mucha pesquería. Fuimos estas dos ampolletas al noreste cuarta al norte; y a las seis de la tarde, habiendo alargado el viento, e ido al nornoreste y al noreste, vimos tierra, la Sierra Leona en la costa de Guinea en África,[99] que nos demoraba diez leguas al este, estando nosotros en veintidós brazas, arena. La Sierra Leona hace estas señas por donde la vimos.[*]

Esta Sierra Leona es famosa tierra en esta Guinea, de rescate de oro y negros. Aquí solían reconocer las naos de Portugal cuando venían de la India, y porque enfermaban y morían muchos, porque la tierra es enferma, y por excusar las turbonadas dejaron este camino y van por fuera de las islas de Cabo Verde.[100]

Y luego vimos otra tierra no tan alta, que son unos islotes que llaman los Ídolos. Toda esta noche fuimos sondando por ocho, diez, veinte y veintidós brazas arena; y al cuarto de alba nos vino una turbonada que nos hizo tomar las velas;

99. Entonces se llamaba genéricamente Guinea a la costa oeste de África, desde Senegal hasta Gabón y alrededores. Pedro de Sintra, portugués, descubrió en 1462 la península montañosa de Freetown, a la cual llamó Sierra Leona.
* Véase en las láminas la figura número 11 (página 277).
100. Estado insular frente al litoral senegalés, descubierto en 1455 por Alvise Ca' Da Mosto, veneciano al servicio de Enrique el Navegante. Santiago de Cabo Verde era un puerto intermedio para las naos lusas que iban hacia el cabo de Buena Esperanza, rumbo al Índico.

y pasada, se tornó a dar trinquete y velacho, y fuimos al norte y nornoroeste y noreste y al sudeste. Según iba alargando el viento procurábamos salir a la mar por apartarnos de los bajos de tierra, y al amanecer estábamos diez leguas de tierra a vista de una cordillera alta que hace una loma picada de mogotes que corre este-oeste, y tiene diez leguas de largo, que es continuada con la Sierra Leona. Las señas que hacían son éstas.[*]

Toda esta costa tiene fondo diez leguas y más.[101] La mar en fuera quince, ocho, diez, veinte y veintidós brazas en este paraje; y algunas veces veintiocho brazas. Y siguiendo la navegación al oeste noroeste viernes 29 de abril tomé el sol en nueve grados y un quinto. Anduvimos leguas 12 desde el jueves al viernes. Íbamos a vista de tierra doce leguas de ella.

Desde el viernes al sábado 30 del mes fuimos con la misma variedad de vientos al oeste noroeste y al noroeste cuarta al oeste, y algún rato al norte con bonanzas y algunas turbonadas del sudeste, que nos hicieron tomar las velas e ir con sola la cebadera y un papo del trinquete. Tasados juntos los rumbos salió el camino del noroeste cuarta al este hasta sábado a mediodía 20 leguas. Por aquí hay muchas corrientes al sur: y el placel de Guinea sale más de quince leguas en la mar por esta parte, y por otras más de veinte leguas. De tierra lo mismo.

Del sábado al domingo primero de mayo gobernaron al noroeste. A las ocho de la noche tomé la estrella del Norte la primera vez este viaje en diez grados menos un quinto; y domingo de mañana venteó nornoroeste, y fuimos al oeste y al oeste cuarta al noroeste; y de allí a dos horas al este noreste hasta mediodía. Tomé la altura por el sol en diez grados largos; Antón Pablos con diez escasos; Hernando Alonso en diez largos. Son leguas 35. Echéle el camino al oeste noroeste tomando algo de la cuarta de noroeste cuarta al oeste.

Del domingo al lunes 2 de mayo con las mismas calmas y bonanzas al norte y nornoroeste siete horas cinco leguas. Estuvimos después de esto en calma del todo, sin gobernar el

---

[*] Véase en las láminas la figura número 12 (página 277).
101. Parece que debería cambiarse la unidad de medida: *brazas* en lugar de *leguas*.

navío hasta medianoche, y después venteó noroeste, y fuimos al noreste y nornoreste más escaso y más largo una cuarta. Tomé la altura lunes a mediodía: Sarmiento y Antón Pablos, piloto mayor, en diez grados y trece minutos. Hernando Alonso en diez menos un quinto. Aquí juzgamos que las aguas del río grande de Guinea nos habían sacado la vuelta del oeste, pues con ir al noreste y estar en la altura de sus bajos no los veíamos; pero vimos muchas señales de las corrientes del río, de arroyadas, jibias, hileros, que iban de noreste-sudoeste. Anduvimos diez leguas desde ayer hasta esta hora.

Desde lunes a mediodía al norte cinco horas cuatro leguas con viento oeste noroeste. A esta hora se sondó en veintidós brazas, el fondo peñascos. Por donde entendimos que estábamos sobre los bajos que salen del cabo de Nuño Diego, de las islas que se llaman islas de los Bijagoos,[102] que son unos negros valientes, grandes flecheros, y muy diestros que tiran con hierba mortal, que al que hieren con ella muere rabiando. A esta hora viraron, y fuimos con poco viento al oeste sudoeste, y por salir de placeles de poco fondo, porque con estar en tan poco fondo no veíamos la tierra que nos hizo recatar del gran peligro que, según después supimos, hay allí: y así le fuimos dando resguardo. Fuimos por aquí tres horas, y viramos la vuelta de tierra, y fuimos al noreste toda la noche una cuarta más y menos, y siempre íbamos dando en menos fondo. De estos placeles ya fuimos disminuyendo hasta siete brazas y media. Aquí vimos la tierra algo alta. A las seis de la mañana viramos, y fuimos al sudoeste, y dimos en doce brazas de fondo, y desde aquí volvimos la vuelta de tierra al noroeste; y martes a mediodía tres de mayo tomamos la altura: Pedro Sarmiento en diez grados y 48 minutos; lo mismo verificó Antón Pablos, y Hernando Alonso. Anduvimos por altura desde ayer a hoy catorce leguas estando en seis leguas de tierra y en once brazas de agua.

Desde el martes al miércoles 4 de mayo fuimos, el martes seis horas al noroeste, y viramos al oeste y oeste noroeste y noroeste con bonanza hasta el cuarto del alba que calmó; y

102. Islas Bissagos o Bijagos. Pertenecen al grupo insular de Guinea-Bissau, frente al estuario del río Geba.

con el vahajuelo que hubo fuimos de una vuelta y de otra el miércoles a mediodía, que tomamos la altura yo y el piloto mayor en once grados y un quinto. A esta hora vimos al oeste reventar unos bajos una legua poco más, o menos, 25 leguas.

Desde miércoles a mediodía fuimos al sur por salir de los bajos y bancos hasta medianoche, y algunas veces al sur sudeste hasta veinticuatro brazas de fondo. A esta hora navegando con oeste noroeste fresco súbitamente vino una turbonada de mucha agua y viento que nos vimos en mucho trabajo, porque nos tomó las velas con todas las velas arriba, y mediante Dios con la buena diligencia se tomaron las velas, y el trinquete se hizo pedazos y la de la gavia mayor: y en pasando quedamos en calma amainados hasta la mañana que dimos vela, y con vahaje fuimos al oeste cuarta al sudoeste, y luego entró vientecillo norte, y fuimos al oeste noroeste y al oeste cuarta al noroeste, y a mediodía jueves cinco de mayo se tomó la altura en diez grados y medio, de manera que abatimos desde el miércoles al jueves doce leguas y a la hora que tomamos la altura estábamos en trece brazas.

Del jueves al viernes 6 de mayo fuimos por cima de este mismo placel y bancos, y por salir de él fuimos al sur sudoeste y al sudoeste y al oeste sudoeste hasta el viernes por la mañana que fuimos al oeste noroeste y noroeste y norte y nornoreste hasta las diez; y entonces viramos porque íbamos otra vez sobre los placeles disminuyendo fondo. Íbamos por veinticinco brazas. Este día se tomó el sol en nueve grados escasos. Por huir de estos placeles abatimos 28 leguas, y entendimos ir las corrientes al sur.

Del viernes al sábado 7 de mayo, el viernes hubo calmas hasta medianoche. Desde esta hora venteó algo el sudoeste, y fuimos al noroeste y al nornoroeste hasta el sábado a las ocho de la mañana que por escasear el viento fuimos al nornoreste, y de la otra vuelta íbamos al noroeste y al oeste noroeste. A mediodía tomamos el sol en diez grados y medio. Anduvimos 25 leguas.

Desde sábado al domingo ocho del mes de mayo, el sábado con bonanza tres horas al noroeste legua y media. A este punto estábamos en veinticuatro brazas: luego escaseó y fuimos al sudoeste hasta el domingo a la medianoche seis leguas, y después con sudeste fuimos al oeste noroeste dos leguas, y al sudoeste una legua. A las diez horas del día refrescó el oeste noroeste y fuimos al norte cuarta al noreste. A esta hora estábamos en treinta y tres brazas. Fuimos por aquí hasta mediodía que tomó Sarmiento el sol en once grados escasos; y el piloto mayor y Hernando Alonso en diez y cincuenta y tres minutos.

Por estos días nos fatigaban muchas cosas: lo común eran calmas, grandes calores, turbonadas, que fue causa de muchas enfermedades. Unos padecían de calenturas, que es la pestilencia que mata en esta tierra de Guinea con mucha celeridad; otros de granos y nacidos; otros de tullimientos de piernas y de brazos y muelas; especialmente dio una enfermedad que es contagiosa e insufrible de mal olor, que es hincharse las encías, y se aposteman y mueren muchos de ello, y el que no muere padece mucho.[103] Tras esto la falta del agua y el terrible calor, que se ardía la cubierta del navío, y se derretía la brea, y se desvaían las juntas y costuras de las tablas, que fue causa de hacer el navío más agua de la que hacía hasta allí, y creo que si Dios no nos socorriera enviándonos algunos aguaceros de que se cogió algún agua padeciérase más por el gran peligro en que la sed nos pusiera; y como no teníamos con que curarlos era la desconfianza de sanar general en todos, y solo Dios nos sustentó milagrosamente. ¡Él sea loado por siempre jamás! Amen. Y cuando queríamos acometer a subir altura por ir a las islas de Cabo Verde adonde pensábamos repararnos con el ventezuelo que por gran ventura nos venía de provecho, luego dábamos en tan poco fondo y en bancos tan bajos, que por no ahogarnos nos hacíamos a la mar, y así abatíamos y perdíamos lo que habíamos ganado, que era lo que sobre todo más sentíamos, y en todo nos consoló Dios del cielo y de la tierra nuestro señor.

Este mismo domingo desde mediodía con oeste noroeste fresco fuimos al norte y al norte cuarta al noreste tres horas, tres leguas. A esta hora rindió el viento al oeste (cosa bien nueva y rara en semejante altura) y fuimos al

---

103. Síntomas del escorbuto, enfermedad debida a una alimentación carente de vitamina C (no había fruta en el menú a bordo de entonces).

norte cuarta al noreste, y luego al norte: y en anocheciendo
alargó y fuimos al nornoroeste hasta el lunes a mediodía
nueve de mayo que tomó la altura Pedro Sarmiento en
once grados y cincuenta minutos, y Antón Pablos lo mismo, y Hernando Alonso en once y dos tercios. Anduvimos
diecisiete leguas.

Desde el lunes al martes diez de mayo hubo calmas, y
por la marea creciente que iba al río grande de Guinea, en
cuyo canal estábamos, nos metía sobre la tierra hasta estar
en diez brazas de agua: y por el gran peligro que hay en
estas tierras bajas dimos fondo a un ancla mientras acababa
la marea de crecer para hacernos a la vela con la menguante que necesariamente nos había de sacar a la mar, y comenzando a menguar, nos levamos y fuimos con ella
sondando toda la noche al noroeste cuarta al norte. Esta
noche fuimos con gran confusión, porque acabado de sacar
la sonda de ocho o diez brazas, y vuelta a echar había seis y
menos, y así fuimos toda la noche por unos bancos y corrientes, y donde quiera que sonaba ruido de agua como
de río echábamos la sonda y hallábamos muy poco fondo.
Pasamos muchos de estos bancos a que los portugueses
llaman *alfaques*. Es esta una peligrosísima costa para navíos
grandes, y no se sufre andar por ella, sino con particular
piloto de los ríos de Guinea, bajo pena de andar a peligro
de perderse por momentos, y yendo con esta fatiga
sondando, y por diferentes derrotas por salir de estos bancos, navegando al sudoeste, dimos en veinte brazas, y luego
fuimos de la otra vuelta al noroeste y al oeste noroeste. Este
día tomé la altura once grados y seis séptimos. A esta hora
estábamos en treinta brazas: anduvimos dieciséis leguas.

Del martes al miércoles once de mayo al oeste noroeste
hasta el miércoles por la mañana con bonanzas. Desde esta
hora fuimos al noroeste y luego al nornoroeste y al norte y
al nornoreste y al noreste cuarta al norte poco; y porque
íbamos disminuyendo en fondo hasta en catorce brazas
viramos al oeste sudoeste, y al mediodía tomamos el sol en
doce grados y dieciséis minutos. Antón Pablos lo mismo;
Hernando Alonso en once y cincuenta y seis minutos. Anduvimos cinco leguas.

Desde el miércoles al jueves doce de mayo, desde el mediodía hasta puesta de sol al sudoeste y oeste sudoeste por salir de estos bajíos, y desde entonces íbamos al sur cuarta al sudoeste y al sur sudoeste con bonanzas casi calmas. Anduvimos por fantasía cuatro leguas: y a la primera guardia fuimos al noroeste y norte cinco horas cinco leguas, y la segunda guardia hasta el día fuimos al nornoreste cuatro leguas. A esta hora estábamos otra vez en catorce brazas de fondo, y por esto volvimos a la mar al oeste cuarta al sudoeste, y desde las nueve de la mañana fuimos al oeste noroeste, y luego abonanzó. Fuimos por este rumbo hasta las dos de la tarde cinco leguas. A esta hora viramos y fuimos al norte escasamente hasta las cuatro de la tarde una legua. A esta hora se hizo el viento norte, y fuimos al oeste noroeste. A este punto no pudimos tomar fondo con cuarenta brazas, que nos dio mucho contento. ¡Gloria a Dios! Fuimos por aquí hasta rendir la primera guardia seis horas cuatro leguas. A la segunda guardia fuimos un rato al oeste sudoeste, porque escaseó el viento, y luego al oeste y al oeste sudoeste otra vez dentro de dos horas; y antes de amanecer dos horas viramos y fuimos al nornoreste y al noreste, y por aquí fuimos hasta viernes a mediodía trece de mayo. A este punto tomamos todos tres la altura en trece grados menos un quinto. Anduvimos por la altura desde miércoles hasta esta hora veintitrés leguas.

Desde el viernes a mediodía viramos y fuimos al oeste cuarta al sudoeste y al oeste sudoeste cinco leguas, y luego al oeste cuarta al noroeste cuatro leguas con corrientes contrarias. De aquí viramos al nornoreste: hasta que amaneció el sábado, cinco leguas. Desde esta hora viramos al oeste cuarta al noroeste; hasta las cinco de la tarde cuatro leguas. Hallamos en este término mucha cantidad de mar bermejo de menjúa[104] y desove de pescado. Desde esta hora comenzamos a ir al oeste noroeste con calmas y muchas

---

104. En idioma taíno, propio de ciertos grupos indígenas centroamericanos, "menjúa" es un pez similar a la sardina. En Santander, según Ángel Rosenblat, también significa "banco de peces".

corrientes hasta lunes de mañana ocho leguas. Desde esta hora fuimos a popa al noroeste y nornoroeste con sudeste poco, y luego al norte por escasear el viento, y al nornoreste y al noreste cuarta al norte cuatro horas tres leguas. Desde la una que el viento saltó al norte íbamos al este noreste, y luego viramos y fuimos al nornoroeste hasta puesta de sol con calmas y bonanzas tres leguas. Desde esta hora fuimos al norte cuarta al noroeste hasta tres horas de noche dos leguas. Estuvimos con calmas hasta después de medianoche que el viento refrescó, y fuimos al oeste cuarta al noroeste y nornoroeste y noroeste cuarta al oeste; de manera que el camino que se hizo desde este día martes 17 de mayo hasta mediodía fue al oeste noroeste. A esta hora tomamos la altura Pedro Sarmiento, y Antón Pablos, y Hernando Alonso en catorce grados y un tercio. Aquí tuvimos corrientes contrarias que nos abatieron al sur.

Desde el martes a mediodía hasta el miércoles a mediodía 18 de mayo, al nornoroeste y al noroeste cuarta al norte con bonanza y calmerías hasta prima noche tres leguas. Desde esta hora íbamos al oeste sudoeste poco, y luego se viró de la otra vuelta: íbamos al norte cuarta al noreste y al nornoroeste y al norte: cuatro leguas. A esa hora escaseó el viento y fuimos al noroeste y al noreste cuarta al este, y virando de la otra vuelta fuimos al oeste cuarta al noroeste hasta el miércoles a las ocho de la mañana. A esta hora tomaba el viaje y derrota de la media partida del oeste noroeste, luego fuimos al oeste noroeste hasta las once del día, y hasta mediodía al noroeste con calmas. Este día se tomó la altura en catorce grados y treinta y tres minutos, y Anton Pablos en 14 grados 38 minutos.

Desde el miércoles a mediodía fuimos al noroeste tres leguas y luego al norte y al noreste cuarta al norte hasta puesta del sol una legua, y hasta medianoche al nornoreste escasamente seis leguas. Desde medianoche fuimos al norte y al norte cuarta al noreste hasta el jueves al amanecer seis leguas. Desde esta hora con calmas gobernaron al norte con muchas corrientes y orgullo de mar, y así guiñando sobre la cuarta del noroeste hasta las ocho de la mañana y al nornoroeste. Altura 15 ½.

Desde el jueves al viernes a mediodía 20 de mayo estuvimos en calma, tomadas las velas, hasta el cuarto del alba del viernes. A esta hora con sur bonancible fuimos al oeste hasta las diez. A esta hora se hizo el viento norte y fuimos al oeste cuarta al sudoeste, y a mediodía tomamos la altura en quince grados y medio. Anduvimos ocho leguas de este-oeste.

Desde el viernes a mediodía fuimos al oeste y al oeste cuarta al sudoeste cuatro horas cuatro leguas, y al oeste sudoeste una legua; y al oeste y al oeste cuarta al noroeste cinco leguas: hasta el sábado de mañana al oeste cinco horas, tres leguas; y hasta las once del día al norte cuarta al noreste, y hasta el mediodía al nornoreste. Tomamos la altura en quince grados y tres cuartos. Anduvimos doce leguas.

Desde el sábado al domingo 22 de mayo con viento norte fresco al oeste y al oeste cuarta al sudoeste guiñando a una y a otra cuarta (el domingo a mediodía tomé la altura en quince grados y cuarenta minutos escasos) anduvimos quince leguas de este-oeste por arbitrio. Desde mediodía fuimos al oeste cuarta al sudoeste hasta medianoche. A esta hora olieron la tierra desde la nao, y por no pasarla y no dar en ella, amainamos todas las velas hasta la mañana, y lunes 23 del mes de mayo luego dieron la vela la vuelta del sur a popa, sin ver tierra; y caminando tiempo tres ampolletas, que es hora y media, por aquí descubrimos dos velas que al principio creímos ser portugueses del trato de Guinea, y luego volvimos la vuelta de ellas por hablarles, y mirándolas con atención se conoció ser una nao grande y una lancha que iba en nuestro seguimiento y demanda, de lo cual y del talle sospechamos ser de corsarios que iban amurando y a orza trabajamos de ganarnos el barlovento, y cuando vinimos a reconocerlos estábamos cerca y fuimos de Ló, y con el favor de Dios esta nao *Nuestra Señora de Esperanza* en poco espacio les ganó el barlovento, y cuando venimos a estar unos de otros a tiro de cañón, todos estábamos apercibidos cada uno en su cuartel sin aparecer nadie sino el que proveía de una parte a otra: y caminando los unos contra los otros, la lancha contraria se adelantó a reconocernos, y llegando a tiro de piedra de mano por sotavento, Pedro Sarmiento dijo al piloto mayor hiciese señas a la lancha con un paño, a dos fines: el uno de paz, porque vimos las armas de Portugal[105] en las banderas de la nao grande, y si fuesen ladrones entendiesen que los llamábamos, que llegasen a bordo, como quien no los tenía en nada. La respuesta fue mostrarnos una espada desnuda y tirar un arcabuzazo: respondióseles con otro arcabuzazo y pasó de largo, y la nao grande pasó así mismo tan cerca y más que la lancha, y sin hablarnos los unos a los otros pasaron de largo, y en poniéndose en la estela de nuestro navío viraron sobre nosotros, y a orza cuanto podían procuraban ganarnos el barlovento, y nosotros y ellos fuimos regateando por caer el uno sobre el otro, y así fuimos porfiando los unos y los otros hasta más de mediodía, y los corsarios andaban mucho de la vela, mayormente la nao grande, que era hermosa y recién despalmada, y muy bien velejada con dos grandes bonetas en la vela mayor; y nuestra nao venía hecha un prado de hierba y caramujo de la larga navegación que impedía mucho el camino,[106] y así nos entraban algo los corsarios, aunque no a barlovento, puesto que cuando viraron estaban más de dos cuartas a barlovento. Y yendo así, la lancha se adelantó de la nao grande, y el viento refrescó, y la lancha no pudiendo sufrir vela de gavia la tomó, y así se quedó atrás la lancha; y la nao grande, visto que no podía ganar barlovento, y si lo procuraba había de quedar atrás, dio la cebada y fue descargando, y así nos vino a alcanzar; pero quedó por la

---

105. La muerte de Sebastián de Portugal, sobrino de Felipe II, sin dejar heredero alguno convirtió en 1578 a éste –hijo de Isabel de Portugal– en soberano del país luso y de sus posesiones coloniales. Los nobles portugueses eligieron a Dom Antonio para que luchase contra él. En 1580, las tropas del Duque de Alba vencieron a los portugueses, y Dom Antonio huyó a Francia para pedir ayuda a las potencias rivales de España.
106. La nave de los corsarios franceses lucía impecable, bien ensebada, con el casco limpio, con las velas henchidas de viento; la nave española venía con el casco lleno de hierba y bivalvos pegados a su fondo, parte del maderamen podrido y algunas velas rotas... Está de más señalar cuál navegaba más briosa.

banda de sotavento. Íbamos a esta hora la vuelta del norte a vista del puerto de la ciudad de Santiago de Cabo Verde, y la nao francesa traía su gente que eran ochenta y cinco hombres, según después supimos, y veinticinco en la lancha, y traía siete piezas de artillería gruesas por banda sin versos,[107] y mucha arcabucería, y nosotros traíamos solas dos piezas y siete arcabuces, y cincuenta y cuatro hombres, y muchos de ellos enfermos, y en llegando el corsario por la cuadra de popa a tiro de piedra nos tiró una pieza, y luego se le respondió con otra. La una ni la otra no hicieron daño. El francés segundo con una rociada de arcabucería, y de esta nao se le respondió con otra en mejor orden, y mejores respuestas que las suyas porque la pólvora del Perú aventaja a todas las pólvoras que ahora se saben. Ellos nos horadaron las velas por muchas partes, y nosotros no sabemos lo que allá pasó más de que se vio que algunos que andaban sobre cubierta se abatieron. Entonces los corsarios dispararon otras piezas y mosquetes y arcabuzazos en cantidad que nos hicieron pedazos la vela mesana por muchas partes, y de esta nao se le arrojó otra pieza y toda la arcabucería por orden, de que se creyó recibieron daño; y los enemigos disparando metían todos sus tiros en nuestra capitana; pero fue Dios servido que a nadie hacían mal, aunque pasaban las balas por los hocicos: y una dio en las puntas de las barbas a Pedro Sarmiento al pasar de popa a proa, que iba ordenando, y proveyendo de municiones; y los que estaban en proa de esta nao tiraron ciertos arcabuzazos a la gente que venía en proa de los franceses, y creyóse se les hizo daño, porque súbitamente los vieron apartarse unos de otros y abatirse: y los franceses tirando su arcabucería, y de acá no durmiendo, los enemigos tocaron un clarín, y Sarmiento les hizo responder con tambor y arbolar la seña de V. M. Y con esto a toque de campana se les puso tanto temor, que al momento cazaron a popa, y huyeron con mucha más diligencia que habían acometido. No se procuró seguirlos por ser tiempo perdido, porque a popa corren más aquellos navíos que

107. *Versos*: antigua pieza de artillería, de poco calibre y cañón corto.

estos, y era cerca de noche, y no traía comisión, y por otras muchas causas justas y necesarias, y así seguimos nuestro viaje. Púsose muy bien la gente de esta nao de Vuestra Majestad, y tanto, que se cree que si llegaran a las manos, aunque fueran más no ganaran en la mercaduría, según lo que se pudo juzgar de los filos que la gente tenía; mayormente con el favor de nuestro señor Dios. Los que de la ciudad de Santiago nos estaban mirando pelear con los piratas juzgaban ser nosotros franceses, y que aquella refriega era añagaza[108] para que saliendo los portugueses al socorro, creyendo éramos portugueses, fuesen presos por los corsarios, y por esto estaban a la mira. Acabado de poner en huída este ladrón, llegó a nosotros un carabelón de algarabios[109] que iba de Portugal, y nos dijo que aquel era un corsario que le había robado en el cabo Blanco en la costa de África, y que había robado otros cuatro, y que traía ochenta y cinco hombres en la grande, y veinticinco en la lancha, y que llevaban el piloto portugués; y que en la isla de Mayo cercana a la de Santiago había echado a fondo una carabela de arma la que iba a poblar a Paraíba[110] donde los ingleses estaban poblados los años pasados, y tenían ya generación de las Indias de Tapuyes.[111] Finalmente llegamos y surgimos en el puerto de Santiago de Cabo Verde lunes en la noche segundo día de Pascua de Espíritu Santo veintitrés de mayo de 1580. Y antes de surgir fueron barcos del pueblo a saber qué nao era, y la gente que era, y de dónde venía: y como se les dijo que éramos del Perú, y veníamos de allá por el estrecho de Magallanes, enmudecían no creyéndolo, y teniéndolo por imposible, y sin querer llegar a bordo fueron a dar por nuevas a tierra que

108. *Añagaza*: señuelo, artificio. Los portugueses creían que el combate entre españoles y franceses era una farsa entre dos barcos corsarios para saquear la ciudad.
109. *Algarabios*: gentilicio de los nacidos en el Algarve, sur de Portugal. Más adelante aparece también como "algaravio".
110. Quizá fuera entonces una ciudad; hoy Paraíba es un estado del litoral noreste de Brasil.
111. Tapuyas. Tribu amerindia que en la época del descubrimiento ocupaba el noreste de Brasil.

éramos una gente de tantas facciones y tan mal encarados, y que traíamos unos hombres de largas guedejas, que son coletas de cabellos largos (lo cual decían por unos indios del Perú y de Chile que traíamos); y en la de mal encarados no nos levantaban nada, porque además de no ser muy adamados de rostros, no nos había dejado muy afeitados la pólvora y sudor de los arcabuzazos de poco antes: y en efecto veníamos más codiciosos de agua que de parecer lindos. Después que hubimos surgido martes siguiente, nos envió a visitar al gobernador Gaspar de Andrade con el juez de la salud para ver si veníamos de donde hay peste para no dejarnos salir en tierra, que era un gentil consuelo para nuestras necesidades y refrigerio de enfermos, que traíamos algunos muy necesitados de curarse, y a vueltas de este examen vinieron a tentarnos a ver si éramos castellanos o corsarios disimulados, porque esto pensaban ellos más, y aun decían que podía ser que cuando fuese verdad que fuésemos castellanos y no ladrones, que se habían de recatar aún entonces más, porque podría ser que de secreto fuésemos enviados por V. M. a tomar la posesión de aquella ciudad e islas por maña. Y cuando de todo esto se fueron asegurando, fue todo el pueblo a vernos, y como trataban y oían de nuestro viaje, no acababan de hacer espantos y milagros, diciendo que lo tenían por imposible, a lo menos de allá para acá. Este día se puso recado en despachar los enfermos a tierra para curarlos, que muchos de ellos venían muy al cabo de las enfermedades de Guinea: y de esto decían los portugueses que tenían por más milagros haber escapado de los alfaques y banco de Guinea, que de las tormentas del Estrecho.

El miércoles por la mañana salió Pedro Sarmiento en tierra con toda la gente del navío, y en procesión y descalzos con algunas imágenes y cruces en las manos fuimos a la iglesia de Nuestra Señora del Rosario, y nos confesamos y oímos una misa cantada votiva, a la cual comulgamos; y se dio a los oficiadores la limosna que se había sacado, y más. Dimos gracias a nuestro señor Jesucristo y a su preciosísima madre que nos había librado de tantos trabajos, y nos había traído a tierra de cristianos. Y asimismo se dio la limosna

que se había juntado para la casa de Nuestra Señora del
Rosario, y la que se había sacado para pobres; y la que se
traía para misas se dio a quien las dijese por nosotros y por
las ánimas del purgatorio. Hecho esto fuimos a visitar al
gobernador, que estaba enfermo y al obispo. De todos fuimos amorosamente recibidos.

Luego se entendió en limpiar el navío y recorrerlo de
calafatería y ensebarlo y reformarlo de jarcia y velas, masteleros,
y aderezar el batel, que venía hecho pedazos, y en hacer aguada
y aderezar la vasija como si de nuevo hubiéramos de comenzar
el viaje que así era menester, según veníamos destrozados y
faltos de todo: y vale todo aquí tan caro, que no bastando los
dineros que Pedro Sarmiento tenía, tomó cantidad prestada; y
no bastando, le fue forzoso vender hasta unos clavos para su-
plir, y aviar esta nao y el patax,[112] que envió al Nombre de
Dios, porque hasta el agua nos costó aquí como si fuera vino, y
en cierta manera tanto y más, por las vasijas que nos hurtaron
los negros aguadores, demás de su paga, que aunque sean
demasiadas menudencias quiero dar cuenta puntual de todo.

Entre tanto que esto se hacía como el fin de este viaje,
entre las cosas urgentes, se manda por la instrucción del
virrey que se sepa aún después de salidos del Estrecho a esta
mar se procure saber de los ingleses así de los que pasaron
al Mar del Sur con Francisco Dráquez, como los que se tenía
noticia en Perú que habían poblado hacia el Brasil, o Paraguay, Pedro Sarmiento procuró inquirirlo y supo lo que
abajo diré de un piloto algarabío del barco que nos fue a
recibir cuando acabamos de pelear con el francés. Y lo que
dijo debajo de juramento en sustancia fue: Que a quince de
diciembre de 1579, entre Ayamonte y Tavila,[113] tratando este
hombre con dos ingleses mercaderes principales sobre cosas
de Indias y del inglés que pasó al Mar del Sur, le dijeron los

---

112. *Patax*: patache. Embarcación que llevaba avisos y guardaba las
entradas de los puertos. Posteriormente Gamboa explica que este
barco lo enviará a Nombre de Dios (Panamá) con los resultados de
la expedición y las noticias recogidas sobre Drake.
113. Ayamonte está a orillas del río Guadalquivir, Huelva, frontera
con Portugal. Távila queda a unos 18 kilómetros, en el Algarve.

ingleses que el Francisco Dráquez, que hizo el robo en el
Mar del Sur, ya estaba en Inglaterra, que llegó allá con dos
naos muy ricas por fin del mes de septiembre pasado, y que
había llegado muy cargado de plata y riquezas, e hizo gran
presente a la reina de Inglaterra, la cual se lo agradeció y
tuvo en mucho: y luego el mismo capitán Francisco aprestó
cinco naos para que fuesen al Estrecho a buscar las otras que
se le habían perdido en el Estrecho, y pasar adelante; y
llevaban bastimentos para tres años, y el mismo capitán
Francisco quedaba aprestando otras ocho naos. Las cinco
dichas partieron de Inglaterra por diciembre de 1579. Y
más le dijeron, que había quince días que se había partido
de Ayamonte el maestre de la misma armada del capitán
Francisco con una nao cargada de aceites y vino para
bastimentos de la misma armada, la cual se hacía con mucha
diligencia y saldría con mucha brevedad, y a los que este
testigo lo dijeron parecían hombres de mucho crédito, y que
se lo dijeron a este testigo entendiendo que como era portugués no lo diría a castellanos, y de él no tenían que temerse, y
así lo juró ante escribano real, y esto que dijo queda en mi
poder, del cual asimismo se supo que cuando fue robado del
francés que con esta nao peleó, oyó decir a los mismos franceses, que robando uno o dos navíos de negros en Cabo Verde
habían de ir a la Margarita[114] y de allí a la banda del norte de
la isla de Santo Domingo a la Yaguana,[115] y que no había
cuatro meses que habían venido de la Yaguana cargados de
cuero y azúcar, y que estos habían preso al gobernador de
Puerto Rico, y no le hicieron más mal porque le rescataron, y
mataron al capitán barbudo, el que había muerto los ingleses
en la Margarita. Llevan los ingleses pilotos portugueses.

De pilotos y capitanes del Brasil, que había poco habían
venido del Brasil y volvían allá, supe por muy cierto que en la
bahía de Paraíba cerca del Río de Janeiro, que está 21 ½ grados
al sur de la costa del Brasil, había ocho años que entraron y

114. Isla de Venezuela, descubierta y nombrada así por Colón en 1498.
115. Dos posibilidades; Guayama: ciudad de Puerto Rico, o bien
Guayana o Guyana: región descubierta por Colón en 1499, en su
tercer viaje, fronteriza con Venezuela, al noroeste de Sudamérica.

poblaron mucha cantidad de ingleses, los cuales estuvieron tiempo entre los Tapuyes, indios naturales de aquella tierra, y que tenían generación de la mujeres de aquella tierra. Y habrá tres años que los portugueses que estaban poblados en el Río de Janeiro fueron sobre los ingleses y mataron muchos de ellos, y los que escaparon se metieron la tierra adentro entre los naturales. Créese que los habrán muerto y comido, porque la gente india de aquellas comarcas son grandes comedores de carne humana, y tiene públicas carnicerías de ella.

Demás de esto otros ingleses poblaron en una bahía al norte de Pernambuco, que es la primera del Brasil, y estuvieron poblados en la bahía que llaman Grande, y los naturales le llaman Paraíba, y no los han podido echar de allí; y por esto proveyeron en Portugal una armada de cuatro naos, dos galeones grandes y dos carabelas con mucha gente casada y soltera para poblar en la Paraíba, que está en cinco grados y medio al sur, y echar del todo de allí a los ingleses. Esta armada de Portugal antes de llegar a las islas de Cabo Verde se derrotó con temporal, y el galeón mayor llegó a este puerto de Santiago con cuatrocientos hombres, y se fue al Brasil con él: y otro llegó tras él trece días antes que nosotros llegásemos aquí. Y de las carabelas la una vino a la isla de Mayo, y allí el francés arriba dicho la echó a fondo y ahorcó al piloto y maestre. Esto supe aquí de los ingleses que en el Perú se tuvo noticia que estaban poblados en el Brasil. Sabido esto determiné cumplir lo que el virrey en su instrucción me manda, que es darle aviso y razón de todo lo sucedido en este viaje y descubrimiento hasta este punto porque por el Paraguay, ni Brasil no fue posible por las corrientes que nos sacaron al golfo la vuelta del este, como ya se dijo; y entiendo que por allá no fuera posible hacerlo, y así fue Dios servido que viniésemos aquí para poderlo hacer y dar aviso de lo que aquí se supo, que allá no era posible saberse; y para ello compré un barco mediano en trescientos treinta ducados, y pertrechóse de todo lo que hubo menester, así de gente de mar como bastimentos, para que fuese a Nombre de Dios,[116] y de allí a

116. Ciudad en el istmo de Panamá, fundada por Diego Nicuesa en 1510, bañada por el océano Atlántico.

Panamá y al Perú a dar aviso y razón como era mandado y convenía. Y entre tanto que nos estábamos aviando y despachando, andaban los corsarios franceses, con quien esta nao había peleado, a tres y a cuatro leguas de este puerto de punta en punta, que no había navío que osase salir del puerto de miedo del francés: por lo cual la gente de esta nao siempre estaba con las armas en la mano de día y de noche. Y un sábado por la mañana cuatro de junio apareció la nao francesa y patax que iba tras otra que iba delante y pasó poco más que a tiro de cañón de este puerto de Santiago, y todos creyeron que la nao delantera debía ser una que va al Brasil, que había dos días había partido de este puerto para allá, y que el francés la iba a prender y robar: por lo cual Pedro Sarmiento envió a decir al gobernador con Francisco de Andrada, su sargento mayor, que pusiese remedio en aquello, y el gobernador y toda la ciudad y el obispo enviaron a rogar a Pedro Sarmiento, que por amor de Dios, pues era vasallo de rey tan poderoso como V. M. y tío de su rey, que quisiese favorecerlos, pues no tenían otro favor al presente y los vengase de una afrenta tan grande de que delante de sus ojos no les robasen aquella nao portuguesa, y que nos darían toda la artillería y gente que quisiésemos, y un navío castellano grande que allí estaba surto cargado de negros y bien artillado. Pedro Sarmiento, por lo que tocaba y por otros fines necesarios, y por la honra de V. M. principalmente, pues pedían favor a sus criados y vasallos de V. M. no les pudo negar lo que pedían; y tras esto pareciéndole el gobernador que podría ser querer cumplir con él de palabra, si se detenía, envió al navío luego a su teniente y sargento mayor Francisco de Andrada y setenta hombres arcabuceros, y con otras armas; e hice meter tres piezas buenas de artillería, y en la nao castellana entró otro portugués llamado Manuel Díaz con otros tantos portugueses, y Sarmiento hizo aprestar el barco patax que había comprado para enviar al Nombre de Dios con dos falcones[117] y algunos arcabuceros, y en él por caudillo el sargento mayor Hernando Alonso; y luego Pedro Sarmiento

117. *Falcón*: antiguo cañón de artillería usado entre los siglos XV y XVIII.

salió con *Nuestra Señora de Esperanza* y el patax, ordenando
que luego saliese tras él la nao castellana tras los franceses; y
de allí a dos horas estábamos menos de dos tiros de cañón de
ellos, y el otro navío compañero no venía. Los franceses habían alcanzado ya la nao delantera tras que iban que nosotros
pensábamos ser portuguesa, y que iban a tomarla, y era francesa y muy grande; y juntas las dos naos y patax, juntas en un
ala, viniendo en medio su lancha, se venían ya vueltas contra
nosotros procurando de ganarnos al barlovento, más esta nao
se puso mejor que ellos y les tuvo el viento ganado, y los vino
sacando de una niebla donde estaban, y llegándolos a tierra y
acercándose a ellos entreteniéndose un poco entre tanto que
llegaba la nao castellana que salió tarde y andaba poco de la
vela. Y entendiéndolo el francés, o por aprovecharse del tiempo, adelantóse el patax o lancha suya,[118] y llegando poco más
de a tiro de cañón de esta nao volvió a sus naos. Creemos que
fue a dar aviso de lo que había reconocido: ser ésta por
ventura la nao con quien habían peleado el día pasado arriba
dicho, y nosotros sospechando lo que podía ser, y porque ya
venía cerca la nao castellana, arribamos en popa sobre los
franceses; y como la lancha habló con ellos viraron las proas,
y comenzaron a huir a popa todos tres, y nosotros fuimos tras
ellos con esta nao y con el barco nuestro, y sino anocheciera
tan presto brevemente creemos que fuéramos con ellos, porque la una de las naos no andaba mucho; pero anocheció con
mucha oscuridad, y fuimos sin velas de gavia toda la noche
esperando a la otra nao nuestra compañera; y por esto no
dimos con ellos muy presto, y los ladrones tuvieron lugar de
alejarse pero siempre les seguimos, aunque procuraron hur-
tarnos la derrota yendo siempre a orza así como iba alargando el viento; y sospechando lo que hacían, nosotros hicimos
lo mismo, y aunque no los vimos toda la noche, a la mañana
amanecimos a vista de ellos, aunque algo lejos la vuelta de la

118. Tres naves tenían los francesas: dos naos –una había comba-
tido ya contra los españoles– y un patache. Gamboa sale a comba-
tirlas con su nao, *Nuestra Señora de la Esperanza*, el patache recién
adquirido a los portugueses y la nao castellana que tenían los portugueses en el puerto que viene retrasada.

isla del Fuego al oeste, que se habían puesto en huida; y la
nao castellana nuestra compañera no aparecía: y temiendo no
le hubiese sucedido algún desastre, o hubiese topado con
otras naos ladronas, sospechando, por lo que habíamos visto,
que pudo ser ardid de estos corsarios para hacer alguna
presa, y que era público que esperaban por ella, tornamos a
buscarla, porque era de ningún efecto ir ya tras los franceses
porque iban lejos, y teníamos mal tiempo y contrario, y los
portugueses eran cantidad, y no traían municiones ni comida, que esta nao les dio la que les bastó y hubieron menester
mientras aquí estuvieron. En fin, viniendo buscándola, y llegando a vista del puerto, la descubrimos que venía de la
banda del este, y supimos que en anocheciendo había corrido
al sudeste. Creyóse que lo había hecho por excusar de hallarse
a las puñadas, y no pelear. Nosotros tomamos el puerto, y los
portugueses se desembarcaron, y el gobernador mandó que la
otra nao no tomase puerto por lo que había hecho, y así
anduvo de una vuelta y de otra toda la noche, y por la mañana apareció otra vez el francés al sur de este puerto cerca de
él: de que el gobernador y todo el pueblo estaban muy acon-
gojados, temiendo que si el francés la reconocía sola que
vendría a ella y la tomaría, que ya había tomado otra junto a
este puerto; por lo cual envió el gobernador a rogar a Pedro
Sarmiento enviase a mandar a la otra nao se viniese a ancorar
al puerto, y Sarmiento le envió el patax y a decir se viniese
con el sargento mayor: y como el gobernador (que estaba
enfermo en la cama) supo que los franceses se venían llegando, temerosos del daño y mal que le podría suceder, escribió
al capitán Pedro Sarmiento esta carta.

ILLUSTRE SENHOR

*Quanto importe a reputaçaô espanhola ser corrido este ladraô
e botado, vossa senhoria o entende melhor que ninguem, e seu
sangue e a minha cuido que o debe sofrer muy mal eu estou
tan fraco que men quasi juizo acho pera pedir em esta materia algunas cousas que, cuando menos, compren a minha
honra; mas cuido que as tenho seguras debaixo da protecçaô
de V. S. e do senhor Francisco Dandrade seu soldado e seus
campanheiros. Por amor de nosso senhor que de esta esperanza*

naô fique eu defraudado por que alem de minha afronta temo
grandes perjuizos que será roubar este ladraon muytos navios
que espero de Guiné carregados, que el espera para ir a
Indias, o que tambem estrobareses a Vossa Senhoria de ter per
serviçio de Sua Majestade. O que de terra se houver mister he
estado ordem que se cumpra como V. S. mandar. Outro se naô
offerece. Nosso senhor a muy illustre pessoa de V S. guarde e
estado aumente. = Beija as maôs a V S. seu servidor Gaspar
de Andrade.

Parecióme poner aquí esta letra para que se entienda la
necesidad en que estaban en esta ciudad, y cuán poco podía
hacer el gobernador si esta nao y vasallos de V. M. no los
favoreciera con la ayuda de Dios nuestro señor. Visto pues
esto, y que a mí me importaba asegurar el camino para
nuestro pasaje, consoló Sarmiento al gobernador y al pueblo
y aprestóse luego y con los portugueses que se hallaron
prestos y con otras dos piezas gruesas y bombas de fuego y
buenos artilleros, largamos las amarras por la mano, y fuimos a la mar donde recogimos la nao castellana que ya se
venía al puerto por el recado que se le había enviado, y
mandósele volviese tras esta capitana y enderezamos en busca
de los ladrones, los cuales luego se pusieron en huida, y
fuimos en su demanda hasta la noche que les perdimos de
vista, y entonces pusímonos en el paso de la isla de Mayo,
que es su ladronera,[119] mar al través, para dar en ellos si por
allí pasasen, y en toda la noche no dormimos, y todos estuvimos con las armas en las manos hasta la mañana, y los
ladrones no aparecieron de punta a punta de la isla hacia el
Fuego. Y visto que eran huidos, nos volvimos al puerto de
Santiago. Con todo esto la cortesía que nos hizo el pueblo
fue vendernos las cosas al doble de lo que valían, y aun
pusieron en plática de impedir la ida al patax con el aviso al
Nombre de Dios, y nos tomaron fraudulentamente algunas
cosas que vendíamos para aviarnos; pero disimulóse porque
ni era tiempo de otra cosa, ni convenía que entendiesen que
éramos tan puestos en el interés como ellos.

119. *Ladronera*: guarida de ladrones.

Esta isla de Santiago tiene dieciocho leguas de largo, y ocho por lo más ancho, que es por el sur. Por esta banda tiene dos pueblos. Esta ciudad de Santiago de la Ribera, que ha ciento diez años que se pobló, tiene mal asiento, y peor puerto; pero por el agua la poblaron aquí. Hay pocas más de cuatrocientas cincuenta casas de cal y canto, y la mejor es la del obispo, que se llama don Bartolomé Leyton. Tiene sobre el puerto tres baluartes[120] con cada diez piezas de artillería de bronce buenas, y buenos artilleros: Hay, según nos dijeron, veinte mil negros, que hay gran saca y trato de ellos. Dicen los oficiales reales que esta aduana vale al rey, un año con otro, más de cien mil ducados. El otro pueblo se llama la Playa,[121] cuatro leguas de éste. En la isla no se da trigo; pero dase ganado vacuno y ovejuno. Hay poca agua en los altos, sino es en quebradas, en las cuales hay algunos ingenios de azúcar y heredades de maíz, que ellos llaman millo,[122] y otras frutas. Sin esta isla hay otras nueve islas en su contorno que no tienen pueblos, sino estancias de ganado y heredades de algodón, y frutas y mieses. Son las islas: el Fuego, la Brava, Mayo, la Sal, San Antón, Santa Cruz, Santa Lucía, San Nicolás, Buena Vista; todas en espacio de sesenta leguas.

Estando aprestado, partimos de este puerto domingo en la tarde diecinueve de junio, y salieron con nosotros el patax nuestro, y otras dos carabelas que iban a Portugal. Este mismo día se hizo justicia del alférez, y se le dio garrote[123] por traidor a la corona real de V. M. y por hombre sedicioso y deshonrador de la real señal y bandera, y porque quiso impedir este descubrimiento que por mandado de V. M. y en su real servicio se hacía y ha hecho. Y asimismo fueron este mismo día desterrados dos hombres; el uno de las In-

---

120. *Baluarte*: fortificación pentagonal que sobresale en el ángulo de encuentro de dos murallas, y que permitía el fuego por los flancos.
121. Praia, actual capital de Cabo Verde.
122. *Millo*: mijo.
123. Según la Instrucción del virrey, el alférez ajusticiado debería ser Juan Gutiérrez de Guevara. A pesar de la gravedad del castigo, Gamboa no explica cuál fue el delito. Según el acta de posesión de Puerto Bermejo, el tenedor de bastimentos era Juan de Sagasti.

dias de V. M. por amotinador, y no se le dio más castigo porque no se le probó bastantemente, y a otro tenedor de bastimentos a quien Pedro Sarmiento le había quitado el cargo por disipador de ellos, y le había castigado, y privado del salario y sueldo. A éste desterró de esta armada y dejó en la isla de Santiago de Cabo Verde, así por esto dicho, como por revoltosos y desasosegadores de la gente.

En saliendo de este puerto fuimos al oeste hasta el canal entre la isla del Fuego y la de Santiago. Aquí se quedó un navío portugués de noche. Desde aquí gobernamos al noroeste una cuarta más y menos, porque así se corre la isla de San Antón. Por este canal íbamos con pocas velas por acompañar la carabela, que hacía mucha agua, y por darle algún socorro, así en esto como en guardarla de los corsarios que por aquí hay. Y caminando por estos rumbos dichos fue Pedro Sarmiento despachando el patax, llamado *Nuestra Señora de la Concepción*; y jueves veintitrés de junio a las nueve del día lo despachó, y envió en él por caudillo a Hernando Alonso, piloto de esta capitana y sargento mayor, con otros siete u ocho hombres, con los despachos que el virrey manda en su instrucción. Conviene a saber: la relación y discurso del viaje y descubrimiento, y la descripción de lo descubierto, firmado de todos los que se hallaron aquí que supiesen firmar, y autorizado del escribano real de esta nao y avisos de lo que aquí supe de los ingleses, como arriba queda dicho, para que en aquellos reinos y en Chile estén apercibidos y con más vigilia que antes solían estar. Estos despachos fueron enderezados al virrey y a los oidores de Audiencia Real: y así el patax siguió la derrota al oeste, y nosotros al noroeste, estando ya en paraje seguro de corsarios, que por esta causa lo trajo Pedro Sarmiento consigo estos días.[124] Este día tomaron la altura Sarmiento y el piloto mayor en dieciocho grados largos; sesenta leguas.

---

124. Hernando Alonso y ocho hombres llevaron al virrey Toledo, por la vía de Cartagena y Panamá, una relación completa. Tras leer este despacho, el virrey escribió a Felipe II a finales de octubre elogiando a Gamboa y recomendando dominar la ruta del Estrecho.

Desde el jueves a mediodía con noreste fuimos al noroeste hasta viernes a mediodía, diez leguas. Esta noche se nos rompió la vela del trinquete de alto a bajo.

Desde el viernes a mediodía 24 de junio al noroeste cuarta al norte con viento noreste fresco hasta medianoche diez leguas; y de medianoche abajo fuimos al nornoroeste y al norte cuarta al noroeste hasta el sábado de mañana seis leguas; y hasta el sábado a mediodía 25 de junio al noroeste cuarta al norte, cuatro leguas.

Desde el sábado a mediodía al noroeste cuarta al norte y al nornoroeste hasta el domingo 40 leguas: altura 21 grados y un tercio. De manera que desde el jueves a mediodía hasta ahora anduvimos setenta leguas.

Desde el domingo al lunes 27 de junio fuimos al noroeste cuarta al norte hasta prima noche, y toda la noche al norte y al norte cuarta al noroeste, y hasta mediodía nornoroeste hicimos camino del nornoroeste 20 leguas. Lunes tomé altura en 22 grados.

Del lunes al martes 28 de junio hasta mediodía al nornoroeste guiñando sobre la cuarta del norte 27 leguas: altura 23 grados 49 minutos.

Del martes al jueves 30 de junio al nornoroeste sobre la cuarta del norte setenta leguas: altura 27 grados y ½.

Del jueves al viernes primero de julio al noroeste sobre la cuarta del norte 24 leguas: altura 29.

Del viernes al domingo a mediodía 3 de julio al norte y al nornordeste y al noreste cuarta al norte cincuenta leguas: altura treinta y un grados y 38 minutos.

Desde el domingo a mediodía hasta el martes a mediodía 5 de julio hubo calmerías: fuimos con bonanzas al nornoreste hasta lunes a mediodía, y desde este punto al martes por la mañana al noroeste y hasta mediodía al norte cuarta al noreste anduvimos 25 leguas: altura treinta y tres grados.

Desde el martes al miércoles al norte cuarta al noreste seis leguas, y toda la noche al norte cuarta al noroeste y al nornoroeste, y desde la mañana hasta mediodía al noroeste cuarta al norte y al nornoroeste y al norte cuarta al noroeste 21 leguas: altura 34 grados.

Del miércoles al jueves siete de julio al nornoroeste y al noroeste cuarta al norte 20 leguas: altura 35 grados 1/6.

Del jueves al sábado 9 de julio al noroeste ocho leguas; y la noche siguiente con bonanzas al mismo rumbo cuatro leguas, y la resta hasta el sábado a mediodía al noreste cuarta al norte. Son todas 35 leguas: altura treinta y siete grados.

Del sábado al domingo diez de julio seis horas al noreste cuarta al norte seis leguas, y al noreste cuarta al este tres leguas, y hasta el domingo a mediodía al noroeste y al nornoroeste ocho leguas.

Del domingo al lunes once de julio al norte cuarta al noroeste cuatro horas cuatro leguas, y al norte seis leguas.

Y al norte cuarta al noreste cuatro leguas.

Y al noreste cuarta al norte cuatro leguas.

Y al noreste franco cuatro horas cuatro leguas.

Y al noreste cuarta al este tres leguas.

Y al noreste cuatro leguas hasta lunes a mediodía. Son veinte y una leguas por fantasía.

Desde el lunes a mediodía fuimos al noreste cuarta al este y al este noreste y al este diez leguas, el martes por la mañana vimos la isla del Cuervo,[125] pasamos por la banda del norte de ella. Está esta islilla en cuarenta grados largos: anduvimos doce leguas.

Del martes al miércoles al sudeste con calmas doce leguas: tomamos la altura en treinta y nueve grados y medio largos.

Jueves caminando por este rumbo vimos la isla Graciosa, pequeña, pero fértil y poblada. Pasamos de noche por entre ella y la isla de San Jorge. Vimos de noche en esta isla de San Jorge mucho fuego, y según después supimos en la isla de la Tercera la causa de este fuego fue ésta.

Primer día de junio de este año 1580, en la villa de Velas de la isla de San Jorge fue hecho este testimonio por el oidor Freites sobre el fuego de la isla de San Jorge, y pasó así: Que este dicho día en la dicha isla hubo grandes terremotos y temblores de tierra, y sobre tarde reventaron tres

---

125. Ésta y las siguientes islas pertenecen al archipiélago de las Azores.

bocas de fuego con grandes;* [126] de las cuales bocas corrieron arroyos de fuego hasta la mar, y fue perseverando el reventar hasta que se abrieron siete bocas de fuego, y de estos ríos o arroyos de fuego que corrieron corrió uno alrededor de una ermita de Nuestra Señora. Yendo nueve hombres a quitar unas colmenas obra de un tiro de ballesta de la boca mayor, llegando a las colmenas se abrió una boca y los tragó, que no quedaron más de dos medio quemados, y llovía ceniza que creció sobre la tierra un palmo de alto. Y dice luego el testimonio: Certifico yo Francisco de Freite, oidor, que es verdad lo dicho de este fuego de San Jorge.

Sobre esto decían que oían claramente voces de demonios y otras cosas de espanto, y finalmente la isla se va abrasando toda, según dicen.

Siguiendo nuestro camino a dieciocho de julio llegamos a la ciudad de Angla[127] en la Tercera, que es la principal isla de las de los Azores. ¡Gloria a Dios todopoderoso!

Lunes 19 de julio llegó a este puerto un navío de la villa de Pernambuco en el Brasil, y martes otro de la bahía de Todos Santos, cabecera de la gobernación del Brasil: y preguntándoles Pedro Sarmiento si allá habían aportado algunos ingleses, dijeron lo siguiente:

En noviembre de 1579 salieron de la frontera y población de Tiñares, quince leguas apartada de la bahía de Todos Santos, para el sur cinco hombres blancos con quince indios para ir a los Isleos (que es otro pueblo de portugueses) por tierra; y caminando por la playa dieron súbitamente en el río de las Cuentas con una lancha de ingleses que traía diez ingleses, y los siete de ellos estaban enjugando sus velas en tierra, y en viendo los ingleses los caminantes comenzaron a huir, y los siguieron, entendiendo ser lo que era, y flecharon cinco, y se acogieron a la lancha, y tomaron dos que se metieron en el monte, y la lancha cortó

---

* En el manuscrito original se advierte aquí un espacio en blanco.
126. Como hay un erupción volcánica de por medio, se intuye que debería figurar "explosiones", "ruidos" o algo similar.
127. Error de trascripción. Venían de Santiago de Cabo Verde, iban a la ciudad de Angla, en las Azores.

amarras, y dejaron dos cámaras grandes de bombardas que
tenían por potalas. Y diciéndoles los caminantes que no
querían guerra con ellos, que saliesen a tierra y que los
proveerían de comida y de lo que fuese necesario, respondieron que no querían y mostraron arcabuces, ballestas y
picas, borneando un verso[128] para les tirar con él. Y a esta
coyuntura vaciaba la marea, y salieron por la barra afuera,
y fuéronse: y de allí fueron a tener a otro río que está seis
leguas del dicho río de las Cuentas para la bahía de Todos
Santos, y en una isla que está enfrente de Camamu, que se
llama Chiepe, otro carabelón de portugueses, sin saber de
la lancha, dio acaso con ella, y huyóle por el mar con tres
ingleses, porque los demás hallaron en la isla muertos de
los flechazos que les dieron en la isla de las Cuentas, y de
allí a tres o cuatro leguas otro barco de portugueses que
venía de los Isleos para la bahía dio en la playa con los tres
ingleses muy desfallecidos y miserables, y la lancha perdióse,
sin saberse el fin que llevó; los cuales cinco ingleses presos
de esta lancha, siendo preguntados, dijeron:

Que fueron en una armada inglesa de diez naos que
armó en Inglaterra un gran señor, y que con ella pasaron el
estrecho de Magallanes, y de allí volvieron corriendo la costa
para poblar en la parte que para sus fundamentos mejor les
pareciese; que para este fin en su capitana (que decían ser de
novecientas toneladas) llevaba allende el marinaje y servicio
de nao, quinientos hombres de guerra; cuatrocientos soldados, y ciento oficiales de todos los oficios mecánicos, y los
traía muy contentos, que les pagaba a dinero cada mes su
sueldo; la cual armada surgió en una isla de tierra de carijos
a que nosotros llamamos caribes, donde se levantó una gran
tempestad, con la cual las nueve naos se hicieron a la vela, y
la capitana, no pudiendo tan de prisa como era menester
levar las amarras dio a la costa, y se perdió sin escapar más
que los dichos hombres de la lancha arriba declarada, porque
estaban en tierra haciendo aguaje: la cual lancha, después de
perdida la nao capitana, vino caminando y costeando hasta

128. Prepararon el verso para disparar.

puerto seguro, donde también la corrieron, y por ser ligera se escapó de los barcos que la seguían, y de allí vino a acabar cerca de la bahía como queda dicho.

Uno de estos cinco ingleses que escaparon, mancebo de treinta años, muy hábil, gran matemático afirmaba en la cárcel que los que escaparon de la tormenta habían de volver presto para las partes del Brasil con una grande armada; y contaba entre otras particularidades por verdad, que en aquella parte de la Cananea (que es una isla pequeña) estaba un marco o padrón con las armas de V. M. y el capitán mayor de los ingleses lo mandaba quitar, y poner en su lugar otra de las armas de Inglaterra para posesión de aquella tierras que corren al Paraguay. Pueden ser estas armas las que puso Cabeza de Vaca, o las que puso el adelantado Juan Ortiz de Zárate[129] ahora seis años en Santa Catalina cerca de la Cananea cuando V. M. le envió por gobernador del Paraguay y Río de la Plata: mas no afirmaba si las quitaron; pero todavía esta duda era por términos que se sospecha ser verdad haber quitado las armas de V. M. y puesto las de Inglaterra.

Demás de esto el capitán del pueblo de los portugueses que está en Río de Janeiro de la gobernación del Brasil envió tres ingleses a la bahía que los habían tomado en Cabo Frío de las nueve naos que arriba se dijo haber escapado de la tormenta, y que en este Cabo Frío se hallaron tres naos de ellas juntas que habían venido en demanda del cabo, creyendo que allí hallarían las otras seis, que con la tormenta se debían de haber apartado unas de otras. Y teniendo el capitán del Río de Janeiro noticias de estas tres naos, envió cuatro canoas con gente a descubrir y tomar noticia de las dichas tres naos, y los caminantes súbitamente en una isla dieron con una lancha de los ingleses, los cuales en viendo las canoas se recogieron; mas no lo pudieron hacer tan de prisa que escapasen todos, y así les tomaron los dichos tres ingleses y las naos en viendo gente por tierra, y las canoas por mar dieron la vela y se fueron. Y de estos tres ingleses que aquí tomaron se supo que como

129. Ambos, Álvar Núñez y Zárate, fueron gobernadores del Río de la Plata. El primero entre 1540 y 1545 y el segundo desde 1567 hasta 1576.

aquellas tres naos vinieron a demandar aquel Cabo Frío, porque pensaban hallar allí las otras seis naos que faltaban, y no las hallando las habían de ir a demandar en la Paraíba de Pernambuco; mas no fueron a parar allá, porque en la bahía de Todos Santos se tenía noticia cierta de quince de mayo que en la Paraíba no había naos algunas francesas, ni inglesas. Y en lo demás estos tres ingleses traídos del Río de Janeiro a la bahía concertaron con lo que habían dicho los otros cinco de la primera lancha que se perdió en Tiñare.

La llegada de estos ingleses al Brasil fue por noviembre del año pasado de 1579 que es el tiempo que Pedro Sarmiento y sus compañeros llegaron sirviendo a V. M. a los archipiélagos buscando el Estrecho, y viene bien el un tiempo y el otro con lo que los indios nos dijeron en el Estrecho. Y dice el que me dio esta relación del Brasil, que es una persona principal, y el hombre más poderoso del Brasil con quien yo comuniqué al cabo de esta relación estas palabras, que las pongo aquí porque se sacará algo de ellas para en algún tiempo adelante.

"Mas como os gobernadores de estos tempos de falsa justicia no Brasil ocupaôn en seus particulares e tyranicos intereses os tres anos que ten de cargo lles naô lembraô nen respeitaô o que tanto importa a seu Rey como a Majestade del rey Philippe inquiriren saberen e procuraren con amor y ardente fervor e diligencia estes importantes avisos."

Y como mi presente estudio era inquirir sobre este caso en todas partes y de todas gentes, supe en esta ciudad de Angla de boca del corregidor, y de todos generalmente, que a dos días de noviembre del año pasado de 1579 dio una nao grande inglesa a la costa y se perdió en un pueblo que se llama la Gualúa, dos leguas de la ciudad de Angla en esta isla Tercera, la cual nao cuando se perdió traía siete u ocho hombres. Escaparon dos y un negro, que al presente están presos en esta ciudad, y los otros se ahogaron. Sacaron del fondo de la mar quince piezas muy gruesas de artillería de hierro colado que traía la nao, y otras muchas no se han podido sacar. Son las que sacaron grandes como para fortaleza de asiento, porque se ha sabido que iban a poblar a Indias, y llevaba trescientos soldados. Dícese que traía riquezas, y que las echaron a la mar cuando se vieron ir a perder, porque no se supiese su oficio de ladrones. Lo que los presos dicen es, que anduvieron con otras naos por la costa de Guinea mucho tiempo, y que de enfermedades se les murió la gente, y que no quedó más de la que traía el navío cuando se perdió. Y la sospecha general que todos tienen, y yo probablemente creo, por lo que he sabido, es que esta nao es una de las nueve que escaparon de la tormenta arriba declarada, y los que más crédito dan a esto son los portugueses del Brasil que me dieron la relación arriba referida, porque dicen que salieron en conserva de nueve o diez naos que armó un gran señor de Inglaterra.

En este puerto de Angla estaban dos navichuelos ingleses; y hablando Pedro Sarmiento con el dueño de uno de ellos que es españolado, y casado en esta isla, sobre Francisco Dráquez el corsario, me dijo que había tres meses que había partido de Fristol[130] de Inglaterra, y que no había nueva que Francisco hubiese aportado allá: y replicándole yo lo que arriba se dijo que habían dicho los ingleses de Ayamonte, dijo éste que era verdad, que desde que él estuvo había fama que se hacía en Londres o en Plemúa[131] cierta armazón de naos, y que no supo para dónde, que es comprobación de lo que el piloto me dijo. Estando en este puerto me dio el obispo de estas islas un testimonio de una maravilla, que es en suma.

Viniendo una carabela de la isla de San Miguel a la isla de San Jorge a 15 de junio de este año de 1580, estando la carabela diez leguas de San Jorge, que podía ser como media hora antes que se pusiese el sol, vieron los hombres que venían en ella en el cuerpo del sol un crucifijo grande, y en el pie del crucifijo aparecía un calvario, como suele pintarse, y vieron estar dos imágenes, una a la mano derecha

130. Bristol.
131. Plymouth. La expedición de Drake zarpó de Plymouth a mediados de diciembre de 1577 y regresó a ese mismo puerto en septiembre de 1580.

vestida de blanco, y otra a la mano izquierda vestida, al parecer, medio de colorado, o como prieto. Y el crucifijo iba subiendo para arriba, y siempre fue visto hasta cerrarse el sol. De lo cual todos los que lo vieron quedaron muy espantados, llorando mucho sus pecados, pensando que venía el fin del mundo. Esto averiguó el oidor Freites que estaba en San Jorge, y de ello hizo testimonio con todos los de la carabela, y lo envió al obispo, que éste es en sustancia: *Laus Deo Omnipotenti qui mirabilia fecit in Coelo & in Terra!*[132]

Estando en este puerto apercibiéndonos, llegaron cinco naos grandes de la India, las cuatro de Goa y Cochin, y la una de Malaca: las cuatro venían cargadas de especiería y drogas y porcelana y ropa de aquella tierra, y la una venía sin carga, porque faltó para poderla cargar. La capitana dicen ser de mil doscientas toneladas y otra de mil trescientas. Ésta decían traer ocho mil quintales de especiería, y preguntándoles por nuevas de los castellanos de las Felipinas,[133] dijeron que el año pasado un hermano del rey de Burneo o Burney,[134] que es una grande y rica isla, se fue a Manila y trató con los castellanos que allí están por V. M. que fuesen a Burneo, y quitasen el reino a su hermano, y se le diesen a él, y sería tributario y vasallo de V. M.; y los castellanos fueron con gran armazón a Burneo y tomaron el reino; y el rey huyó a los montes, y los castellanos pusieron en su lugar a su hermano que traían consigo, y hubieron muchas riquezas, y especialmente más de seiscientas piezas de artillería, y con esto se volvieron a Manila en los Luzones.[135] Y de allí a algunos meses pasó por Burneo un capitán portugués que venía de Moluco,[136] y sabiendo lo que había pasado en Burneo, y que el rey primero andaba por los montes, fue allá y lo restituyó otra vez, y desterró o hizo huir al que los castellanos habían dejado puesto por rey. Dígolo así en suma, y sin

132. "Loado sea Dios omnipotente, quien ha obrado milagros en el cielo y la Tierra."
133. Filipinas.
134. Borneo, en Indonesia.
135. Luzón. Isla de las Filipinas, cuya ciudad principal es Manila.
136. Islas Molucas o islas de las Especias, archipiélago de Indonesia.

más premisas como ellos lo cuentan, que de creer es que los vasallos de V. M. que están en aquellas islas, si lo hicieron, sería por vías lícitas y justificadas como V. M. lo manda y quiere. V. M. sabrá ya esto mejor por información cierta por la vía de Nueva España, que yo cuento lo que voy sabiendo, porque los príncipes han de ser advertidos fielmente de todo lo que se supiere que les toque, para que si vieren que hay que reparar, provean lo que fuere su servicio.

Miércoles por la mañana llegó a este puerto y ciudad de Angla un carabeloncillo con una bandera de Portugal en la popa, y trajo una carta de don Antonio para el corregidor, en la cual, aunque yo no la vi, supe que decía y mandaba al corregidor que le hiciese alzar por rey, y que al que lo contradijese lo matase por ello. A esta sazón Pedro Sarmiento y el vicario fray Antonio Guadramiro estaban con el corregidor persuadiéndole que fuese a obediencia a la iglesia porque el obispo lo tenía descomulgado, y el corregidor estaba pertinaz de humillarse, y sustentaba no estar descomulgado, y por una palabra que un escribano se descuidó de decir acerca de la venida de la carabela, diciendo que se trataban cosas que podrían ser contra nosotros. Disimulando lo más que fue posible, acabada la plática, sin alteración se fue Pedro Sarmiento a embarcar con toda la gente que estaba en tierra, y súpose por nuevas del carabelón que los gobernadores o desembargadores habían pronunciado sentencia por V. M., y que el campo de V. M. estaba cerca de Setubal, y la mar desde el cabo de San Vicente hasta la boca del Tajo tomada, y que a don Antonio[137] le habían alzado por rey solamente Lisboa, Santaren Setubal.[138] De esto unos mostraban holgarse de ser de V. M., y otros de otra manera, como acontece en los vulgos rudos, porque los nobles e hidalgos en nuestra presencia gran voluntad mostraron al servicio de V. M. En fin, comenzaron a tratar contra nosotros, y luego nos cercaron con barcos y bateles, y avisaron a las naos de la

137. Dom Antonio Alcántara (Lisboa, 1531-París, 1595). Ver la nota 105.
138. Ciudades portuguesas: la primera, a orillas del Tajo; la segunda, en el estuario del Sado, fue conquistada por el duque de Alba en 1580.

India que estaban surtas en la boca del puerto para que si
quisiésemos salir nos bombardeasen, y públicamente decían
que comenzasen por nosotros y nos matasen, pues V. M.
andaba por Portugal con el campo, y nos tomasen los papeles y relaciones, pues el Estrecho caía en la demarcación de
Portugal, y que de este descubrimiento había de suceder
gran daño a Portugal; que no aguardasen más con nosotros,
sino que nos prendiesen, o nos matasen. Por lo cual vivía-
mos como quien por momentos esperaba ejecución de la
furia de la behetría[139] del vulgo; pero con las armas en la
mano, y las mechas encendidas todas las horas. Y aunque los
más de la ciudad y de las naos lo decían, ninguno osó ser el
primero, cuanto más que de haberse hecho bien con todos
los de esta ciudad en esta nao de V. M. fue que algunos se
nos aficionasen, y nos avisasen de lo que pasaba en el pueblo,
y particularmente un hidalgo llamado Juan de Betancor
advirtió a Pedro Sarmiento que los pilotos de las naos de la
India estaban indignados de envidiosos de este descubrimiento, y que trataban de echar esta nao a fondo y haber
nuestros derroteros a las manos para se aprovechar de ellos,
y que no llegasen a la presencia de V. M. Por lo cual Pedro
Sarmiento trató con ciertos marineros de Castilla que venían
en las naos de la India que le avisasen; y así cada rato tenía
avisos de las naos bajo color de venir a ver los salvajes; y
aunque diversos decían diversas cosas, que sería nunca acabar, entendí del capitán mayor de las naos tibieza, que por
ninguna parte se declaraba, estando puesto a la mira, y solo
trataba de fornecer sus naos de más gentes y artillería; y así
decían que metería la de la nao inglesa perdida, porque en
la carta de don Antonio mandaba que lo hiciese así, y que
fuese por altura de barlovento, y que en la costa hallaría
naos de resguardo para entrar seguras en Lisboa. Finalmente se resumieron en alzar al don Antonio. Y porque el
corregidor estaba descomulgado de participantes, los regidores
y oficiales de la Cámara fueron a él y le requirieron se fuese
a absolver para este acto, donde no, protestaban de lo hacer
ellos; y por esto se fue a absolver. Y juntos en cabildo, el

139. *Behetría*: caos, desorden.

corregidor les propuso la razón de la carta, y algunos estuvieron perplejos, y el corregidor y otros algunos, que fueron pocos, les pusieron tanto temor diciéndoles que era traición y rebeldía que le hubieron de nombrar rey; y a mi parecer por tirano: y así lo decían algunos portugueses. Y mujeres hubo que ofrecieron misas y romerías porque V. M. reinase. En conclusión alzaron bandera pregonando por las calles a don Antonio. A esto no se halló el capitán de la armada de la India, que estuvo en la nao. Llámase Saldaña, y es hijo de castellano. Hecho esto, este día trataron muy desvergonzadamente los portugueses en tierra hasta tratar de echarnos a fondo, de lo cual de noche vino a avisar a Sarmiento Juan de Betancor, disfrazado y por detrás de todos los navíos y muy a remos callados. Por lo cual en toda la noche estuvimos las mechas encendidas y determinados de morir por Dios y por V. M.; pero como he dicho, nadie determinaba osar ser el primero de los que en tales casos suelen caer; y también porque algunos hombres de razón debía haber que por sus ciertos modos los refrenaban.

Andando en estas asonadas,[140] llegó una flota de veintidós velas de la Nueva España; y la noche antes que llegase, como se tuvo aviso de su venida por la atalaya, todos estuvieron en armas en la ciudad creyendo que era armada que V. M. enviaba a tomar la isla, y detuvieron en tierra nuestro batel que había ido por agua, y también detuvieron una chalupa de la flota que llegó a tomar vituallas, y los hicieron estar toda la noche al agua de un grande aguacero; y algunos de los nuestros se vinieron al navío a nado, y nos avisaron de lo que pasaba; y al amanecer llegaron ciertas chalupas de la flota, que iban a comprar refresco, y Pedro Sarmiento las detuvo en este navío avisándolos de lo que pasaba, y envió a tierra un portugués de nuestra compañía a saber cómo estaba la tierra, y supimos que con saber ser flota de Indias habían aquietádose, y se holgaban fuesen en tierra. Esto hacen ellos por vender sus frutos y cosechas, y obras de madera, que sólo se sustentan con el provecho de las naos de V. M. que por aquí vienen, que son de las que

140. *Asonada*: tumulto.

han playa y oro. Con esto nos levamos e hicimos a la vela, y
vinimos a tener con la flota: y Pedro Sarmiento fue a la
capitana de Nueva España, y comunicó con el general lo
que pasaba en el pueblo de Angla y en España, y el servicio
que a V. M. se podría hacer en llevar las naos de la India o
alguna de ellas a V. M., especialmente la de Malaca que
viene muy rica de especería, oro y pedrería preciosa;[141] y
eximióse con decir que no tenía comisión; y Pedro Sarmiento le volvió a decir, que la carabela de aviso que había
venido de Portugal había de volver esa misma noche con
aviso de lo hecho, y para que saliese armada de Portugal a
acompañar a las naos de la India de que sería don Antonio
y su behetría socorridos de moneda, gente y ánimo: y pues
esto todo es de V. M. Que siquiera tomásemos esta carabela
aguardándola al paso para que no fuese en aviso al tirano,
y V. M. fuese advertido primero y proveyese lo que más
fuese su servicio. Esto pareció a todos, y al general; y quedó que así se hiciese. Y con esta determinación, sin más
detenernos, fuimos a la vela la vuelta de la isla de San
Miguel; y lunes estando ya a vista de San Miguel, la capitana de Nueva España puso bandera en la gavia, y arribamos
todos sobre ella a ver qué parecer tomaba, y solo fue para
decir que volviesen a la Tercera a tomar algún agua; y
aunque muchas naos le dijeron que tenían lo que habían
menester, el piloto mayor de Nueva España les hizo que
fuesen allá, diciendo que si tardaban cuarenta o cincuenta
días, ¿dónde se habían de rehacer? (¡cosa ridícula!). Y Pedro Sarmiento, hablando con don Bartolomé de
Villavicencio, le dijo Pedro Sarmiento que él no quería
surgir, porque ésta no era coyuntura de andar por puertos;
quería ir a dar aviso a V. M. y a servirle, y a darle aviso de

---

141. Según escribió antes Gamboa, más que oro o pedrería los
barcos lusos llevaban varias toneladas de especias. Éstas, debido a
su elevado precio en los mercados europeos, equivalían a una fortuna. La expedición de Magallanes salió rentable gracias a las más
de 23 toneladas de clavo y otras especies cargadas en Asia y vendi-
das luego en España. A Gamboa, por tanto, tras un viaje tan azaro-
so como el suyo y después del trato recibido en Cabo Verde y
Angla, no se le ocurrió mal desquite.

lo que tanto le cumplía a su ánima, honra y corona. A lo cual respondió el piloto de Nueva España, que ninguna nao surgiría. Y el piloto mayor de esta nao capitana de V. M. dio todas las velas y salió por toda la armada con harta mohindad del general Sarmiento por ver la flojedad que se tenía en esto: que por un poco de regocijo de tomar cuatro rábanos y dos libras de uvas se dejase de hacer lo que tanto importaba. Y caminando hacia la Tercera, vieron salir de la isla la carabelilla de aviso, y Pedro Sarmiento estuvo aguardando a ver qué hacía el general de Nueva España, según lo que habían concertado, y cuando vio que ninguna diligencia hacía, mandó Pedro Sarmiento ir tras la carabelilla que ya iba lejos. En fin, sola esta capitana le dio caza hasta muy tarde; y viéndose la carabelilla fatigada, viró la vuelta de tierra y esta nao viró tras ella, y llevándola ya cerca arribó en popa a tierra a la ciudad de la Playa: y en esto anocheció. Por lo cual no la pudimos tomar; y si don Bartolomé enviara siquiera una chalupa de las que traía en la armada, sin falta la tomábamos, porque la chalupa se pudiera meter en tierra mejor que la carabela; lo cual esta nao no pudo hacer sin peligro de perderse. Y ya que no la tomamos sirvió de que no nos llevase dos días de ventaja, que una hora suele ser de gran momento en tales ocasiones, y con la vuelta se perdió hasta miércoles tres de agosto con ir y venir a tierra, y con calmas que por la mayor parte hay al abrigo de estas islas. Y cuando volvió la flota al puerto ya las naos de la India andaban a la vela a punto de todo. Sola la de Malaca habían metido más hacia la ciudad para favorecerla con la fortaleza del pueblo. Ítem, cuando la flota se volvió al puerto pasó otra carabela de aviso a Portugal, con sus encomiendas y banderas por medio de la flota, y la dejó el general pasar sin saber no inquirir de ella cosa de diligencia, con estar avisado que habían salido dos carabelas de Lisboa para este efecto.

El miércoles 3 de agosto se hizo la flota a la vela la vuelta de España, y lunes 15 de agosto, por la misericordia de Dios, reconocimos la costa de España en el cabo de San Vicente seis leguas más al norte. *LAUS DEO*.[142]

142. *Laus Deo*: "loado sea Dios".

Todo lo cual se leyó públicamente delante de todos los de esta nao capitana, que fueron los siguientes: el padre vicario fray Antonio Guadramiro; Antón Pablos, piloto mayor; Juan Desquíbel, escribano real; Pedro de Hojeda, contramaestre; Gaspar Antonio, guardián; maestre Agustín, carpintero; Pedro de Aranda, soldado; Gerónimo de Arroyo; Francisco Garcés Despinosa; Andrés de Orduña; Antonio del Castillo; Pedro López, calafate; Francisco Hernández; Ángel Bartolo; Domingo Vayaneta; Pedro Pablo; Jácome Ricardo; Diego Pérez de Albor; y Diego Pérez de Villanueva; Pedro Álvarez; Francisco Pérez; Francisco de Urbéa; Simón de Abréo; Pedro de Villalustre; Manuel Pérez; Mateo Andrés; Pedro Márquez; Pedro González; Pedro de Bamonde; Francisco Téllez; Pedro de Isasiga; Gabriel de Solís; Pedro de la Rosa. A todos los cuales aquí contenidos les fue preguntando si lo contenido en esta relación era verdad, o tenían que contradecir; y dijeron ser todo lo que en ella contenido verdad, sin saber cosa alguna que pudiesen ni debiesen contradecir. Y esto es la verdad, y los que supieron firmar lo firmaron de sus nombres y rúbricas; y asimismo yo Pedro Sarmiento de Gamboa, capitán superior de esta nao y armada de Su Majestad, juro a Dios, a esta ✠, y a los Santos Evangelios, que todo lo contenido en esta relación y derrotero es verdad, y para así en efecto como en ella se contiene, sin exceder en cosa que sea contra la verdad. Y por ser así cierto y verdadero, y para que en toda parte tenga fe y crédito que conviene, la firmé de mano y nombre, que es fecha en esta nao capitana nombrada *Nuestra Señora de Esperanza*, miércoles diecisiete días del mes de agosto de mil quinientos ochenta años.

Pedro Sarmiento de Gamboa.

Anton Pablos, piloto.

Fray Antonio de Guadramiro.

Pedro de Hojeda, contramaestre.

Gaspar Antonio, guardián.

Francisco Garces Despinosa.

Pedro de Aranda.

Geronimo Garzes del Arroyo.

Francisco de Gorvea.

Antonio del Castillo.

Francisco Perez.

Diego Perez.

Francisco Hernandez.

Augustín Grabiel de Solis.

Jacome Ricaldo.

Francisco Téllez.

Pedro de Baamonde.

Andrés de Orduña, escrivano nombrado.*

Y yo Joan Desquíbel, escribano real de esta armada y nao capitana de Su Majestad doy fe y verdadero testimonio, que me hallé presente en todo este viaje y descubrimiento del estrecho de la Madre de Dios, antes llamado de Magallanes, y lo vi; y aquello en que no me hallé lo sé por cierta información de las personas que fueron a ello, y por juramento solemne del señor Pedro Sarmiento, capitán superior de esta armada, que fue en los tres descubrimientos, de los tres bateles; y me hallé presente cuando esta relación se leyó de *verbo ad verbum*[143] ante todas las personas de esta dicha nao públicamente, según el muy excelente señor don Francisco de Toledo, virrey del Perú, lo manda por su instrucción. Y leída y entendida, dijeron todos los testigos arriba nombrados y firmados ser verdad todo lo contenido en esta relación, y que no sabían ni tenían que contradecir cosa alguna, y que por tal la daban y aprobaban para que Su Majestad fuese informado con ella de todo lo sucedido en este viaje y descubrimiento. Y conozco a todos los testigos arriba nombrados y vi firmar las firmas, puestas debajo, de los nombres, que son de aquéllos que se hallaron en esta nao que sabían firmar: y va escrita esta dicha relación y derrotero en ochenta y cinco hojas con esta en que va mi firma y signo. De todo lo cual doy fe, que es fecha en esta nao capitana, nombrada *Nuestra Señora de Esperanza* a diecisiete días del mes de agosto de mil quinientos ochenta años.

---

* Todas estas firmas son originales, y van impresas con la misma ortografía de sus autores, y según el orden en que están colocadas en el manuscrito.

143. *Verbum ad verbum*: palabra por palabra, de principio a fin.

En testimonio de verdad hice aquí este mismo signo. A tal = Juan Desquíbel, escribano Real.*

Y yo Pedro Sarmiento de Gamboa, capitán superior de esta armada real de Su Majestad, que vino al descubrimiento del estrecho de Magallanes, certifico a todos los que la presente vieren, que Juan Desquíbel, de quien va firmada y signada esta relación y derrotero, es escribano real de esta dicha armada, y de esta dicha nao capitana, y a sus escrituras y autos que ante él pasan y han pasado se les da entero crédito como a tal escribano real de esta dicha armada y nao capitana. Y para que de ello conste di esta certificación firmada de mi nombre, que es fecha en esta nao capitana a diecisiete días del mes de agosto de mil quinientos ochenta años.

PEDRO SARMIENTO DE GAMBOA**

---

* También esta firma es original.
** Esta firma es original como las que van puestas antes.

Declaración que de orden del virrey del Perú D. Francisco de Borja, príncipe de Esquilache, hizo, ante escribano, Tomé Hernández, de lo sucedido en las dos poblaciones fundadas en el estrecho de Magallanes por Pedro Sarmiento de Gamboa

*E*n la Ciudad de los Reyes en veintiuno de marzo de mil seiscientos veinte años, el excelentísimo señor príncipe de Esquilache, virrey de estos reinos, dijo: que por cuanto S. E. ha entendido, por relación que le hizo el general D. Oroño de Aguirre, que Tomé Hernández, residente en esta ciudad, vino el año de ochenta y uno, desde los reinos de España en compañía de Diego Flores de Valdés, y Pedro Sarmiento al descubrimiento y población del estrecho de Magallanes, donde vivió dos años y medio, hasta que se embarcó en la Armada de Tomas Candi,*[1] inglés, que pasó a esta mar; y conviene al servicio de S. M. saber y entender qué anchura tiene, así en su principio como en los medios y fines de él; qué bahías, caletas y surgideros; y si su navegación será fácil, o dificultosa; y en qué tiempos del año se podrá desembocar; y qué vientos corren favorables, o contrarios; y qué islas, o tierra firme se comunican y confinan con el Estrecho; y de qué temples son, y qué gente los habita, o si son desiertas, o inhabitables, y todo lo demás a esto anexo

---

* Tomas Candish. Nuestros autores llaman generalmente a este corsario Tomas Candi como aquí; y entre otros el célebre escritor Christóval Suarez de Figueróa en su "Historia de los Hechos del Marques de Cañete", escrita con tanto juicio, individualidad y acierto.
1. Thomas Cavendish.

y concerniente, para que más distintamente se sepa el caso
con cierta ciencia y sabiduría. Para lo cual S. E. mandó que
el dicho Tomé Hernández lo declare en presencia de S. E. y
ante García de Tamayo, escribano mayor de Minas, y Registros, y Hacienda Real de esta casa, y lo firmó = El príncipe
D. Francisco de Borja. = Ante mí = García de Tamayo.

En la ciudad de los Reyes en veintiuno de marzo de mil
seiscientos veinte años, en presencia de S. E. fue recibido
juramento por Dios nuestro señor, y una señal de cruz, en
forma de derecho, de un hombre, que dijo llamarse Tomé
Hernández, y ser natural de Badajoz, en los reinos de
España, y prometió decir verdad. Y siendo preguntado por
el tenor del auto de atrás, dijo: Que estando este testigo en
los reinos de España el año de mil quinientos ochenta, se
condujo gente, por mandado de S. M. para la población
del estrecho de Magallanes; y asimismo para la guerra del
reino de Chile; y fue nombrado por general de la armada
de toda la gente que había de bajar, así al Estrecho, como
para Chile, Diego Flores de Valdés, y se armaron veintitrés
bajeles para este efecto, donde se embarcaron el capitán
Pedro Sarmiento, que venía a la población, y Don Alonso
de Sotomayor por gobernador de Chile; y supo este testigo
que la población, que se le encargaba a Pedro Sarmiento
fue por la noticia que tenía ya del Estrecho, porque había
desembocado por él, e ido de estos reinos a los de España:
y traía orden el general de que habiendo dejado la gente,
que iba para quedar en Chile, y la que asimismo iba para la
población del Estrecho, se volviese con la armada a España;
y en esta conformidad se hicieron a la vela el año de ochenta y uno del puerto de San Lúcar, y este testigo vino embarcado por soldado en la capitana de la armada, que era
una nao llamada *la Galeaza,* nombrada *San Christóval:* y
viendo navegando todos, les dio en el golfo de las Yeguas
una tormenta muy grande, por lo cual les fue preciso
arribar a Cádiz con pérdida de siete galeones, que faltaron,
y allí se volvió a rehacer la armada, y volvió a proseguir su
viaje en demanda del Estrecho; y la primera tierra que se
tomó fue Cabo Verde, donde hicieron aguada y tomaron
otras cosas necesarias para la armada, y luego salieron de

Cabo Verde, y fueron navegando hasta que tomaron el Río Geneiro,* que es en el Brasil, y estuvieron cuatro meses esperando que mejorase el tiempo: y al cabo de los cuatro meses surgieron en un puerto llamado San Vicente, que debe estar cincuenta leguas más adelante del Río Geneiro, y estaba poblado de portugueses, los cuales informaron al general Diego Flores de Valdés, que los ingleses les hacían daño, cuanto llegaban allí, y le pidieron les dejase algunos soldados, y artillería para impedir el daño al enemigo. Por lo cual les dejó gente de guarnición con alguna artillería, y se fabricó un fuerte, quedando por alcalde de él Hernando de Miranda, que había venido también en la armada: y al cabo de poco más de mes y medio que estuvieron en el puerto de San Vicente, salieron de allí para ir vía recta al Estrecho, y fueron navegando hasta cuarenta y ocho grados enmarados, que iban las naos más de doscientas leguas la mar adentro; y en esta altura les sobrevino una tormenta muy rigurosa, que fue causa que las naos se apartasen las unas de las otras, corriendo a árbol seco, y de esta tormenta se abrió una nao llamada la *Arriola*, que traía trescientas personas para la población del Estrecho, y se fue a pique, sin que pudiese ser socorrida gente ninguna; y esta tormenta les duró ocho días, y en aplacando se fueron a juntar la capitana y las demás naos, que se habían apartado con la tormenta, menos la que se perdió, en la altura del Río de la Plata, que estará en treinta y ocho grados, poco más, o menos; y allí pidió licencia al general el gobernador Don Alonso de Sotomayor para irse a Chile con su gente, que estaba repartida en tres naos, diciendo: que respecto de que no podían tomar el Estrecho, quería hacer su viaje por el Río de la Plata, y fue por él: y en Buenos Aires desembarcó su gente, y llevó por tierra a Chile. Y el general Diego Flores con su armada fue arribando a la isla de Santa Catalina, y antes de llegar a ella se le perdió una fragata, que varó en tierra una madrugada, por lo cual se disparó una pieza de artillería, que fue causa para no perderse allí toda la armada, y los soldados, que iban embarcados en la fragata que se

---

* Río de Janeiro.

perdió, sacaron en tierra toda la ropa, pólvora, artillería, y demás municiones porque se salvó todo, excepto la fragata, y quedando los soldados en tierra de la fragata perdida. La armada tomó el puerto de Santa Catalina hasta donde quedó esta fragata tres días de camino por tierra, y es toda ella tierra de guerra, y la habitan indios. Y estando el general con su armada en el puerto de Santa Catalina con cuidado de saber qué se habría hecho la gente, que quedó donde se perdió la fragata, llegó el capitán Gonzalo Meléndez por tierra, que era uno de los de la fragata, y dos mujeres con él, y dio aviso de que los soldados se habían amotinado, y no le habían querido obedecer, siendo su capitán, y que por buenas razones les había reducido en orden a que le dejasen salir de allí; y al cabo de algunos quince días vinieron al puerto donde estaba el general, todos los soldados de la fragata perdida, y fueron presos las cabezas del motín, y declararon que se habían venido retirando de los indios, porque a los principios habían sido regalados, y bien recibidos de ellos, y que después, siendo engañados los españoles de un mestizo que habían llevado desde el Río Geneiro en la fragata sobre que los indios les querían matar, habían dado traza de que cuando viniesen a traerles de comer, les matasen, como lo hicieron, y los demás indios lo habían sabido, y corrido tras los soldados, pegando fuego a toda la tierra, que no pudieron caminar por ella sino por la orilla del mar. Y después de castigados los del motín, salieron en demanda del Estrecho y al salir del puerto, se perdió una nao llamada la *Proveedora*, que sería de quinientas toneladas, porque dio en una laja, y se salvó toda la gente, perdiéndose la artillería, y lo demás que traían; y las demás naos restantes salieron para el Estrecho, y al cabo de algunos días de navegación embocaron con buen tiempo, y dieron fondo en la primera angostura, que se dice la Punta de San Gerónimo, y habrá una legua de tierra a tierra, que es donde se habían de hacer los fuertes* y aquella noche tuvieron tan gran tormenta, que fue fuerza picar los cables, y salir las naos fuera, y fueron de

---

* Véase en el Diario la página 233 al margen de la cual señala Sarmiento el lugar que juzgó apropósito para hacer las fortalezas.

arribada al Río Geneiro, donde hallaron cuatro galeones de
socorro, que S. M. había enviado con bastimentos para esta
armada, y por general de los galeones Diego Darce* y allí se
juntaron todos a acuerdo, y dividieron las naos, y se resolvió
que el general Diego Flores de Valdés saliese para la bahía
de Todos Santos con su armada, y despachó a Diego de la
Ribera por general para el Estrecho con dos navíos, y tres
fragatas, en que fuese la gente para la población del Estrecho: de manera que Diego Flores quedó para volverse a
España, y en esta conformidad salieron del Río Geneiro las
dos naos, y tres fragatas, y navegaron hasta cuarenta grados,
yendo por la propia costa del Estrecho por enero, y llevando
muy buen viaje y tiempo, y entraron dentro del Estrecho
cosa de media legua, y allí echó la gente en tierra Diego de
la Ribera, porque no quiso pasar adelante, y dieron con una
nao de las dos al través, y sacaron la artillería de ella, y la
comida mojada. Y dejando en este paraje doscientos ochenta
hombres a cargo del capitán Pedro Sarmiento, se fue Diego
de la Ribera, sin dejarles bastimento ninguno más que solo
un bajel pequeño; y en esa misma parte se hizo una población** cerca de la mar con unos bohíos, y desde allí Pedro
Sarmiento despachó el bajel por el Estrecho adentro con
algunas municiones, y gente de mar con orden de que le
aguardasen en la punta de Santa Ana, hasta que él fuese por
tierra. Y estando en esta primera población, vinieron de paz
doscientos cincuenta indios, varones y hembras agigantados,
a hablar con los españoles, los cuales les regalaron: con que
se fueron. Y de allí a tres noches vinieron a dar sobre los
nuestros, y pelearon un rato con ellos, de que salieron algunos soldados heridos. Después de lo cual el capitán Sarmiento dio orden al capitán Iñiguez que fuese con cincuenta
hombres la tierra adentro a descubrirla, y toparon cantidad
de doscientos indios, los cuales llegaron a hablar con los
españoles en su lengua, de manera que no les entendían, y

* Darce, por de Arce.
** A esta primera población llamó Pedro Sarmiento Nombre de
Jesús, y acaso la fundó en el cabo que llamó del Nombre de Jesús
(ver página 269).

les tentaban los pechos para ver si los traían armados; y el
capitán de ellos cogió por la mano al capitán Iñiguez, y se lo
llevaba consigo con otros indios, como que iban de paz; y
creían los españoles que era así, hasta que el capitán Iñiguez
dio voces, diciendo: que lo llevaban aquellos indios; y los
soldados fueron tras de ellos, y con los arcabuces derribaron
muchos indios, y cobraron su capitán. Y cuando les tiraban,
se sacudían con las manos las postas que les alcanzaban en
los cuerpos, pareciéndoles que era cosa que con sacudirla se
les caería; y las mujeres de ellos les daban voces, y hacían
señas a los españoles que se fuesen, y así lo hicieron, reco-
giéndose al real. Y dejando Pedro Sarmiento trescientos hombres en la primera población, donde sucedió lo que ha
dicho, salió por tierra con ochenta soldados en demanda del
navío. Yendo caminando cosa de diez leguas, estaba un navío
dado en la costa, y hallaron que las anclas estaban enterradas
en tierra, y descubiertas solamente las uñas de ellas; y media
legua de la mar, la tierra adentro de donde estaba este navío
perdido, estaba un árbol de navío hincado en el suelo, y
gran montón de piedras alrededor de él, y no repararon en
lo que podría ser. Y yendo caminando por tierra hasta la
primera angostura del Estrecho, salieron once indios agigantados como los otros, y Pedro Sarmiento los aguardó, y
se juntó con ellos, y los acarició, y regaló, y les preguntó si
habían visto pasar un navío pocos días había. Y por señas
dijeron que sí, y que había ocho días que lo habían visto; y al
cabo de media hora que estuvieron con estos indios, se llegó
al uno de ellos un fraile francisco* que Pedro Sarmiento
traía consigo, y le dio a entender como era el capitán de los
españoles, que allí venían; y el indio, oyendo estas razones,
respondió: que él era el capitán, dándose un golpe en los
pechos, y mostrando enojo de que el fraile le hubiese dicho
que Pedro Sarmiento era capitán; y apartándose un poco, se
metió por la boca una flecha, y lastimándose con ella, echó
alguna sangre por la boca, se untó con ella los pechos aira-
damente; y el fraile le advirtió a Pedro Sarmiento que se
fuesen de allí, porque esos indios eran hechiceros; y así lo

* Franciscano, de la orden de San Francisco.

hicieron, y pasaron adelante, caminando en demanda del
navío; y de ahí a una* vieron que los indios, que habían
quedado atrás, les venían siguiendo, y acercándoseles; y no
dándoles cuidado alguno a los españoles, fueron caminando, y los indios, viendo que se habían quedado atrás de
retaguardia doce, o catorce soldados, les comenzaron a fle-
char, y los soldados procuraron defenderse con las armas
que llevaban, aunque no pudieron usar de los arcabuces,
porque llevaban apagadas las cuerdas a causa de que no se
gastasen. Y de la refriega que tuvieron mataron los indios
un cabo de escuadra llamado Loperraez,** e hirieron otros
ocho soldados con las flechas, de que vinieron después a
morir, y tuvieron por cierto que debían de tener alguna
untura de hierbas venenosas, porque no escapó ninguno de
los heridos; y los españoles mataron al capitán de los indios,
y los demás fueron mal heridos, huyendo a tiempo que el
capitán Pedro Sarmiento revolvió sobre ellos con su gente de
la vanguardia: y habiendo curado los heridos, y enterrado el
cabo de la escuadra, hicieron noche allí con quietud, y por
la mañana fueron caminando, y otros días siguientes de la
misma suerte, hasta que al cabo de quince días, que tardaron desde que salieron de la primera población, hallaron
que el navío que habían enviado estaba surto en un puerto
pequeño, y hondable sin población. Y aquel día, que era de
San Marcos, cuando descubrieron el navío surto en aquel
puerto, les comenzó a nevar, y se buscó por allí cerca un
sitio, que pareció acomodado, junto a la mar, e hicieron una
población de casas, poniéndole por nombre la Ciudad de
San Felipe, y se cercó y fortaleció con maderos fortísimos,
dejando una puerta que salía a la mar, y se puso en ella dos
piezas de artillería: y así mismo dejaron otras dos puertas,
que estaban a la parte de la montaña, cada una con otras dos
piezas de artillería. Y hecha la población, teniendo puestas
postas en las partes convenientes, de ahí a algunos veinte o
treinta días, viéndose la gente apurada del trabajo y ham-
bres, y necesidad de vestidos, andaban disgustados; y una

---

* Parece debe suplirse aquí la palabra *hora*, o cosa semejante.
** *Loperraez*, Lope Herraez.

noche, recorriendo las postas este testigo, como cabo de
escuadra, halló que un clérigo llamado Alonso Sánchez estaba a deshoras de la noche hablando con Juan de Arroyo,
soldado, que estaba de posta: y extrañando este declarante
que estuviese a tal hora ocupado en esto, y admitídole Juan
de Arroyo sin que le diese el nombre, se enojó con él, y le
reprehendió; y el clérigo le respondió: Que para él no había
menester nombre: por lo cual mudó la posta sin tratar de
otra cosa, y el clérigo, pareciéndole que este declarante había
quedado de aquello enojado, le fue a buscar, y preguntándo-
le este declarante que qué era lo que le quería, le dijo: Que
si le guardaba secreto, le daría noticia de un negocio grave,
y provechoso a todos los soldados: y este declarante se lo
prometió, y el clérigo le dio noticia que estaba tratado entre
todos los soldados amotinarse y matar al capitán Pedro Sarmiento, y alzarse con el navío, y volverse en él al Brasil,
porque ya no podían sufrir aquella vida. Y este declarante
dio aviso de ello a Pedro Sarmiento, luego que se desembarcó del navío, porque todas las noches dormía en él, y sino
hubiera tenido este cuidado, y durmiera en tierra, tiene por
cierto que le hubieran muerto días había. Y entendido esto,
se volvió al navío con disimulación, y envió a llamar a un
soldado Juan Rodríguez, manchego, que era la cabeza del
motín, y teniéndole en el navío, envió por otros tres soldados camaradas suyos, que no se acuerda como se llamaban, y
les puso en prisión, y asimismo envió a llamar al clérigo, y
les tomó sus confesiones; y declararon cómo era verdad el
motín. Por lo cual les sacó en tierra con rótulos en las
espaldas de "traidores", y en la plaza les hizo cortar las
cabezas por detrás, y se pusieron en unos palos,[*] y el clérigo
se quedó preso en el navío. Y habiendo estado Pedro Sarmiento dos meses en esta segunda población llamada San
Felipe, dejando toda la gente quieta y pacífica, y a cargo de
Juan Suárez, su sobrino, que quedó por capitán, se embarcó

---

[*] El lugar de la *Relación* de Candish, que se copia a continuación
del Prólogo de la obra de Sarmiento entre los testimonios que la
preceden, da noticia de las señales que notó de esta justicia hecha
por Sarmiento.

en el navío con los marineros, y diez, o doce soldados, y se hizo a la vela, llevando consigo el clérigo preso, y dijo cómo iba por la demás gente que había quedado en la primera población, para juntarla con esta otra, y pasar después a Chile con el navío por bastimentos; y nunca más volvió. Y de ahí a dos meses, después que Pedro Sarmiento salió de la segunda población con el navío para el efecto que tiene referido, llegó la gente que había quedado en la primera población a mediado agosto, que era invierno, caminando por tierra, y se juntaron todos en la segunda población, y dieron aviso que Pedro Sarmiento había llegado con el navío al surgidero de la primera población, que es una bahía descubierta sin abrigo ninguno, y a causa de haberle dado un temporal muy grande, estando surto, había picado el cable, y echóse a la vela, y no tuvieron otra nueva ninguna en todo el tiempo que estuvieron en el Estrecho. Y visto por Andrés de Viedma, natural de Jaen, que había quedado por capitán de la gente de la segunda población, y por cabo de todos los soldados de ambas poblaciones, en lugar de Pedro Sarmiento, que no había comida suficiente para el sustento de tanta gente, acordó de enviar doscientos soldados, y por cabo de ellos a Juan Iñiguez a la primera población con orden de que fuesen mariscando, y se sustentasen como pudiesen, y viesen si embocaba algún navío para que los socorriesen, y diesen aviso de la gente que quedaba en la segunda población; y la demás gente se quedó en ésta con Andrés de Viedma todo el invierno, y después todo un verano aguardando a ver si venía Pedro Sarmiento. Y viendo que había pasado tanto tiempo, y no venía, e iba entrando otro invierno, y que toda la gente se iba muriendo de hambre, acordaron de hacer dos barcas, y hechas, se embarcaron en ellas cincuenta hombres, que habían quedado vivos de la segunda población, con el capitán Viedma y capitán Juan Suárez, y el fraile francisco, que se llamaba Fray Antonio,* que no se acuerda del sobrenombre, y cinco mujeres españolas: y habiendo navegado seis

---

* Acaso sería este religioso Fray Antonio Guadramiro, capellán del navío *Nuestra Señora de la Esperanza*, de quien se hace repetidamente mención en el Diario.

leguas por el Estrecho, dieron en la punta de Santa Brígida en unos arrecifes, y se perdió allí una barca: y el haberse perdido fue por ir sin marineros, y no por temporal que tuviesen, y se salvó la gente: con que se desembarcó en tierra toda la que había ido en ambas barcas. Y considerado por el capitán que no tenían comodidad para ir por la mar, por no caber la gente en la otra barca, y por los inconvenientes que se iban ofreciendo, y en particular que el invierno iba entrando con gran fuerza, y no tenían bastimentos, repartió la gente para que mariscasen en la costa, y el capitán Viedma y Suárez se volvieron en la barca con el fraile y veinte soldados a la segunda población, que había dejado ya desamparada; y este declarante, y otros treinta hombres con él y cinco mujeres se quedaron en el paraje donde los dejó Viedma, y anduvieron por allí todo el invierno mariscando, y de noche se recogían en los bohíos que hacían, estando divididos de cuatro en cuatro, o tres personas, en diferentes partes de la costa para poderse sustentar. Y yendo ya reconociendo el verano, les envió a llamar de la población el capitán Viedma; y de gente que había dejado con este declarante, y la que había llevado consigo, se juntaron por todos quince hombres, y tres mujeres, porque todos los demás se habían muerto de hambre y enfermedades que les sobrevinieron por la aspereza de la tierra, y esterilidad de ella, y acordaron de salir de aquel lugar, e ir a la primera población: y fueron caminando con este intento por tierra hasta pasar la primera angostura del Estrecho, que es la punta de San Gerónimo, y por el camino donde iban pasando, hallaban muchos cuerpos muertos, que eran de los españoles que el capitán Viedma despachó de la segunda población. Y pasada la punta de S. Gerónimo como cuatro leguas adelante, descubrieron tres navíos que venían embocando por el Estrecho en altura de cincuenta y dos grados y medio; y echaron de ver que venían con desgarrón de tiempo, porque el patache que traían, lo echó el temporal de la boca del Estrecho mar en fuera, por lo cual dieron fondo los dos navíos, que quedaron en la bahía, arrimándose a la banda del sur por ser fondable; y aquella noche hicieron candeladas las personas que estaban en tierra para que de los navíos lo viesen, entendiendo que

eran navíos de España; y ellos hacían faroles en señal de
haber visto las candeladas. Y por la mañana se hicieron a la
vela, porque el patache amaneció con ellos, y vio que en un
batel se embarcaron algunos hombres y fueron costeando cerca: y este declarante, viendo que pasaban adelante, y no llegaban adonde estaban el capitán Viedma y la gente que con el
había quedado, le dijo: que le diese licencia para ir siguiendo
aquel batel para ver qué gente era, y decirles cómo estaban
allí, y el capitán lo tuvo por bien; y salieron a este efecto este
declarante, y otros dos soldados con él, nombrados Juan Martín Chiquillo, extremeño, y el otro Juan Fernández de
Puentevedra. Y habiendo caminado media legua, se pusieron
frente de donde venía el batel, y les hicieron señas de tierra
con una bandera blanca; y habiéndola visto por la gente del
batel, se llegaron a la playa, y les preguntó este declarante que
qué gente eran, y respondieron, hablando en español, que
eran de Inglaterra, y que pasaban al Perú; y sin preguntarles
otra cosa a los de tierra, les dijeron: que si querían embarcarse, les pasarían al Perú: y ellos respondieron, que no querían,
porque se temían de que los echarían a la mar: y uno de los
del batel, que pareció que venía por lengua, les dijo: Que
bien podían embarcarse porque eran mejores cristianos que
nosotros. Y diciendo esto pasaron adelante, sin aguardar más
razones. Y este declarante y sus compañeros trataron entre sí,
que era mejor embarcarse que perecer, como lo habían hecho
todos; y habiéndose conformado con esto, volvieron luego a
llamar al batel, que iba cerca, el cual volvió a tierra, y este
declarante se embarcó en él con su arcabuz: y estando ya
embarcado, se hicieron a lo largo, sin querer embarcar a los
otros dos soldados, y entonces supo como el general Tomas
Candi estaba en el batel, al cual le pidió que se sirviese de
embarcar a los dichos soldados: y a esta ocasión le preguntó,
que si había más españoles en tierra. Y este declarante le dijo,
que quedaban otros doce hombres, y tres mujeres: y el general le dijo a este declarante, que dijese a aquellos dos soldados
que fuesen adonde estaba la demás gente, y de su parte les
dijese que viniesen todos a embarcarse, y que les aguardaría:
con lo cual fueron los soldados adonde habían quedado los
demás; y el general se fue a sus naos, y se embarcó en la

capitana: y en el discurso de este tiempo estaban surtos los navíos; y así como se embarcó Tomas Candi, viendo que les hacía buen tiempo para navegar, se hicieron a la vela sin querer aguardar a la demás gente que había enviado a llamar, y fueron a dar fondo en la Isla de los Patos, donde saltaron en tierra, e hicieron, en dos horas que estuvieron, seis pipas de carne de pájaros niños, que hay muchos en aquella isla, y está minada toda, donde se recogen, y son muy grandes y gordos, y de allí se hicieron a la vela, y fueron navegando hasta la Ciudad de San Felipe, que era la segunda población que había hecho Pedro Sarmiento, y en ella estuvieron cuatro días, haciendo aguada y leña, deshaciendo las casas para ella; y mientras estuvieron en tierra, dieron con seis piezas de artillería, que estaban en la población, cuatro de bronce y dos de fierro colado, que era la que desembarcaron del navío en que se fue Pedro Sarmiento: y hechos a la vela, se entraron el Estrecho adentro; y al cabo de ocho días de navegación, salidos de la segunda población, desembocaron el Estrecho, saliendo a la parte de la Mar del Sur, y en ella, después de desembocados, viniendo navegando, tuvieron grandes tormentas; de tal manera que el patache se apartó de las dos naos, que no lo vieron hasta que llegaron a la isla de Santa María, que hasta allí no habían reconocido tierra ninguna, y tuvieron por perdido el patache. Y en esta isla saltaron en tierra, y se abastecieron de mucha comida que hallaron en las casas de los indios, a quienes la tomaron, y después de cuatro, o cinco días que habían estado en la isla, apareció el patache, y vino a surgir donde estaban los dos navíos, y todos se hicieron a la vela en demanda del puerto de Valparaíso, y por estar la tierra tan cerrada, no se pudo reconocer el puerto, y cuando aclaró el día, se hallaron sobre el puerto de Quintero, donde saltaron en tierra para hacer aguada, y leña, y meter carne: para lo cual recogieron mucho ganado vacuno, que había, y no pudieron matar res ninguna, porque era ganado cimarrón; en lo cual se ocuparon un día hasta las cuatro de la tarde, y a aquella hora aparecieron tres españoles a caballo con sus lanzas y adargas armados, que venían a reconocer: y visto esto por el general, llamó a este declarante, y le dijo: que fuese a ver quiénes eran, y lo que querían: y este declarante lo hizo así, llevando dos ingleses de guardia consigo, y se acercó a ellos, preguntándoles qué gente eran. Y respondieron: Que eran españoles: los cuales le preguntaron lo mismo, y este declarante les dijo; que también eran españoles, y que venían del estrecho de Magallanes faltos de comida: con lo cual le ofrecieron que les darían todo el bastimento que fuese menester. Y estando razonando con ellos descuidadamente, vio este declarante que por un lado venían ocultos veinticinco hombres de los enemigos, que pareció que el general les enviaba a coger a alguno de los tres hombres a caballo: y viéndolos venir, les dio aviso de ello disimuladamente, de suerte que los dos ingleses no lo pudieron entender, porque estaban algo desviados, y les dijo: que fuesen huyendo con sus caballos, porque aquellos con quien venía eran ingleses, y procuraría este declarante volver a verlos por ser español: y con esto se fueron los de a caballo, y este declarante se volvió adonde estaba el general Tomas Candi, al cual le dijo, cómo les había dicho que eran españoles, y tuvo traza de que el general le volviese a despachar donde estaban los españoles, diciéndole, que haría que diesen bastimentos. Y habiendo ido con esta orden en busca de los españoles, que lo aguardaron, y entonces el uno de ellos lo subió a las ancas de su caballo, y se fueron aquella noche a una estancia; y como quiera que ya tenía aviso el corregidor de Santiago de la entrada de enemigos, vino con su gente al amanecer a la estancia, donde halló a este declarante; y otro día siguiente hicieron una emboscada, y habiendo saltado en tierra la gente de los navíos a hacer aguada y lavar su ropa en una laguna del puerto de Quintero, dieron sobre ellos los españoles, y mataron doce ingleses, y prendieron otros nueve; y visto por los españoles que el patache se había acercado a tierra, y disparaba la artillería, se retiraron, sin que ninguno de los nuestros saliese herido ni lastimado, y se fueron a Santiago, donde quedó este declarante, y después vino al Perú, dejando ahorcados seis hombres de los nueve ingleses que prendieron. Y este fin tuvo el viaje que hizo al estrecho y población de Magallanes.

Fuele preguntado: ¿en qué altura está la boca del estrecho y desembocadero de él? Dijo: que la boca está en cincuenta y dos grados y medio, y no sabe la altura que tiene el desembocadero, por no ser marinero; mas de que por la noticia que entonces tuvo, supo la altura que tiene la boca del Estrecho.

Preguntado, si cuando vino embarcado en el navío inglés, desde la primera población hasta desembocar el Estrecho, ¿tuvieron alguna tormenta, o buen tiempo? Dijo: que vinieron con muy buen tiempo.

Preguntado, si navegaban de noche. Dijo: que no; y que antes surgían todas las noches, y por la mañana se hacían a la vela.

Preguntado, ¿qué orden tenían en la navegación del Estrecho? Dijo: que iban sondando, y el batel fuera.

Preguntado, ¿por qué tiempo pasaron por el Estrecho hasta desembocar? Dijo: que fue por el mes de febrero, que es verano.

Preguntado, si hay algunos puertos abrigados dentro del Estrecho. Dijo: que en cualquier parte de él se puede surgir, por estar todo abrigado con tierra alta de una banda y otra desde la segunda población para adelante.

Preguntado, ¿qué tan angosto sería el Estrecho por lo más angosto; y en lo más ancho qué tan ancho? Dijo: que la boca del Estrecho, en la entrada, tiene siete leguas de ancho, y en la segunda población, que será cincuenta leguas más abajo de la boca, hay una bahía, que tiene dos leguas de ancho; y pasadas seis leguas adelante, comienza a angostar el Estrecho, hasta desembocar a la Mar del Sur; porque antes de llegar a la bahía, desde la boca, hay diferentes anchuras de una a dos leguas; y lo más angosto del Estrecho tendrá como cosa de un tiro de arcabuz; y todo el Estrecho, arrimado a la banda del sur, es fondable, y por la banda del norte no se puede navegar, porque son bajíos; y en la primera angostura, que es en la punta de San Gerónimo, hay unos bancos de arena, y está de distancia como catorce leguas de la boca.

Preguntado, ¿qué vientos corren de invierno? Dijo: que corren todos los vientos; y el inconveniente que tiene navegar por el Estrecho en invierno es tan solamente por el demasiado frío que hace con gran rigor y nieve continua, de manera que no cesa de nevar todos los días, y no ven sol, porque está todo cerrado; y corriendo vientos contrarios se puede dar fondo en cualquier parte del Estrecho: esto se entiende desde la segunda población de San Felipe para adelante hacia la Mar del Sur, por estar abrigado con cordilleras muy altas; pero desde la boca hasta la dicha población, sino entran de golpe con viento favorable, les es fuerza desembocar otra vez, respecto de no haber abrigo, ni reparo donde poder dar fondo con seguridad, por ser tierra baja.

Preguntado, si hay en la boca del Estrecho algunos bajíos de que guardarse. Dijo: que en la misma boca por la banda del norte hace una punta, que llaman de la Madre de Dios, y hay unos arrecifes, que salen la mar adentro poco trecho, de que es fuerza dar resguardo a las naos.

Preguntado, si hay otra boca en la entrada del Estrecho. Dijo: que no la vio, y que estando poblando en medio del Estrecho en la segunda población, iban con bateles de una parte a otra, y reconocieron una boca de la banda del sur como archipiélago de islas; y navegando con Tomas Candi haciéndole el general relación de que había otra boca por la entrada, le preguntó este declarante que cómo no había entrado por ella. Y respondió: que por estar en más altura, y haber muchas islas, no había querido aventurarse a entrar por la otra boca. Y según lo que este declarante vio en el discurso de la navegación, entiende que entrando por la boca que dijo el inglés, se desemboca por la que sale a la mitad del Estrecho, por no haber visto otra, ni señal de ella.

Preguntado, ¿qué distancia tiene el Estrecho de punta a punta, desde la entrada hasta desembocar en la Mar del Sur? Dijo: que tiene cien leguas, así por lo que él vio navegando, como por haber andado la mitad por tierra.

Preguntado, ¿en cuánto tiempo le parece se podría navegar? Dijo: que con una buena colla de viento le parece que tardarían de ocho a diez días desde la segunda población, que entra la angostura del Estrecho.

Preguntado, si es tormentoso el Estrecho en alguna parte, además de la entrada. Dijo: que junto al río de San Gregorio, que es entre la segunda población, y el Mar del Sur, donde quemó unas piraguas de indios Tomas Candi, hay escarceo, respecto de encontrarse los dos mares; pero que no llega a ser tormentoso por el abrigo de la tierra de ambos lados.

Preguntado, ¿qué distancia* desabrigado? Dijo: que le parece que hasta treinta leguas, entrando por la boca del Estrecho, y que las veinte siguientes entran en más abrigo, por irse levantando más la tierra; y que lo restante, que serán otras cincuenta, es tan manso y navegable como un río: y esto nace del abrigo de las cordilleras, y angostura.

Preguntado, ¿de qué andaban vestidos los indios agigantados, que dice que vio, y qué armas traían? Dijo: que andaban vestidos de pellejos de animales; y que traían por armas unas flechas con sus arcos.

Preguntado, ¿qué color tenían, y si andaban con el cabello corto, o largo, y si tenían barbas? Dijo: que algunos eran blancos de buen color, y otros muy morenos; y no tenían barbas, y el cabello lo traían largo recogido en la cabeza como mujeres.

Preguntado, ¿qué estatura tenían? Dijo: que eran muy corpulentos, y disformes.

Preguntado, si en el discurso del tiempo que estuvo en la tierra del dicho Estrecho, vio más indios de los que ha referido, y mujeres; y si todos tienen la misma estatura que los demás; y si vio mucha gente junta, y qué tanta sería. Dijo: que la más gente que vio junta serían doscientos cincuenta indios, que fueron los que primero vinieron de paz, y que eran de la estatura, y traje que tiene declarado, y que éstos andan en el paraje de la primera población, que es tierra llana. Y de la segunda población, navegando a la Mar del Sur, son indios de la estatura ordinaria, aunque con los mismos vestidos, y el cabello corto, y traen dardos por armas.

Preguntado, ¿qué poblaciones tienen estos indios, los unos y los otros? Dijo: que no les vio poblaciones ningunas.

Preguntado, si los españoles, en el tiempo que por allí estuvieron, tuvieron comunicación con ellos; y si entraron la tierra adentro. Dijo: que no entraron la tierra adentro más de hasta tres leguas, y no tuvieron otra comunicación más de la que ha dicho.

---

* Aquí parece debe suplirse *está*, o *estará*.

Preguntado, ¿qué leguas le parece que habrá de tierra llana, desde la primera población adelante? Dijo: que desde allí hasta la montaña hay treinta leguas de tierra llana.

Preguntado, si hay algunos pastos y ríos en tierra llana. Dijo: que hay dos riachuelos pequeños hasta llegar a la montaña, y que hay muchos pastos.

Preguntado, si en la montaña hay ríos. Dijo: que hay muchos pequeños, que bajan de la cordillera.

Preguntado, si hay ganado vacuno, u otro de Castilla, o de la tierra, o algunas aves. Dijo: que en la tierra llana vio vicuñas, que llaman carneros de la tierra, y que hay aves de volatería, y venados en la montaña, y no hay ganado ninguno, ni aves.

Preguntado, si los indios andaban a caballo, y si los hay en aquella tierra. Dijo: que siempre que los vio, andaban a pie, y que no vio caballos ningunos.

Preguntado, si supo de qué se sustentan aquellos indios, y si tienen algunos sembrados, y de qué modo viven. Dijo: que luego que saltaron en tierra, vio que algunos indios traían pedazos de ballenas, y marisco de que comían, y que una mujer española de las que trajo consigo Pedro Sarmiento vino a parar en poder de los indios, de dos que cogieron caminando por tierra, y a la otra la mataron, y que esta mujer quedó viva entre ellos; la tuvieron tres meses, y al cabo de ellos le dieron libertad: y decía que no tenían población, y se sustentaban de unas raíces y marisco, y lobos y ballenas, y que no tenían sembrados.

Preguntado, si vio algunas frutas silvestres, u otras. Dijo: que solo vio una fruta a manera de azofeifas, que comían, y no vio otra ninguna.

Preguntado, si en la tierra llana, o montuosa vio algunos animales. Dijo: vio leones pequeños, y no otros.

Preguntado, si en la montaña vio algunas víboras, u otras sabandijas ponzoñosas. Dijo: que no las vio, porque no se crían, respecto de ser la tierra tan fría.

Preguntado, ¿qué marisco era del que este declarante, y los demás españoles se sustentaban? Dijo: que había mejillones y lapas, y algunos erizos de la mar, con que se sustentaban.

Preguntado, ¿con qué cubrieron las casas de las poblaciones que hicieron? Dijo: que con paja, que llaman por otro nombre *icho*.

Preguntado, ¿qué lengua hablaban los indios, y cómo les entendían los españoles? Dijo: que solo les oían decir: "Jesús; Santa María", mirando al cielo, y daban a entender, que la tierra adentro había otros hombres, diciendo así: "Otros hombres con barbas; con botas; otros muchachos". y enseñándoles los españoles, de los muchachos que llevaban consigo, dijeron: que eran como aquéllos, y señalaban con la mano el tamaño de ellos, hacia la tierra adentro: por donde entendieron, que había gente poblada en la parte donde señalaban, que es a la del norte.

Preguntado, si hacia la parte del sur, viniendo por el Estrecho hay alguna gente; y si se comunica con la de enfrente? Dijo: que de la tierra de los Fuegos,* que está a la parte del sur, pasaban algunos indios en piraguas, que son como canoas, y se comunicaban de una banda a otra, y así entiende que usan de una misma lengua, y estos son indios de la tierra llana, que son gigantes, y se comunican con la gente de la tierra de los Fuegos, que son como ellos; y los de la serranía no se comunican con los de la tierra llana. Y cuando venía navegando Tomas Candi, y este testigo embarcado en su navío, llegando al río de San Gregorio, fueron por la tarde los bateles en tierra a hacer agua, y hallaron muchos indios en el río, que agasajaron a los ingleses, y dieron alguna caza de la que traían muerta, y les convidaron a que volviesen otro día: con lo cual el general quedó muy contento, y resuelto en hacerlo así. Y este declarante le dijo: que advirtiese que estos indios pretendían engañarles con alguna emboscada de gente, porque eran traidores, y así lo habían hecho con los españoles sus compañeros; y con este cuidado el día siguiente saltaron los ingleses en diferente parte que los indios aguardaban, y como vieron que no se les había logrado su intento, salieron hacia la playa a la boca del río, amenazando a los ingleses que habían de cegar la boca de aquel río, y que no habían de dejar salir las chalupas, y los

* La isla de Tierra del Fuego.

habían de matar allí a todos; y entonces se acercaron; y este
declarante le dijo al general, que pues estaban allí todos los
indios juntos les arcabuceasen y descompusiesen, y lo hicieron así, y mataron muchos indios, e hirieron otros; con que
desampararon el puesto, y fueron huyendo el monte adentro,
y entonces tomaron las chalupas, y pasaron de la otra banda
del río, y hallaron una gran pavesada y muchas armas detrás
de ella, de dardos, flechas y puntas engastadas, de espadas y
dagas, que habían hallado de los españoles, que se habían
muerto por los caminos, de la gente que llevó consigo Pedro
Sarmiento a las poblaciones; y luego volvieron los ingleses a
tomar sus chalupas, y subiendo el río arriba, hallaron en él
más de veinte piraguas sin indios, y las trajeron a jorro a vista
de la armada, y les pegaron fuego.

Preguntado, ¿qué temple hace en aquella tierra donde
asistió? Dijo: que desde octubre entra el verano, y dura seis
meses, y por abril entra el invierno.

Preguntado, si en el verano hace muchos calores. Dijo:
que sí, y que el invierno, que comienza desde abril, es rigu-
roso, y hay tanta nieve que el navío que estuviere surto por
allí es fuerza echar la nieve de la cubierta con palas a la mar.

Preguntado, ¿cuántas piezas de artillería se sacaron en
tierra de la nao que varó en la primera población, y dónde
quedó? Dijo, que no se acuerda bien las piezas que eran; pero
parécele que pasaban de treinta, todas de bronce, y las más de
batir, y que se enterraron allí donde dio la nao al través, que
es como un tiro de piedra de la mar, y enfrente de la población una cuadra, y le parece que estará cubierta de arena por
ser la costa tan brava, demás de que la dejaron enterrada con
la propia tierra, y como ha dicho está media legua de la boca
del Estrecho, así como se entra a la banda del norte.

Preguntado, si los indios que vio traían algunas cosas de
plata, oro, perlas, pendientes de las narices y orejas, como
suelen otros. Dijo: que no traían cosa ninguna, ni vio en el
tiempo que allí estuvo cosa de plata, ni oro, más de que
cuando buscaban este declarante y sus compañeros marisco
en la costa para sustentarse, hallaban en muchas partes de
ella mejillones con perlas dentro, y como no era lo que
habían menester para sustentarse, los dejaban, y buscaban

otros que tenían comida; y que tenían ya mucho conocimiento de los mejillones de perlas por ser en cantidad; y a los principios cuando no pensaron perderse, y tenían esperanza de salir de allí, y aguardaban al capitán Pedro Sarmiento, iban juntando, hombres, y mujeres, cantidad de perlas, y después como se vieron tan acabados y perdidos, las echaron por allí, y no hacían caso de ellas.

Preguntado, ¿qué suerte de perlas había en los mejillones? Dijo: que eran muy blancas, y eran de todas suertes.

Preguntado, ¿qué madera hay en la montaña, y si es gruesa para poder fabricar naos? Dijo: que hay álamos blancos, y algunos cipreses, y otras maderas gruesas, que no conoce por sus nombres, y que se pueden fabricar navíos con ellas; y que todo lo que tiene dicho y declarado es la verdad para el juramento que tiene hecho: y lo firmó, y que es de edad de sesenta y dos años. Y su excelencia lo rubricó = Tomé Hernández = Ante mí García de Tamayo.

Esta edición
de 1000 ejemplares
se terminó de imprimir en
A.B.R.N. Producciones Gráficas S.R.L.,
Wenceslao Villafañe 468,
Buenos Aires, Argentina,
en septiembre de 2005.